三峡大学法学
与公共管理研究文库

历史语境主义

昆廷·斯金纳政治思想史研究方法初探

李见顺 著

厦门大学出版社
XIAMEN UNIVERSITY PRESS
国家一级出版社
全国百佳图书出版单位

图书在版编目（CIP）数据

历史语境主义：昆廷·斯金纳政治思想史研究方法
初探 / 李见顺著. -- 厦门：厦门大学出版社，2023.10
（三峡大学法学与公共管理研究文库）
ISBN 978-7-5615-9132-1

Ⅰ．①历… Ⅱ．①李… Ⅲ．①昆廷·斯金纳-政治思
想史-研究 Ⅳ．①D095.615

中国版本图书馆CIP数据核字(2023)第193624号

出 版 人　郑文礼
责任编辑　李　宁
美术编辑　蒋卓群
技术编辑　许克华

出版发行　厦门大学出版社
社　　　址　厦门市软件园二期望海路 39 号
邮政编码　361008
总　　　机　0592-2181111　0592-2181406(传真)
营销中心　0592-2184458　0592-2181365
网　　　址　http://www.xmupress.com
邮　　　箱　xmup@xmupress.com
印　　　刷　厦门市金凯龙包装科技有限公司

开本　720 mm×1 020 mm　1/16
印张　17
插页　2
字数　292 千字
版次　2023 年 10 月第 1 版
印次　2023 年 10 月第 1 次印刷
定价　86.00 元

厦门大学出版社　　厦门大学出版社
微信二维码　　　　微博二维码

目　录

导 论

昆廷·斯金纳(Quentin Skinner),1940 年生,享誉世界的思想史家、历史学家。与约翰·邓恩(John Dunn)、约翰·波考克(J. G. A Pockck)并称为剑桥学派三大师,现为伦敦大学玛丽女王学院巴伯·博蒙特人文科学教授。他在思想史方法论研究、欧洲近代思想研究,尤其是马基雅维利和霍布斯研究等方面都有卓越的贡献。由他所倡导的"历史语境主义"业已成为近几十年来思想史研究中最具影响力的研究方法之一。

他曾于 1974—1975 年和 1976—1979 年两度在美国普林斯顿大学高级研究院做学术研究。1978 年,斯金纳出版了《近代政治思想的基础》(*The Foundations of Modern Political Thought*)一书,这本书汇聚了斯金纳多年来对政治思想史研究的思考和成果,是运用历史语境主义方法研究政治思想史的代表性著作。该书出版后立刻获得好评,并于次年获得沃尔夫森学术奖(Wolfson Literary Prize)。此后,斯金纳在政治思想史研究领域内继续开拓,在马基雅维利研究、英国近代政治思想史、政治思想史的方法论等方面都取得了重要的学术成果。因卓越的学术贡献,其曾任剑桥大学政治科学教授,1997 年荣升为剑桥大学钦定近代史讲座教授,这标志着他获得了学术上的最高地位。斯金纳的主要著作如《近代政治思想的基础》《马基雅维利》《国家与公民》《霍布斯与共和主义自由》《政治的视野》,以及其主编的多部文集已经被译为中文,在国内学术界有广泛影响。

在国际学术界,作为政治思想史研究"剑桥学派"的代表性人物,斯金纳"是个人文学科里的多面手","不仅是一个政治理论的历史学家,同时也是一个一流的政治理论家"。[①] 正如 1995 年《泰晤士报文学副刊》列举的名单所表明的那样,自 1970 年起,斯金纳成为被引用和评论最多的政治理论家

---

① 〔芬兰〕凯瑞·帕罗内:《昆廷·斯金纳思想研究》,李宏图、胡传胜译,华东师范大学出版社 2005 年版,第 172～173 页。

和思想家之一。[①] 斯金纳所获得的崇高学术声誉,既来自其丰硕的理论成果,又来自其独特的研究方法。尤为特别的是斯金纳把语言行动理论运用于政治思想史的研究,转换了整个研究的视角,凯瑞·帕罗内称之为"政治思想研究中的革命"[②]。因此,就斯金纳所取得的学术成就而言,其在方法论上的特色非常突出,成就卓著,影响深远。斯金纳对语言和修辞的关注,体现了政治思想史研究中的语言学转向和修辞转向,预示了在后现代主义思潮的影响下政治思想史研究方法变革的未来趋势。斯金纳的研究方法在当代西方政治学界、历史学界产生了广泛的影响,也引起国内学界越来越多的关注。

一、研究缘起

本书主旨在分析斯金纳的历史语境主义方法对政治思想史研究所具有的革命性意义,试图回答以下问题:"政治思想研究中的革命"是如何发生的? 历史语境主义方法的特色是什么? 这种方法为何会对政治思想史的研究产生革命性的影响? 历史语境主义方法的限度是什么?

本书的问题意识源于对列奥·施特劳斯与斯金纳之间关于政治思想史研究方法的分歧的思考。从 20 世纪西方政治思想史研究方法的演进来看,在 50 年代到 60 年代,以施特劳斯为代表的观念史研究方法是政治思想史研究领域中占主导地位的研究方法。[③] 观念史研究方法的突出特点是在哲学的抽象层面上展开其研究,拒斥历史方法。施特劳斯对观念史研究方法有着高度的理论自觉,为了论证哲学研究方法,他对历史主义及历史研究方法进行了系统深入的批判。对历史主义及历史研究方法的批判和否定构成了施特劳斯方法论的理论基础,简言之,施特劳斯的哲学研究方法就是在对历史主义及历史研究方法的批判中确立起来的。随着社会情景和学术情景的变化,以观念史为主的政治思想史研究在 20 世纪 60—70 年代遭到众多批评,其中针对性最强、批评最为深刻的就是斯金纳。与施特劳斯对历史主义及历史研究方法的否定态度截然相反,斯金纳为历史方法的正当性进行

---

① ［芬兰］凯瑞·帕罗内:《昆廷·斯金纳思想研究》,李宏图、胡传胜译,华东师范大学出版社 2005 年版,第 173 页。

② ［芬兰］凯瑞·帕罗内:《昆廷·斯金纳思想研究》,李宏图、胡传胜译,华东师范大学出版社 2005 年版,第 1 页。

③ 李宏图:《语境·概念·修辞》,载《世界历史》2005 年第 4 期。

了辩护,并把语言行动理论引入历史方法之中,形成了独具特色的历史语境主义方法,实现了"政治思想研究中的革命"①。斯金纳与施特劳斯在研究方法上的主张,体现了 20 世纪西方政治思想史以内在论倾向为主的观念史研究方法向重外在情景而忽略内容与传统的历史语境主义研究方法的根本性转变。而斯金纳与施特劳斯在历史主义及历史研究方法上针锋相对的态度,是把握这种转变的关键。因为历史语境主义本质上是历史方法,正是由于斯金纳对历史主义及历史研究方法的深刻认同,才实现了真正意义上的方法论转向。因此,剖析斯金纳与施特劳斯在历史主义及历史研究方法上的不同主张,对于理解历史语境主义在方法论上所带来的革命性变化具有特别重要的意义。

如前所述,施特劳斯是以坚持观念史研究方法而著称的,而他坚持这种研究方法的重要原因即在于:在他看来,政治哲学研究与历史研究是两种根本不同的思想方式和研究方法。政治哲学研究在于追求关于政治事务的普遍真理,本质上属于非历史的探索。而历史学则"通常关注具体事务:具体的团体、具体的人、具体的功业、具体的'文明'、某一从起源迄今的文明'进程',等等"②。对于两者的差别,施特劳斯有着非常深刻的洞察。在他看来,"政治哲学不是一门历史学科。哲学追问政治事务之自然(nature),追问最好或正义之政治秩序,从根本上说,这些问题不同于历史学的问题","特别是,政治哲学从根本上不同于政治哲学自身的历史。追问政治事务之自然及作出解答,不可能被错误地当作是在追问某一哲学家或所有哲学家是如何提出、讨论或回答上述的这些哲学问题的"。③ 这并不意味着政治哲学能够完全独立于历史,政治哲学研究与历史研究也存在着紧密的联系。在他看来:"如果没有对在不同国家、不同时代中的政治制度与信仰的多样性的体验,那么,对何谓政治事务之自然的追问、对何谓最好的或正义的政治秩序的追问,就永无可能出现。且这些问题被提出之后,唯有历史知识才能防止将某个时代和某个国家的政治生活的具体特征误作政治事务的自

---

① 〔芬兰〕凯瑞·帕罗内:《昆廷·斯金纳思想研究》,李宏图、胡传胜译,华东师范大学出版社 2005 年版,第 1 页。

② 〔美〕施特劳斯:《政治哲学与历史》,载丁耘等主编:《思想史研究》,广西师范大学出版社 2005 年版,第 179 页。

③ 〔美〕施特劳斯:《政治哲学与历史》,载丁耘等主编:《思想史研究》,广西师范大学出版社 2005 年版,第 179 页。

然。对政治思想史和政治哲学史亦当如是观。"①但是,两者的区别是根本性的,历史研究无法替代政治哲学研究,"无论历史知识对政治哲学具有何等重要性,它也只是政治哲学的预备与辅助,它不可能成为政治哲学的组成部分"②。换言之,历史研究是必要的,可它也具有自身无法克服的局限性。历史主义主张放弃对普遍的、永恒的哲学问题的追问,实际上也就否定了普遍的、永恒的真理和价值的存在,"历史主义可以被认为是对政治哲学之可能性的质疑。至少它向整个政治哲学传统的共同前提(看来以前从未被质疑过)提出挑战"③。因此,施特劳斯对历史主义和历史研究方法提出了尖锐的批判。

那么,这种历史主义的研究方法究竟是从什么时候取得支配地位的呢?它是否从一开始就是如此呢?施特劳斯认为,从政治哲学研究与历史分析两者关系的演变过程看,至少迄18世纪末,政治哲学研究依然占主导地位,未曾受到质疑。历史方法在传统政治哲学研究中是不被采纳的。柏拉图在草拟"理想国"的研究计划时提到了几何学、天文学,却没有提到历史;亚里士多德则公开声称诗歌比历史更哲学。这两位哲学家对待历史的态度完全符合古代哲学研究以探求真知为目的的基本格局。只是在16世纪出现了以强调历史为标志的历史主义时,传统哲学研究的基本格局才被打破,哲学研究开始强调历史。这是一场根本的变化,是对以往一切哲学(尤其是政治哲学)的批判。历史主义取代非历史的哲学迅速成为近代以来西方社会政治生活的思想主题,17世纪末,历史主义被说成是"时代的精神";18世纪中叶,"历史哲学"这样的术语被竞相模仿;19世纪时,黑格尔完成了历史与哲学的综合;到了20世纪,历史主义采取了一种更加极端的形式,主张每一代人都应以自身的经验和对未来的预测为基础来重新理解传统。在今天,"历史主义不仅是众多哲学流派之一,而且,它至少是影响当代所有思想的最强

---

① [美]施特劳斯:《政治哲学与历史》,载丁耘等主编:《思想史研究》,广西师范大学出版社2005年版,第179页。

② [美]施特劳斯:《政治哲学与历史》,载丁耘等主编:《思想史研究》,广西师范大学出版社2005年版,第179页。

③ [美]施特劳斯:《政治哲学与历史》,载丁耘等主编:《思想史研究》,广西师范大学出版社2005年版,第179页。

大动力","于是乎,历史主义为政治哲学创造了一种全新的处境"。① 施特劳斯认为,现时代的学者们在讨论问题时,大多舍弃哲学而诉诸历史,以为非如此便不足以阐明问题的实质。历史主义在现代思想中极为盛行,历史分析方法被广泛地运用于社会科学的各个知识部门,以致任何称得上科学的社会理论活动都得冠以历史研究之名,都要加强自身的历史主义话语,以免遭受形而上学之讥。施特劳斯认为,这一现象并非产生于人们在方法上显示出的某种偏好,而是现代思想有意识地拒斥形而上学的结果,它们把本来属于理性探知的问题转变为历史分析的问题,其症结在于:现代社会理论常把所探讨的问题当作一个历史叙述的对象,而非哲学反思的对象,这显然是把哲学问题置换为历史问题。

在施特劳斯看来,历史主义在当代思想中大行其道,产生了极其严重的负面后果。在历史主义看来,"一切本质性的东西,在本质上都是历史性的"(alles, waswesentlish ist, wesentlichgeschichtilich sei)②。人类的一切思想和行动都是历史性的,"哲学本身及其普遍问题本身都是'历史条件'的产物,亦即与某一具体'历史'形态有着本质的关联"③。因此,历史主义主张放弃对普遍的、永恒的哲学问题的追问,事实上这也就等于否定了普遍的、永恒的真理和价值的存在,这就从根本上否定了政治哲学的可能性。在历史主义思想的支配下,"当下社会生活的特定'趋向'及其历史起源问题,取代了对政治事务之自然的追问,什么是可能的或可欲的未来这一问题,取代了对何谓最好的或正义的政治秩序之追问。原来的唯一国家以及唯一正当的生活方式的问题被现代国家、现代政府、西方文明理想以及诸如此类的问题所替代。哲学问题转变成为历史问题,更准确地说,转变成为具有'未来主义'特征的历史问题"④。历史主义所关注的不是古典政治哲学所思考的那些永恒和普遍的事物,而是那些当下历史情景中特殊的和变化的东西,正

---

① ［美］施特劳斯:《政治哲学与历史》,载丁耘等主编:《思想史研究》,广西师范大学出版社 2005 年版,第 180 页。

② ［德］迈尔:《隐匿的对话:施米特与施特劳斯》,朱雁冰、汪庆华等译,华夏出版社 2002 年版,第 176 页。

③ ［美］施特劳斯:《政治哲学与历史》,载丁耘等主编:《思想史研究》,广西师范大学出版社 2005 年版,第 182 页。

④ ［美］施特劳斯:《政治哲学与历史》,载丁耘等主编:《思想史研究》,广西师范大学出版社 2005 年版,第 181 页。

如施特劳斯所说:"历史主义在如下表述中体现出其最具共同性的形式:政治事务之自然、国家之自然、人之自然这样一些问题,为现代国家、现代政府、当前的政治处境、现代人、我们的社会、我们的文化、我们的文明等诸如此类的问题所取代。"①历史主义从根本上拒绝在古典政治哲学中视为理所当然的那些普遍的、永恒的问题。因此,在施特劳斯看来,"历史主义可以被认为是对政治哲学之可能性的质疑"②。以历史主义的视角来看,人类的各种观点、价值包括人的认识能力都具有特定的历史局限性,任何判断都会受到历史条件所制约。因此,处于不同的历史条件下的事物不能够相互比较,彼此之间也不存在什么高下之别。由于任何真理、价值都与其对应的历史条件相联系,而不同的历史条件又不可以相互比较,因此,各种价值之间也不存在什么高低之分。这也就是说,一切价值判断都是相等的,这就从根本上拆解了西方传统的价值体系,从而导致一种价值判断上的蒙昧主义或虚无主义(nihilism),"历史主义的顶峰就是虚无主义"③。

正是基于这种认识,施特劳斯把历史主义视为导致现代性危机的重要思想根源。历史主义拒绝考虑"最好政体"这一政治价值论问题,消解了传统政治价值论及其理性基础,其性质就是虚无主义和相对主义,当代社会哲学家正是据此来衡量、评判和取舍事物的。在这种思想主题的规制之下,传统得不到应有的尊重,政治价值论得不到必要的发展,形而上学的整体得不到相应的显现,因而导致了现代性后果,引发出西方社会的危机。在施特劳斯看来,现代性是与历史主义相伴相生的,现代性后果前后展现为三个阶段,用他的话说,叫作"现代性的三次浪潮"(three waves of modernity)。首先,是马基雅维利使道德从属于政治,降低了政治生活的标准,实现了与古典政治哲学的分离,掀起了现代性的第一次浪潮。卢梭以公意为政治判断的标准,排斥了政治研究对自然法的诉求,确立了从历史而不是从自然中寻求标准的原则,从而引发了现代性的第一次危机,同时又掀起了现代性的第二次浪潮。这次浪潮产生了德国唯心主义哲学和不同形式的浪漫主义。黑

---

① [美]施特劳斯:《政治哲学与历史》,载丁耘等主编:《思想史研究》,广西师范大学出版社 2005 年版,第 181 页。

② [美]施特劳斯:《政治哲学与历史》,载丁耘等主编:《思想史研究》,广西师范大学出版社 2005 年版,第 179 页。

③ [美]施特劳斯:《自然权利与历史》,彭刚译,生活·读书·新知三联书店 2003 年版,第 19 页。

格尔把价值问题置于历史进程的内在逻辑及其发展方向之中，并以此证明，公正的政治秩序仅仅是历史进程的必然产物。这种历史观为现代性第三次浪潮的出现铺砌了道路。尼采（Nietzsche）反对黑格尔的历史观，否定从历史中寻求永恒标准的可能性，从而引发了现代性的第二次危机。但是，尼采对黑格尔历史主义的批判只涉及历史进程的合理性问题，而没有涉及历史主义的实质性前提，这一前提即确认"历史对人的生活和思想的决定性，以及历史的不可超越性"①。尼采接受了历史无所不能的看法，并在对历史主义这一前提的认同上与黑格尔的历史观达成了一致。这样，尼采就掀起了现代性的第三次浪潮，这次浪潮延续至今。海德格尔以"存在与历史的同一性"把历史主义的发展推向终点，从而使现代性的三次浪潮在我们时代的危机中达到了顶点。海德格尔在《存在与时间》中将一切价值和意义都归结为"本真个人"（authentic individual）在历史过程中的自由"筹划"（project）。最终，在现代性这里，"自然"或"神"都没有了位置，历史性的、没有本质的、自由的人成为正义和道德的基础，在施特劳斯眼中，这等于是使正义和道德完全丧失了基础，也使得古典意义上的政治哲学不再可能。经过这三个阶段的发展，现代性不断得到完善，但同时也酿成了严重危机。

　　与一些人对现代性大唱赞歌不同，施特劳斯将现代性看作西方文化在当代所面临的一场全面而严重的危机，他又非常独特地把这种危机从根本上理解为政治哲学的危机，这种政治哲学的危机就体现为一种政治哲学的"裂变"（radical modification），或者说是现代人对前现代的古典意义上的政治哲学的拒斥。在现代性成熟以后，现代人普遍认为对那种前现代的古典意义上的政治哲学目标的追求既不可能，也没必要。换句话说，现代人普遍相信，那种在古典政治哲学中作为追求目标的普遍而永恒的"正义"或"善"是不可能的，也不值得人们去追求。施特劳斯认为，正是这种对古典政治哲学的拒斥才最终导致了现代性的危机。在施特劳斯看来，这种对古典政治哲学的拒斥最终会导致虚无主义的产生，现代性危机的根本表现就是虚无主义的泛滥。虚无主义会导致人们对诸如"什么是好的，什么是坏的；什么是对的，什么是错的"这类在政治哲学中至关重要的问题丧失应有的判断能力，也使人们从根本上丧失了追问这种问题的兴趣。在《现代性的三次浪

---

　　① ［美］施特劳斯：《政治哲学史》，李天然等译，河北人民出版社1993年版，第985～986页。

潮》一文中，施特劳斯认为，"现代性的危机表现或者说存在于这样一宗事实中：现代西方人再也不知道他想要什么——他再也不相信自己能够知道什么是好的，什么是坏的；什么是对的，什么是错的。寥寥几代之前，人们还是普遍确信人能够知道什么是对的，什么是错的；能够知道什么是正义（just）或者好的（good）或者最好的（best）社会秩序——一言以蔽之，人们普遍确信政治哲学是可能的，也是必要的"①。但是现在人们已经放弃了古典意义上的政治哲学，这就等于放弃了对普遍而永恒的正义或善的追求，于是就陷入虚无主义的泥沼之中。站在虚无主义的立场上，现代人无法再对善与恶、正义与不义作出真正的判断，这就会导致对政治上的各种恶行的放纵，事实上，这种虚无主义的立场的确难以避免纳粹暴行的出现。

　　基于以上看法，施特劳斯努力探寻化解现代性危机的方法。在他看来，为了克服由历史主义带来的虚无主义恶果，我们就需要重建古典意义上的政治哲学，而这种政治哲学的重建同时也就是对现代性的一种批判和克服。因为只有恢复政治哲学的可能性，虚无主义的有害影响才能够从根本上被消除，施特劳斯毕生都在为重建古典意义上的政治哲学而努力。为了实现回归古典政治哲学的目标，施特劳斯展开了一种气势宏大的非历史主义的哲学研究，从苏格拉底、柏拉图、色诺芬，经马基雅维利、霍布斯、卢梭，一直到尼采、海德格尔等人，施特劳斯用毕生之力在认真解读这些哲学家们的思想意图，通过解读这些被哲学史尘封的哲学家们的真实意图，施特劳斯试图找到可以对抗历史虚无主义的一些思想资源。当然，施特劳斯本人也并不迷信古人的智慧一定可以解决现代人的问题，他只是试图恢复被现代性所遮蔽的古典政治哲学的视野，在这种古典政治哲学的视野中来解决当代人所面临的政治问题。

　　正是基于对历史主义的深刻批判，施特劳斯始终坚持非历史的哲学研究方法，主张以古典文本为中心，专注于文本的解读。从方法论的角度看，这是一种典型的文本中心主义的研究方法。如何阅读古典文本？施特劳斯给自己提出的目标是：要像古典作家本人所理解的那样去理解他们的作品。很显然，施特劳斯赞成"作者原意说"，即主张以作者原意作为判断作品含义的准绳。但是，在《迫害与写作艺术》一文中，他又把作者原意区分为两个方

---

　　①　［美］施特劳斯：《现代性的三次浪潮》，载贺照田主编：《西方现代性的曲折和展开》，吉林人民出版社 2002 年版，第 86 页。

面:(1)作者"说了些什么"以及"如何实际上理解到他所说的";(2)作者"自己所没有意识到的隐蔽的意义",即某种愿望、兴趣、偏见或历史环境的"无意识流露"。这后一方面实际上默许了两件对"原意说"构成威胁的见识:一是作品的意蕴不再完全由作者的意图确定,不等于作者的原意;二是作品意蕴中那部分作者没有意识到的内容,虽然还象征性地挂在作者的名下,但是必须由解释者来确定。这就是承认了,解释者现在不仅可以达到与作者对其作品同样的理解,甚至理所当然地要比作者对其作品有更好的理解。强调作者所说和作者的自我理解,这对于一个古典主义者来说是正常的。但由于引入无意识意义的概念,在施特劳斯对古典以至现代政治哲学文献的解读中,阐释者(读者)主体的能动作用和视野都大大伸展了。在其古典主义中,已打入一根唯今主义的楔子。因之,他的政治哲学史阐释是很独特的,既可以像作者那样理解其作品,又可以超越作者而理解作者自己所没有意识到的"微言大义",而后者是施特劳斯阐释的重点。施特劳斯不仅注意到了思想史的无意识层面,也肯定了先在的价值判断对文本阐释的积极贡献。他实际上独立地开辟了一片文本解读的新天地。

对施特劳斯哲学式的"理性重建"的研究方法,斯金纳进行了激烈的批评。斯金纳认为,如果政治思想的研究者把主要注意力放在经典文本所包含的"普遍观念"[①]上,就会忽视政治思想的历史维度,不可能实现对政治思想的历史性理解。因此,斯金纳明确指出:"我对传统的'拘泥书本'的方法感到不满意的一点是:虽然这种方法的倡导者往往自称是撰写政治理论史的,但他们却很少能提供给我们真正的历史。"[②]施特劳斯强调研究和诠释经典文本的任务就是要发掘出文本所包含的超越历史情景的经得起时间检验的智慧。斯金纳认为这种研究方法在其理论预设中缔造了许多"神话",产生了很多"方法论谬误"[③]。一是"学说的神话",即捏造某种学说,把思想家统一于某种想象出来的主题之下。施特劳斯认为,政治思想乃是对永恒的政治问题的思考,政治思考的结果就是获得永恒的智慧,这是政治思考者都应该达到的一种标准。这样道德、政治学说的历史乃是思想史上伟大人

---

① 　William T. Bluhm,*Theories of Political System*,Prentice Hall,1965,p.13.

② 　[英]昆廷·斯金纳:《近代政治思想的基础》,奚瑞森、亚方译,商务印书馆 2002 年版,第 4 页。

③ 　[英]昆廷·斯金纳:《观念史中的意涵与理解》,载丁耘、陈新主编:《思想史的元问题》,广西师范大学出版社 2005 年版,第 79 页。

物对某些根本问题的不断追寻。斯金纳认为这一观点是难以接受的,思想史并非对于永恒问题的不断贡献,而是对于变化着的问题的变化着的解答。因此,施特劳斯式的政治思想史研究中那种评判思想家理论贡献的逻辑和标准,就是"学说神话"的"魔鬼学的版本"(demonological version)。① 二是"融贯性的神话",即研究者总是倾向于把经典文本视作一个融贯的整体,不承认经典文本存在的内在矛盾。施特劳斯认为,经典文本中的矛盾和混乱之处往往隐藏着作者的深意,称职的研究者通过认真研读可以最终消解掉那些矛盾,显现作者深层蕴藏的真义。斯金纳认为,这种预设既不合情理,也难以证实。一方面,思想家本身在不同阶段的思想历程中出现前后矛盾和互不相容的情形,乃是思想史上常有的情形。另一方面,思想活动不是模式化的、整齐划一的有目的的活动。恰恰相反,由于概念的混乱、话语的散乱,思想活动常常呈现出矛盾和混乱的特质。②

从以上论述可以看出,施特劳斯由于坚持哲学研究方法而成为斯金纳批评的主要对象。施特劳斯基于对现代性问题的思考而把历史主义及历史方法看成产生现代性后果的重要思想基础。因此,施特劳斯对历史主义及历史方法进行了猛烈的抨击。施特劳斯还开出了诊治现代性问题的良方,认为时代的政治困境还得求助于严肃的哲学思考,只有借助于大思想家的智慧才能走出虚无主义的泥淖。毫无疑问,施特劳斯对历史主义及历史方法的批判是相当深刻的。与施特劳斯批判历史方法的思考视角不同,斯金纳关注的是对政治思想的历史性理解。斯金纳认为,施特劳斯追问永恒问题,坚持哲学方法而拒斥历史方法,会导致一种"学术帝国主义"③,把思想史研究的价值定位在"找寻对于永恒问题的历史性线索中所可能包含着的永恒智慧"④。这会使某些道德预设和政治信念过分权威化,成为意识形态话语。对此,斯金纳认为,真正的历史研究才是政治思想的意识形态化的

---

① Quentin Skinner,Meaning and Understanding in the History of Ideas,*Visions of Politics*,Vol.1,Cambridge University Press,2002,p.64.

② Quentin Skinner,Meaning and Understanding in the History of Ideas,*Visions of Politics*,Vol.1,Cambridge University Press,2002,p.78.

③ [英]昆廷·斯金纳:《观念史中的意涵与理解》,载丁耘、陈新主编:《思想史的元问题》,广西师范大学出版社 2005 年版,第 77 页。

④ 彭刚:《历史地理解思想》,载丁耘、陈新主编:《思想史的元问题》,广西师范大学出版社 2005 年版,第 125 页。

"解毒剂","思想史研究的价值就在于它给我们展示了多种多样的可能性,可以使得我们了解自身思想信念和社会政治制度安排的偶然性,从而使得我们更加宽容,更加开放。思想史研究所展示的各种在历史演进中被从中心挤压到了边缘甚而隐匿不彰的思想资源,也可能给我们的思考带来新的可能性"。[①] 斯金纳正是在对施特劳斯哲学方法进行批判性的厘清的基础之上提出了跨文本的、语境论的研究取向,置文本于语境之中,把握理解经典言说的必要条件。从哲学方法到语境主义方法,这是在向一种新的方法论迈进,是政治思想史研究领域真正意义上的革命性转换。那么,这场政治思想史研究方法上的革命是如何发生的?研究方法上的革命有何表现?它的意义是什么?力图回答这些问题正是本书的研究任务。

基于以上原因,研究斯金纳的历史语境主义,分析其理论渊源、基本内涵和总体特征,从而进一步分析这场"政治思想研究中的革命"之所以发生的内在逻辑,揭示出历史语境主义方法在政治思想史研究中的贡献和局限是政治学方法论研究中一个重要的任务。

历史语境主义本质上是历史方法,但它在政治思想史的研究中有广阔的运用空间,这是政治思想史研究领域的学者所不能忽视的问题。因而本书从政治学方法论的角度来研究历史语境主义,探讨历史语境主义对政治思想史的研究所产生的影响,无疑具有重要的学术意义。

首先,转变政治思想史的研究视角。20 世纪 60 年代,西方政治思想史研究发生了朝向语言学的转变,历史语境主义正是这种转变的具体体现。历史语境主义重视语言分析,使得研究者的注意力从政治思想的抽象分析转向具体文本的语言分析,实现了政治思想史研究的语言转句,成为政治思想史研究方法发生根本性转变的主要动力;历史语境主义重视语境分析,把语境当作文本意义产生和理解的关键,把文本意义视为语言建构的产物,这为政治思想史研究提供了一种新的解释角度。本书从政治思想史研究方法知识论基础的转变出发,凸显政治思想史研究中语境分析的全新视角,这无疑会扩展政治思想史研究的视域。

其次,深化政治学对历史语境主义方法的研究。历史语境主义是历史研究和政治学研究语言转向的产物,它对政治思想史研究产生了深远的影

① 彭刚:《历史地理解思想》,载丁耘、陈新主编:《思想史的元问题》,广西师范大学出版社 2005 年版,第 158 页。

响。但是,学界很少研究历史语境主义。本书从政治学的角度,采用文本阐释和比较分析的方法研究历史语境主义,把历史语境主义置于政治思想史研究方法变迁的谱系之中,研究其在方法论上的革命性意义,着重突出历史语境主义对传统政治思想史研究方法所产生的冲击和影响。这有利于深化政治学对历史语境主义方法的认识和研究。

历史语境主义代表了西方政治学、政治思想研究最新方向与动态,在一定意义上说,代表了西方政治思想研究的最高水平,而国内学术界对此的研究总体来说还很不充分。因此,深入研究历史语境主义方法,对于理解西方政治思想研究,乃至于政治学研究的新发展、新动态,认真总结其学术成就与不足,促进我国政治学、政治思想研究深入发展,显然是具有重要价值和意义的。

最后,研究斯金纳的历史语境主义对于深化政治思想史研究方法的研究也具有重要的学术价值。在我国学术界,对政治思想史的研究方法长期没有得到人们的重视,甚至政治思想史研究方法问题并没有成为一个单独的研究领域纳入学者们的视野。而斯金纳则在政治思想史研究方法方面独辟蹊径,形成了体系庞大的有关研究方法的理论体系,作出独立的重大的贡献。因此,认真研究历史语境主义方法,对于发展和形成我国政治思想史研究方法方面的理论体系,具有十分重大的意义。

二、国内外研究现状

(一)国内研究现状

在中文出版物中,译著《昆廷·斯金纳思想研究》①比较全面地介绍了斯金纳的历史语境主义方法。国内政治学界是通过这本书得以比较全面地了解历史语境主义方法的。国内对历史语境主义方法的关注大约始于20世纪初,具体表现为斯金纳代表性著作中文译本的出版,以及研究者发表的系列论文。虽然国内学者对斯金纳的研究起步较晚,但经过几年的积累,已经取得了一些成果。国内学者对历史语境主义方法的研究大体上可以分为三种类型:第一种类型是对历史语境主义方法的评介性研究,即研究者以介绍斯金纳关于历史语境主义方法的基本观点为主,附以个人的评论。第二

---

① [芬兰]凯瑞·帕罗内:《昆廷·斯金纳思想研究》,李宏图、胡传胜译,华东师范大学出版社2005年版。

种类型是对历史语境主义方法的具体运用的研究。第三种类型可以视为对历史语境主义方法的扩展性研究,研究者依据历史语境主义方法反思政治思想史的研究,并以此观照中国政治思想史研究的现状。由于国内对斯金纳的研究尚处于引介阶段,第一种类型的研究相对而言是最多的。

1.对斯金纳关于历史语境主义方法基本观点的评介性研究

国内政治学界最早关注斯金纳有关政治思想史的研究方法。潘小娟、张辰龙一方面介绍了斯金纳有关政治思想史研究方法的基本观点,认为斯金纳有关政治思想史的研究方法与传统方法的不同之处在于"避免把注意力完全集中在主要理论家身上,而是把目光投向这些理论家的著作得以产生的更普遍的社会的和思想的原因上"①。另一方面揭示了斯金纳有关政治思想史的研究方法的独特之处在于把政治语汇作为历史研究的中心,从而"有可能切实说明通过研究政治思想来解释政治行为是一条正确的途径"②。

邱国兵把斯金纳的研究方法界定为语境主义,认为语境主义和文本中心主义是西方政治思想史研究中的两大竞争性方法论,它们都致力于重新发掘古典政治思想文本的真实意图,但取向和侧重迥异。以斯金纳为代表的语境主义方法的突出特点就在于注重语境的解释作用和效力,强调历史、社会条件和环境对思想的限制和影响。语境主要指特定文本的意义背景和文化环境,包括文本所处时代的政治和社会经济环境。在邱国兵看来,"这种借助于探究特定的思想情景和语言环境,来探究特定作者的特定文本的真实思想的方法,是斯金纳语境主义的具体体现和运用。更深一步讲,他是在争取获知作者的经验世界和作者认可的语言环境。从某种程度上看,斯金纳认为这种经验世界和语言环境决定了作者的观念世界"。③

由于斯金纳是一位思想史家,因而他的历史语境主义方法也受到了历史学领域学者的关注。在国内学者中,李宏图在历史语境主义方法的引介方面作出重要贡献。李宏图把斯金纳有关政治思想史的研究方法界定为语境方法。他把语境方法置于西方思想史研究方法演进的宏观视野中,详细

①　潘小娟、张辰龙:《当代西方政治学新词典》,吉林人民出版社 2001 年版,第 338 页。

②　潘小娟、张辰龙:《当代西方政治学新词典》,吉林人民出版社 2001 年版,第 338 页。

③　邱国兵:《西方政治思想研究的方法论选择》,载《上海行政学院学报》2006 年第 2 期。

考察了斯金纳语境方法的渊源和特点。李宏图认为语境方法是针对观念史非历史的研究方法的缺陷而产生的。斯金纳指出，不存在脱离语境的超越时间限制的永恒的绝对真理，因此，研究政治思想必须从产生经典文本的社会和知识背景入手，将经典文本（text）放在其所处的语境（context）中来研究。斯金纳明确指出："我认为，如果我们希望以合适的历史方法来写历史观念史的话，我们需要将我们所要研究的文本放在一种思想的语境和话语的框架中，以便于我们识别那些文本的作者在写作这些文本时想做什么，用较为流行的话说，我强调文本的言语行为并将之放在语境中来考察。我的意图当然不是去完成进入考察已经逝去久远的思想家的思想这样一个不可能的任务，我只是运用历史研究最为通常的技术去抓住概念，追溯他们的差异，恢复他们的信仰，以及尽可能地以思想家自己的方式来理解他们。"[1]具体而言，不是去专门研究经典文本的作者，而是集中探讨经典文本，将经典文本视为对特定政治话语的贡献，把我们所要研究的文本还原到其当初赖以形成的具体的文化语境当中，主要关注文本作者所处时代的一般性话语，集中研究米歇尔·福柯（Michel Foucault）所说的话语机制，进行一种纯粹的言说考古学。这样，研究重点就放在分析经典文本所处时代的政治语言上，把文本看作在更宽广的政治话语中的基本内容。如果我们把握了作者言说的意涵和言说发表时的论争语境，那我们也就理解了言说，从而达到对经典文本的历史性理解。[2]在《语境·概念·修辞》一文中，李宏图详细剖析了语境方法的三个向度：语境、概念和修辞。研究文本的语境是语境方法的核心，运用语言行动的视角来解读文本和理解政治，拓宽了政治思想史的研究视域，实现了从思想应用于政治到思考思想作为政治的一种内容的研究视角的转换，这被称为斯金纳式的革命；概念是研究对象，把思想作为政治的视角运用于政治概念的研究，使政治思想史的研究对象从观念史转移到概念史，对概念史的研究有助于我们理解政治思想观念演进的断裂性，从而更好地理解思想观念的历史性；修辞是语境方法所使用的语言技巧，斯金纳再次复兴了文艺复兴时期的修辞文化，将修辞性的再描述转变成为一种解释概念变化的具有启发性的历史分析工具，为政治思想史的研究开辟了一个新的维度。之所以要关注修辞，是因为任何一个社会都需要通过修辞

---

① Quentin Skinner, *Visions of Politics*, Cambridge University Press, 2002, p.8.
② 李宏图：《西方政治思想史研究方法的演进》，载《浙江学刊》2004 年第 1 期。

的运用使某种受到质疑的社会行动合法化。因此,任何修辞都与那个时期的政治和政治行动紧密相连。斯金纳将修辞和概念的变化与政治行动结合起来研究,探讨修辞在概念的变化和政治行动中所扮演的角色和所起到的作用。对思想史的修辞考察,有助于准确地理解政治概念、原则的不断演进。[①]

2.对历史语境主义方法的具体运用的研究

应奇从 19 世纪末和 20 世纪初以来西方政治理论史研究范式嬗递演变的视角出发,分析了斯金纳运用语境方法对共和主义自由观的考察,认为以斯金纳为代表的后自由主义范式是西方政治理论史研究的主要范式之一。应奇认为,斯金纳置身于当代社群主义对自由主义的批判浪潮和自由主义自身的画地为牢的语境中,在把消极自由当作首出原则的同时论证了古典共和主义的积极公民观与现代民主的兼容性,阐明了"通向个人自由的唯一途径就是参与公共事务"[②],从而与形形色色的前自由主义倾向和朴素的自由主义现代性划清了界限。此外,又把视自由为自然权利和确保其他权利的手段的"公理"斥为"纯粹的教条",并认为"这种态度不但是腐化的公民的缩影,而且是一种最高程度的不明智",明显流露出在肯定自由主义现代性已经取得的成果的前提下,通过发掘自由主义尚未实现的潜力重构自由主义制度,通过改变自由主义的老一套形式实现自由主义的理想,把自由主义关于自由和解放的前提伸张到极限的强烈意向。正是在这个意义上,斯金纳的政治理论史研究被称作后自由主义范式的代表。[③]

李宏图详细分析了斯金纳运用语境方法对"自由"的定义及其演进所作的历史考察。一方面,在研究方法上,斯金纳没有纠缠于概念的分析和逻辑的演绎,而是将视线投向了历史。斯金纳认为,作为历史学家,我们不应该仅仅只是紧随现在通行的概念,而是要考察这个概念的含义究竟在何时形成,并固定下来成为我们通行的一种接受。既然任何一种概念的内在含义都有着历史的演进,即它的含义会在历史的进程中不断发生变化,因此,为了理解这个概念及其定义,我们也需要运用历史学的方法来对此进行研究。

---

① 李宏图:《语境・概念・修辞》,载《浙江学刊》2005 年第 4 期。

② Quentin Skinner, On Justice, The Common Good and the Priority of Liberty, in: *Dimensions of Radically Democracy: Pluralism, Citizenship, Community*, ed. By Chantal Mouffe, Verso Press, 1992, p.221.

③ 应奇:《政治理论史研究的三种范式》,载《浙江学刊》2002 年第 2 期。

具体到自由来讲,理解它的最好的方法应该是,要弄清楚我们在使用"自由"这个词时它通常的意义是什么,它在历史进程中的不同阶段中是如何被定义的。因此,斯金纳将视线投向了历史,希冀在历史中重新再现关于"自由"的不同定义和更为丰富的内容,以此来表达这一主旨:我们应该在更宽广的视野中来考察与理解"自由"。另一方面,斯金纳对伯林(Isaiah Berlin)提出的占主导地位的消极自由观提出了批评。与消极自由观不同,斯金纳在对"自由"的知识考古中提出了"自由"的另一种定义,把自由与"依从"联系在了一起,把自由定义为"不依从"。斯金纳认为,只有在共和的政治体制下,我们才能获得自由和保有自由。这样,斯金纳就打破了人的"自由"与政治体制没有联结的"消极自由"观,希望在"积极自由"和"消极自由"的结合中来保有我们的自由,避免受到强制和奴役。[①]

3.对历史语境主义方法的扩展性研究

彭刚对历史语境主义方法进行了反思性考察。这种反思性考察具体体现在三个方面。一是分析了历史语境主义方法产生的理论背景。彭刚认为斯金纳的问题意识产生于对观念史研究方法的批判。斯金纳认为,观念史的研究方法是一种非历史的研究方法,完全忽视了政治思想的历史维度,不可能历史地理解过往的政治思想。因此,斯金纳提出了跨文本的、语境论的研究取向,主张真正历史地理解过往的政治思想。二是充分肯定了历史语境主义方法的学术价值。彭刚认为斯金纳强调政治思想的变化和差异为我们研究政治思想提供了一种新的视角。在斯金纳看来,思想史研究的价值在于它给我们展示了多种多样的可能性,使得我们可以了解自身思想信念和社会政治制度安排的偶然性,从而使得我们更加宽容,更加开放。思想史研究所展示的各种在历史演进中被从中心挤压到了边缘甚而隐匿不彰的思想资源,也可能给我们的思考带来新的可能性。也正是在这个意义上,在传统的模式之外,斯金纳思想史研究的理论和实践也给我们提供了这一领域学术发展的别样的可能性。三是对历史语境主义方法存在的缺陷提出了批评。彭刚认为,斯金纳的研究方法注重差异和变化,似乎忽视了这样一种理论上的可能性,即经典文本具有并非具体语境所能局限的普遍性和超越性。一方面,语境的还原并不能囊括和穷尽经典文本所具有的全部隐意。思想

---

① 李宏图:《寻找"自由"的另一种定义》,载《华东师范大学学报(哲学社会科学版)》2003 年第 11 期。

史上的经典文本,既有其从中产生的特定的语境并因而反映了这一语境,然而它本身一经产生,也在很大程度上具有其超越具体语境的独立性。超越具体语境而进行普遍性的思考,本身就是众多思想家在从事思想活动时所具有的原初的意图。思想家的创造性活动是无法完全化为对其语境的反映的。另一方面,斯金纳似乎有一种倾向,将他所要处理的所有政治思想史文本都视为是同质的,忽视了政治思想史文本所具有的不同层次的异质性。这种异质性有三个层次:第一个层次是针对具体事项的文本;第二个层次是针对特定事件和受众,但提出了更加抽象、精致的理论原则的文本;第三个层次是代表了政治哲学所可能具有的最高的抽象性层次,受到其自身历史条件的拘束而不受到其局限的文本。这三个层次的文本与它们特定的历史语境、各自作者的个人与社会的经历发生关联的方式有着很大的差异。对待不同层次的文本,语境论的研究取向适用性的范围、程度和方式恐怕也会有所不同。这些似乎是斯金纳所没有能够认真考虑的。①

　　总体而言,斯金纳的历史语境主义方法已引起了国内学界越来越多的关注。随着斯金纳最具代表性的著作陆续翻译到国内,人们开始认识到斯金纳的研究方法对政治思想史研究所具有的意义。国内学者在一般性地介绍斯金纳学术观点的同时,也开始关注斯金纳有关政治思想史研究的方法论,有的学者进而提出了自己的观点。这些都是研究斯金纳的后来者不容回避的,它构成了进一步研究的思想素材。

　　国内学者对历史语境主义方法的研究已取得了一定的成果,并有逐渐深入的趋势。斯金纳的历史语境主义方法对我国学术界的影响日益增强,研究历史语境主义方法的文章也日渐增多,但国内研究状况所显示出来的不足之处也不容忽视。首先,斯金纳撰写了许多有关研究方法的文章,国内研究者对这些文章的阅读量尚显欠缺,翻译引介不够。斯金纳围绕政治思想史研究方法这个主题写下了多篇文章,除了《观念史中的意涵与理解》《言语行动的解释与理解》因为被译成中文为一般学者所熟悉外,还包括《历史实践与事实崇拜》《解释、理性与真理》《动机、意图与解释》《社会意涵与社会行动的解释》《道德原则与社会变迁》《文化词汇的观念》《回顾:研究修辞和概念的变化》等文章,因为至今仍未被译成中文,除了少数研究者之外,国内

---

　　①　彭刚:《历史地理解思想》,载丁耘、陈新主编:《思想史的元问题》.广西师范大学出版社 2005 年版,第 125～158 页。

学界对这些文章的关注显然不够。这些文章对于全面分析历史语境主义方法也有重要的参照意义。

其次,从研究的广度看,对历史语境主义方法的研究还有待拓展。斯金纳是剑桥学派的代表性学者,他的方法论特色只有放在剑桥学派的整体视野中,在与其他剑桥学派成员的比较中才能凸显出来。目前,国内学者对剑桥学派的研究越来越重视,剑桥学派其他成员如彼得·拉斯莱特(Peter Laslett)、约翰·波考克、约翰·邓恩的代表性著作和文章已越来越多地被译成中文在国内出版,也有一些研究性文章陆续发表。但是,国内对剑桥学派其他成员的研究显然不够系统、深入,目前仅限于引介水平,无论是对剑桥学派方法论特色的宏观把握,还是对成员个体所使用的方法论的微观分析都略显幼稚,这限制了我们在剑桥学派内部进行横向比较的视野,极大地影响了我们对历史语境主义方法的研究。尽力弥补这一不足,正是本书的研究任务之一。

最后,从研究的深度看,对历史语境主义方法有系统而深刻把握的研究成果很少。目前,国内学界研究剑桥学派和斯金纳的成果不多,专门研究斯金纳历史语境主义方法的成果更少,只有少数几篇研究论文,至今仍无研究论著出版。从已发表的研究成果看,一般引介性文章居多,拓展性研究成果最少。特别是对历史语境主义方法的内涵和特色的理解和把握还不够系统和深入,因而无法很好地回答历史语境主义方法到底有何革命性意义这一至关重要的问题。造成这种状况的原因是多方面的。一方面是受到翻译进度的影响。剑桥学派成名是在 20 世纪 60 年代以后,剑桥学派的代表性论著在国内的出版更是在 21 世纪初期。国内学界对剑桥学派和斯金纳的研究方法的理解和接受需要一个过程。另一方面,剑桥学派和斯金纳的研究方法具有多学科交叉融合的特点,研究在客观上有一定难度。剑桥学派和斯金纳的研究方法涉及政治学、历史学和哲学,特别是历史语境主义方法更是受到英美语言哲学的深刻影响。如米尔文·里希特(Melvin Richter)所说,"政治思想史家中很少有人在哲学才智上能够与斯金纳相媲美"[①]。斯金纳本人也曾明确表示过,就思想史研究所能达到的境界而论,"最激动人

---

① Melvin Richter, Reconstructing the Language of Politics: Pocock Skinner, and the Geschichtliche Grundbegriffe, *History and Theory*, Vol.29, No.1,1990, p.59.

心的可能性乃是哲学分析与历史证据之间的一场对话"①。这对研究者的知识结构是一个极大的挑战。这些原因无疑影响了国内学界对剑桥学派和斯金纳所使用的方法论的研究深度。

(二)国外研究现状

在国外,有关斯金纳的历史语境主义方法的理论研究已经成为一个热门话题。国外政治学界、历史学界对斯金纳的历史语境主义方法已经展开了比较深入的研究,研究者已经出版了一本著作,并发表了大量的学术论文。自斯金纳的代表性著作《近代政治思想的基础》出版以来,芬兰学者凯瑞·帕罗内于 2003 年出版的研究性论著《昆廷·斯金纳思想研究》为历史语境主义方法的理论研究作出重大贡献。此外,比库·帕雷克、R.N.贝基、詹姆斯·H.塔利、凯瑞·J.纳德尔蒙、迈克尔·哥德哈寺、约翰·G.冈内尔、米尔文·里希特、瑞弗勒·梅杰等学者相继发表论文对斯金纳的研究方法予以评述。对于历史语境主义方法,不同学者的研究角度和给出的评价也有很大的差异。总体来看,大致可以分为三类:一是肯定性评述,二是批评性评述,三是介于两者之间的既有肯定又有批评的折中性评述。下面予以分类介绍。

1.肯定性评述

凯瑞·帕罗内对于历史语境主义方法的评述最为全面、系统,最具有代表性。他高度肯定了历史语境主义方法对政治思想史研究方法的创新所作的贡献,称斯金纳的历史语境主义方法实现了"政治思想研究中的革命"②。首先,斯金纳最为杰出的贡献在于,他转换了整个政治思想史研究的视角。斯金纳运用语言行动的视角来解读文本和理解政治,拓宽了政治思想史的研究视域,实现了从思想应用于政治到思考思想作为政治的一种内容的研究视角的转换,凯瑞·帕罗内称之为"斯金纳式革命"③。斯金纳式革命的关键在于:他并不分析"应用于政治领域"的思想,而是分析"以政治方式进行思考"的思想。政治性思考就是政治行动本身的一个方面。其次,斯金纳

---

① Quentin Skinner, Meaning and Understanding in the History of Ideas, *Visions of Politics*, Vol.1, Cambridge University Press, 2002, p.87.

② [芬兰]凯瑞·帕罗内:《昆廷·斯金纳思想研究》,李宏图、胡传胜译,华东师范大学出版社 2005 年版,第 1 页。

③ [芬兰]凯瑞·帕罗内:《昆廷·斯金纳思想研究》,李宏图、胡传胜译,华东师范大学出版社 2005 年版,第 3 页。

把思想作为政治的视角运用于政治概念的研究,使政治思想史的研究对象从观念史转移到概念史。概念史研究强调政治思想观念演进的断裂和差异,从而有助于我们更好地理解思想观念的历史性变化,能够使我们更加多元和宽容。最后,斯金纳充分应用了修辞学工具,将修辞性的再描述转变成为一种解释概念变化的具有启发性的历史分析工具,为政治思想史的研究开辟了一个新的维度。关注修辞,是因为任何一个社会都需要通过修辞的运用为行动的合法性进行辩护。因此,任何修辞都与那个时期的政治和政治行动紧密相连。斯金纳将修辞和概念的变化与政治行动结合起来研究,探讨修辞在概念的变化和政治行动中所扮演的角色和所起到的作用。斯金纳研究修辞的关键在于关注被丢失的历史,为历史研究提供富有价值的补充。与科学和哲学的意识形态相比,斯金纳将修辞视为一种更多元、更有历史和政治性的思想类型。①

詹姆斯·H.塔利对斯金纳在方法论上的贡献也给予了高度评价。他认为斯金纳在方法论上的贡献主要有五个方面。第一,为理解文本的历史意涵提供了思路,即既要理解文本的语内意涵,又要理解作者在写作文本时打算做什么;第二,把文本置于产生它的实际政治语境中;第三,关注被有意拒斥的次要文本;第四,政治思想有助于使社会行动合法化;第五,关注新的政治概念。塔利认为,斯金纳的方法论与福柯的谱系学一起,是最具原创性和最有前景的政治分析形式。②

米尔文·里希特也肯定了剑桥学派特别是斯金纳在方法论上的独创性。他认为,剑桥学派重视语言在历史学中的作用,开启了历史研究的语言转向,对语言的研究是剑桥学派历史方法的特色。而斯金纳把语言行动理论应用于政治思想史,在研究方法上就更加独特、更具创造性。斯金纳依据作者的语言行动来解释文本具有独特的优势。一是语言行动提供了历史语境中作者的意图;二是语言行动理论为文本解释提供了一种意识形态视角,从而拒斥了其他的解释视角。斯金纳的方法把历史研究的重心放在意识形

① [芬兰]凯瑞·帕罗内:《昆廷·斯金纳思想研究》,李宏图、胡传胜译,华东师范大学出版社 2005 年版,第 8 页。

② James H.Tully, The Pen Is a Mighty Sword: Quentin Skinner's Analysis of Politcs, *British Journal of Political Science*, Vol.13, No.4, 1983, pp.489-509.

态史上,为政治思想史提供了一种新的解释类型。[①]

2.批评性评述

比库·帕雷克和 R.N.贝基对历史语境主义方法进行了比较严厉的批评。一方面,斯金纳对观念史方法论的批判是误解。实际上,观念史研究是必要的。正是有了观念史的考察,我们才能最接近于政治思想中最重要和最有趣的东西:研究多样性中的同一性。另一方面,历史语境主义方法的一些基本假定是错误的,潜藏着原子论和唯我论趋势,要么太偏狭,要么太模糊。其偏狭表现在过于强调经典文本历史语境的特殊性。实际上,文本作者所提出的问题往往是普遍性的,并不专属于某一个特定的时代。那些问题都来自人类的困境,永远与人类所处的每个处境相关。其模糊既表现为语境范围难以明确规定,也表现为作者意图难以清晰界定。这都与语言在语义学上不可避免的模糊性密切相关。因此,斯金纳的研究方法的局限性是不可否认的。[②]

迈克尔·哥德哈特比较详细地分析了历史语境主义方法所存在的缺陷。在哥德哈特看来,历史语境主义方法一经提出就产生了广泛的、持久的和热烈的争论。之所以如此,是因为历史语境主义方法存在着以下比较突出的问题。首先,文本的语境相当复杂多样,难以确定;其次,在言语行动与作者意图这两者之间并不存在必然的内在联系,从作者的言语行动出发难以确定作者发表言说时的意图;最后,语境主义方法揭示了文本的历史特性,却使文本作者的观念变成零散的碎片,政治思想史失去了其应有的连续性和稳定性。[③]

在约翰·G.冈内尔看来,斯金纳的历史语境主义方法本质上是历史主义的方法,它在解释文本方面有很重要的意义。但是,历史语境主义方法也存在明显的局限。一是斯金纳对语言行动理论的运用并不成功,对语境的界定很模糊,没有为文本解释提供一个准确的方法;二是斯金纳忽视哲学解释学和文学批评理论在文本解读时重视读者的主张,在解释文本时以作者

①　Melvin Richter,Reconstruting the History of Political Languages:Pocock,Skinner,and the Geschichtliche Grundbegriffe,*History and Theory*,Vol.29,No.1,1990,pp.38-37.

②　Bhikhu Parekh and R. N. Berki, The History Political Ideas:A Critique of Q. Skinners's Methodology,*Journal of the History of Ideas*,Vol.34,No.2,1973,pp.163-184.

③　Michael Goodhart, Theory in Practace:Quentin Skinner's Hobbes, Reconsidered,*The Review Politics*,Vol.62,No.3,2000,pp.531-561.

的意图为中心,忽视读者的能动作用。[①]

3.折中性评述

凯瑞·J.纳德尔蒙的评述就属于此类。一方面,他对历史语境主义方法给予了高度评价,认为历史语境主义方法对文本的解读是有价值的。语境主义方法的显著特征在于拒斥观念史常用的方法,其原则是把文本置于它的时代所处的主流意识形态惯例和争论的语境之中,其核心是把政治理论语境化,而其实质就是复原政治理论的历史之维。这有助于把我们从没有经过详尽解释的前提和经验中解放出来,产生批判性的自我反思,从而为解决当下需要我们关注的问题和冲突提供不可缺少的帮助。另一方面,他又对历史语境主义方法的局限性提出了批评。纳德尔蒙认为语境主义方法使历史原子化,斯金纳的政治思想史是由一系列彼此孤立的观念事件构成的,忽视了政治思想的连续性。[②]

瑞弗勒·梅杰剖析了斯金纳与施特劳斯之间的学术争论,考察了斯金纳与施特劳斯在方法上的异同。梅杰认为,斯金纳指责施特劳斯的研究方法是非历史的,这种指责是片面的。实际上,施特劳斯回归古典传统,诉诸柏拉图,也关注真正的历史理解。很明显,对历史证据的重视和娴熟运用足以证明施特劳斯的解释战略最终与斯金纳的历史主义相当接近。[③]斯金纳与施特劳斯在方法上的差异是深刻的,但两者之间的一致性也不能忽视。

国外学者对历史语境主义方法的研究状况表现出一些不同于国内研究的特点,首先,在研究群体方面,国外历史学界和政治学界都对历史语境主义方法表现出浓厚的兴趣,尤其是政治学界,学者们在历史语境主义方法的内涵和功能等方面取得了丰富的研究成果,历史语境主义方法在政治学界的影响力有逐步扩大的趋势。其次,在研究层次方面,国外对历史语境主义方法的研究早已突破了对其作一般性评述的阶段,对历史语境主义方法的批判性发展似乎成了主流。许多学者针对历史语境主义方法发表了批评意见,并提出了自己的理论观点。此外,在研究重点方面,国外对历史语境主

---

① John G. Gunnell, Interpretation and the History of Political Theory: Apology and Epistemology, *The American Political Science Review*, Vol.76, No.2, 1982, pp.317-327.

② Cary J. Nederman, Quentin Skinner's State: Historical Method and Traditions of Discourse, *Canadian Journal Political Science*, Vol.18, No.2, 1985, pp.339-352.

③ Rafael Major, The Cambridge School and Leo Strauss: Texts and Context of American Political Science, *Political Research Quarterly*, Vol.58, No.3, 2005, p.477.

义方法的批判主要围绕以下几个问题：斯金纳对所用的概念缺乏清晰的界定，忽视了文本理解的哲学维度，没有看到读者在文本理解中的能动作用，等等。国外学者对历史语境主义方法的研究，无论是肯定还是批评，都给人留下了深刻印象。鉴于国内学者对历史语境主义方法的研究尚不成熟，如何在借鉴国外研究成果的基础上进一步推动国内研究，已经成为富有理论意义的课题。

三、本书的主要概念

（一）语境

从语境理论的发展史看，什么是语境本身就是极具争议的问题，每个学者或每个学术流派往往根据自己的理解对之加以解释。总的来看，这些不同的解释自 20 世纪 20 年代语境概念产生以来大致有以下三个路径：

第一个路径是语言学对语境的研究，以马林诺夫斯基（Malinowsky）、弗斯（Firth）、韩礼德（Halliday）等人为代表。他们把语境解释为使用语言时的环境。分为狭义语境和广义语境两种。狭义语境指语言交际中理解和运用语言所依赖的各种表现为言辞的上下文，它既包括书面语中的上下文，也包括口语中的前言后语。广义语境指语言交际中理解和运用语言所依赖的各种主客观因素，包括时间，地点，场合，话题，交际者的身份、地位，心理背景，文化背景，交际目的，交际方式，交际内容所涉及的对象以及各种与语言交际同时出现的非语言符号等。语言学研究语境的宗旨主要在于想通过语言学的科学思维方式，对客观言语行为的语境条件进行分析，以求得语言使用中意义的明晰性与确定性，排除歧义性以达到语言的正确使用。

马林诺夫斯基在人类学研究中首次使用了"语境"这一术语，以强调语言环境对语言的影响。他将语境区分为"情景语境"（context of situation）和"文化语境"（context of culture）两类。情景语境指话语产生前后的各种实际事件，即言语交际发生时的实际情景；文化语境指话语产生的整个文化背景。

马林诺夫斯基从人类学的角度来理解语境的含义，弗斯则从语义学的角度来阐释语境。他将语境看作语义分析平面上一套彼此相关、抽象的观念类别。① 弗斯把语境划分为两种：一种是语言语境，是由语言因素构成的语言内部环境，即一个语言结构各成分之间的组合关系和一个语言系统内部各语言单位之间的聚合关系。另一种是非语言语境，即由非语言因素构成的"情景的上下文"。非语言语境就是马林诺夫斯基所说的"情景语境"。

韩礼德把语言环境理解为影响语言使用者实际使用语言方式的一系列因素，包括场景、方式、交际者三个部分。场景是指话语在其中行使功能的整个事件、说话者或写作者的目的、话语的主题等。方式是事件中的话语功能，因此它包括语言采用的渠道即说或写，以及语言的风格，或者叫作修辞手段即叙述、说教、劝导、应酬等。交际者指交际中的角色类型，即话语的参与者之间的一套永久性或暂时性的相应的社会关系。场景、方式和交际者一起组成了话语的语言环境。②

利奇（Leech）从语用学的角度研究语境，把语境视为确定言语意义的因素，包括：言语发出者或言语接受者、话语的上下文、话语的目的、言语行为以及作为言辞行为的结果的话语。③

莱昂斯（J. Lyons）把语境解释为从实际情景之中抽象出来的、对语言活动参与者产生影响的一些要素，如交际者（说话人和听话人）、场合（时间和地点）、交谈的正式程度、交际媒介等。他认为语境能够帮助说话人正确判断话语合适与否。

总之，语言学家从不同的角度界定了语境的内涵，他们对什么是语境这个问题的认识存在分歧。但是，从总体上看，语言学家都把语境视为语言的客观属性，是言语意义产生的条件和背景。

第二个路径是语言哲学对语境的研究，以弗雷格（Frege）、罗素（Russell）、维特根斯坦、摩尔（Moore）、奥斯汀、塞尔等人为代表。语言哲学对语境的研究有理想语言学派和日常语言学派两种不同的取向。以罗素、前期维特根斯坦、摩尔为代表的理想语言学派把语境解释为影响语言逻辑性意义的各种条件。理想语言学派强调通过对语言的逻辑分析，追求语词意义的确定性。他们认为语词意义的确定性最终取决于由逻辑句法和语义

---

① 戚雨村：《弗斯和伦敦语言学派》，载《外国语（上海外国语学院学报）》1990 年第5 期。

② M.A.K.Hallidag and Rugaiya Hasan,*Cohesion in English*,Longman,1976,p.22.

③ G.N.Leech,*Principles of Pramatics*,Longman,1983,pp.13-14.

规则所构成的逻辑真值语境。通过对句法的逻辑分析能够在逻辑为真的言内句法语境中揭示出语词的确切意义,从而排除日常语言使用中语词意义的混乱不清。可以看出,理想语言学派对语境的研究主要局限在言内语境对语言意义的约束和影响上,主要关注的是语言与世界的逻辑关联,因此,它所强调的语境是一种语义语境。

以后期维特根斯坦、奥斯汀、塞尔等人为代表的日常语言学派则把语境解释为在日常语言使用中言语意义产生与确定的各种条件。他们认为语词的意义产生于语言使用的具体语境之中,没有语言使用的言伴语境与言外语境,就没有言语意义的生成。在宽泛意义上,我们可以将此称为语境主义。语境主义强调的是在言语行为发生时,围绕言语行为所开启的可以观察到的、与言语行为相伴而行的各种主、客观语境条件。这明显是一种语用意义上的语境。日常语言学派研究语境的主旨在于通过哲学的反思思维方式,在语言、言语主体、世界三者关系的框架中,对日常语言使用中言语意义的语境条件进行分析,以此来排除传统哲学和理想语言哲学对语言意义的误读与误解,从语境中寻求语言意义产生的支点。

第三个路径是哲学诠释学对语境的研究,以伽达默尔为代表。他们把语境解释为文本意义产生和理解的人文历史条件。这是哲学家从诠释学的角度对语境的理解。与语用语境主要侧重话语上下文和情景语境对意义的约束不同,哲学诠释学出于对文本的解释、理解目的而主要关注广义语境中文本意义理解的历史视域和理解者的视域。伽达默尔的理解语境至少包括以下要素:特定的理解主体;特定的理解对象和文本;产生理解对象的背景关联以及主体自身具有的背景关联;理解对象与理解者以及它们背景之间的相互作用与整合等。伽达默尔强调的是语境的历史性作用,认为就文本意义的产生和理解而言,语境的历史性、主体对语境的历史意识更具有基础性作用。理解是在特定语境中进行的,理解主体具有特定的历史环境、历史条件和历史地位,有自己的个体性,这种主体性的内在趋向始终决定着理解活动的整个过程。理解是理解者对理解对象的理解,而理解对象同样具有历史性,二者都内在地镶嵌于特定历史语境中。不考虑历史语境追求纯粹的客观性根本上是一种"乌托邦"式的幻想。理解不可避免地要被历史所"污染","偏见"也必然地参与到理解活动中。理解主体与理解对象之间的历史间距、理解主体的"偏见"作为文本理解的语境因素恰恰是文本意义创生的空间。哲学诠释学对文本意义理解的关怀,较之语用哲学而言,从更深层次把语言和人结合起来,探讨意义理解与人的历史展开中的各种前理解境遇。它不但考察与"说者"相关的诠释学条件,而且对"理解者"在意义理解活动的本原性条件进行反思追问。这在一定程度上补充了语用分析语境的不足,是在更深层次的意义人文关怀中构成了语用语境的源始展开基础。

整体来看,语境进入哲学视野,显示了语用哲学语境与诠释学语境对语言科学意义上的语境观念的超越:作为语言科学意义上的语用学对语境的规范主要停留在表层的、语言内诸般关联因素的交互作用;而语用哲学对语境的关注进一步深入为对语言意义产生的言语行为的追问,对语言意义这一语言哲学的核心问题进行语言实践的勾连;诠释学意义上的语境研究侧重的是文本意义理解的有效条件。因此,对语言意义的语境追问也便成为无论就语境的语用分析还是语境的哲学诠释学理解而言所必须面对的重大理论问题。语用语境、语用哲学语境和诠释学语境三种分析路径并不是彼此孤立的,而是相互联系、相互影响、彼此互补的。语用哲学语境与诠释学语境反映了语境研究的系统深入和认识上的逐步深化。

在语境研究中,经历了一个由静态研究向动态研究深入的过程。静态研究是对语境作静态的描写分析,即把语境只当作客观存在的事物,包括上下文(言辞语境),以及言语事件发生于其中的物理环境和社会文化环境(非言辞语境)。这种静态的语境观没有考虑人们认识客观世界的实际情况,由于人们在生活经历、知识结构、感知能力、注意力、记忆力等方面的差异,对客观事物的反映也是不一样的。同时,语言意义还是一种心理活动的结果,语码加上客观语境因素并不能自动提供意义,它是需要交际者利用语境因素推导出来的。所以,语境研究应该既要以静态的方式又要以动态的方式进行。

无论语言学还是语言哲学,对语言及其意义的讨论都无法回避语境这一基础性因素,总是有意识或无意识地受到来自各种语境层面的影响。但由于对语境研究的切入点和角度不同,对语境概念的解读也就多种多样。在宽泛的意义上讲,对语境的界定几乎涉及所有对语境产生影响的各种主观与客观、语言与非语言、言内与言外、历史与现实等方面的因素,构成了繁杂多样的、纵横交错的语境网络。纵观不同学者的语境观,概括起来大致可以分为以下几种:①将语境理解为来自语言内部的因素,即上下文或前言后语;②把语境理解为语言之外的情景因素,强调语言使用的外部环境;③将语境理解为言内上下文、言外情景以及语言使用者的主客观背景(包括参与者的社会、政治、文化、时代背景等)三方面因素。

　　从语境概念的历史演进可以看出,迄今为止的语境研究在范围界定、研究方法、致思取向等问题上仍存在着诸多差异与困惑。其根本原因主要来自两个方面:一是语境自身所涵盖的繁杂的主客观因素的相互交织,使得系统、规范的研究具有一定的难度,语境概念很难明晰化与科学化;二是研究者们往往因为侧重于各自研究领域的问题与方法,在语境的界定上很难达成共识。这就使得语境的界定存留着一些理论难点,难以构成对语境的整体把握。

　　通过对以上路径的考察,本书认为语境的内涵应该从它与文本意义的关系中来规定。从语境与意义的关系看,在语言学与语用哲学的层面上,语境问题就是确定某种语言、非语言环境因素的意义问题;给出意义就是确定语境,就是对语境结构的内在把握。意义是语言哲学的核心问题。从本质上看,人就是一种意义性存在,会不断地对意义作出深层哲学反思,"人之为人的本质,应该说就是一种意义性存在、价值性实体"[①]。人虽然很珍视自己的有形存在(肉体存在),但是更加看重自己的无形存在,即"意义"的存在,或存在的"意义",总要去理解、创造生命的价值和意义。语言是人的存在方式,因而,对意义的追寻,可以具体到人类对语言的哲学自觉。因为意义和语言相伴相属,对语言的追问就显现在对意义的表达和理解之中。因此,语言哲学从根本上讲也就是人对语言意义的自我反思、自我意识的理论。而意义与语境存在着结构性的多维关联。从语用学的角度看,实际使用语言的意义不是抽象的,孤立于语境之外的,而是具体的,是和一定的语境密切相关、紧密联系的。离开了使用语言的语境因素,便不能确定语言的具体意义。特别是随着对音位学、句法学、语义学等学科知识探索的加深,人们了解到语言中有些意义只能从语用角度才能得到满意的解释。因此,语用学家把语言文字本身的意义和它们的语境联系起来,除了要弄清一个词、一个句子本身的意指外,还要研究一个词、一句话在特定的语境中所具有的交际价值,即语言的使用者在一定的语境中赋予它的那一类行为意义。由此可知,语言文字所表示的意义和语境是密不可分的。语用学上的语境与意义之间的关联不是单一的,而是多维度的:话语依赖语境而存在,语境约束话语的意义;语言只能从语境中获得意义;语境与意义之间没有明显的

　　[①]　秦光涛:《意义世界》,吉林教育出版社1998年版,第111页。

对等的关系,意义最终可以从可观察的语境中派生出来。由此可见,语境问题的实质就是语言意义产生和理解的问题,对语境的追问就是对语言意义的探寻。

语境与意义在语言学与语用哲学层面上的关联为语境内涵的界定提供了坚实的理论根据和解释框架。在语言学与语用哲学层面上,语境可被视为在语言使用中使意义得以产生和表达的各种言内、言伴和言外的主客观环境条件。而从文本意义产生和理解的层面上看,语境则可被视为文本意义产生和理解的有效条件。在语言学与语言哲学中,语言是意义的载体。而在政治思想史的研究中,文本成为意义的载体。从哲学诠释学角度看,语言的意义问题就是对各种文本意义的理解。理解是追寻文本意义的过程。理解的研究对象是文本,而文本是语词与意义的统一体,是物理符号与精神内容的统一体。语言符号是感性的物质要素,它是意义的物质载体,而意义是文本的本质和内在灵魂。理解文本关键在于把握文本的精神内容、把握文本的意义,而不仅仅在于把握文本的物理符号、把握文本的语词本身。因此,政治思想史研究作为一种意义探索活动本质上就是在追寻文本意义产生和理解的各种有效因素。

语用科学和语用哲学对语境的多维研究为语境外延的确定提供了理论依据。在语言科学和语用哲学中,语境作为意义展开的必然条件而成为语言科学和语用哲学展开的基本点。提出语境问题似乎进入了一个永无止境的、不可能详尽完成的范畴,因为"语言是一种社会现象,社会上的一切都可能成为语境。语言是一种物质现象,自然界的万事万物都可能成为语境。语言是人类本身所特有的交际和思维的工具,那么人类本身的一切也就都可能成为语言的环境"①。此外,语境又不是一个静态的、凝固的概念,而是语言实践中的一个动态的、发展的概念。意义的产生和理解本身就是一个动态的过程,语境也随之而是一个动态的过程,并在意义的展开过程中不断扩大。在语用科学和语用哲学中,对语境分析的方法,也已从语言语境即上下文,经由二元化即语言语境和非语言语境,三元化即语言语境、物理语境和共享知识,走向多元化(世界知识、集体知识、特定知识、参与者、正式程度及媒体等),呈现出泛语境化的趋势。② 语境研究的多元化反映了人们对语

---

① ［日］西槙光正:《语境与语言研究》,载《中国语文》1991年第3期。
② 胡壮麟:《语境研究的多元化》,载《外语教学与研究》2002年第3期。

境外延的认识从一元到多元逐步深化的过程,语境的外延逐步扩大。以至于西槙光正认为:"语境的因素是无限的。"①在语用科学和语用哲学的意义上,由于语境所包含的因素极其复杂,语境的外延极其广泛,并没有一条十分清楚的界限。这使得人们对语境外延的认识存在分歧,很难达成一致。但是,从语境与意义的关系看,语境作为意义产生与确定的基础性因素为语境的外延划定了边界:语境服务于意义的澄明。因此,人们对语境外延的边界仍然存在基本的共识。一般来说,语境系统内部的各构成因素是按一定的层次有序地排列并显现其功能的。可以由上下文语境开始,到时空语境,再到社会文化语境、认知背景语境等,语境的范围渐渐扩大,层次逐渐提高。语境的分类要能体现这种层次性,但这种层次性也不是固定不变的,因为语境的层次是相对的,而且是交叉的、变动着的。语用科学和语用哲学正是立足于语境同语言意义的关系把语境划分为不同的层次,展开多维的研究,以确定其边界。首先,语境可以分为"言内语境"、"言伴语境"和"言外语境"三种,这是第一层面的划分。言内语境又分为"句际语境"和"语篇语境"两种;言伴语境又分为"现场语境"和"伴随语境"两种;言外语境又分为"社会文化语境"和"认知背景语境"两种。这是第二层面的划分,还可以进行更下位的划分。如句际语境又可分为"前句、后句"或"上文、下文"等因素;语篇语境又可分为"段落、语篇"等因素;现场语境又可分为"时间、地点、场合、境况、话题、事件、目的、对象"等因素;伴随语境又可分为"情绪、体态、关系、媒介、语体、风格以及各种临时语境"等因素;社会文化语境又可分为"社会心理、时代环境、思维方式、民族习俗、文化传统"等因素;认知背景语境又可分为"整个现实世界的百科知识、非现实的虚拟世界的知识"等因素。这是第三层面的划分。这样,就把在语用交际中可能产生影响的语境因素编织成了一个涵盖面广、结构有序、条理清晰、层次分明的系统网络。而且,从理论上说,这个系统还是开放性的,随时可纳入有助于确定语言意义的其他因素。从语境分类系统的层次看,从最底层的"句际语境"到最上层的"认知背景语境"两极之间,是语境研究的广阔的空间地带。它们反映了语境的整体性疆域,也顺应了国际语言学界对语境研究的新趋势:语境既是客观的场景,又是交际主体相互主观构建的背景。

---

① 王建平:《语境的定义及分类》,载西槙光正主编:《语境研究论文集》,北京语言学院出版社 1992 年版。

　　语言科学和语用哲学对语境的多维研究主要侧重的是话语上下文和情景语境对意义的约束方面,而本书出于对文本的解释主要关注广义语境中文本意义理解的历史视域和理解者的视域。语言科学和语用哲学的语境典型地表现为以言内语词及其在语句中的上下文关联为核心,同时与言语行为发生的当下情景相结合,但对各种言语行为以及由之结合而成的文本,往往缺少历史的展开,对文本意义的历史的、人文的关怀和由之而来的历史、人文语境的探讨是难以深化的。而从文本意义理解的角度看,文本意义理解语境自然且必须包含语用语境中的一些因素。但由于两种语境所强调的侧重点不同、所起的作用不同,不能将两种语境等同起来。文本意义理解语境所能囊括的语用语境,应该是除去言伴语境(语用分析中指具体言语行为发生时伴随它同时显现的时间、地点、场景,以及对话者的身份、地位、语调、重音等条件)之后的一切其他语境条件,比如言内语境和言外语境。这是由文本意义理解语境所具有的特殊性造成的。言伴语境条件在文本理解行为中是隐性的不在场。显然,文本意义理解语境不应包括言伴语境。但是,文本是由语言结合而成的,文本意义理解语境绝不是孤立于语言科学和语用哲学语境之外的另一种语境,它所包含的言内语境和言外语境与语言科学和语用哲学语境在本质上是相同的。两者的区别主要在于语境所指向的对象是不同的。语言科学和语用哲学语境指向语言意义的产生、理解和确定;文本意义理解语境则指向文本意义的产生和理解。因此,从外延的角度看,文本意义理解语境主要是指文本意义理解中的言内语境和言外语境。言内语境指文本中书面语的上下文所形成的言语环境,言外语境指文本意义理解中意义展开的人文历史环境。

　　从以上讨论可以看出,文本诠释意义上的"语境"范畴指的是文本解释的语言环境。分为狭义和广义两种:狭义指言内语境,即文本中书面语的上下文所形成的言语环境;广义指言外语境,即文本意义理解中文本意义产生和理解所依赖的人文历史环境。

　　斯金纳并没有对语境概念作出明确的界定,但从斯金纳使用语境概念的具体情况来看,他也是在文本诠释的方法论意义上使用语境概念的。首先,语境指的是文本本身。文本被语境化,文本就是确定文本意涵的依据。文本由语言构成,文本的原文本身就有一种明确的、语义学意义上的含义,这构成文本诠释的基本语境。借助语法分析,可以理解文本的字面意涵。其次,语境是指文本所处时代影响政治行为的政治话语或政治语言。由于语言的歧义性，文本的意涵显然不能等同于文本的字面意涵，而要确定文本的真实意涵，就必须把文本置于其赖以产生的更加广阔的主流政治意识形态惯例中去，通过对比分析以准确地把握文本的真实意涵。斯金纳把意识形态看作政治行动者为描述政治行动而采用的政治规范词汇。[①] 惯例是指流行于过去特定语境下的默示假设和实践。[②] 它是言语行动者必须遵循的语言规则，从而形成默示的、被预设的语境。因而政治意识形态惯例就是指影响政治行动者政治行为的政治话语或政治语言，它是文本隐含的部分，包含了文本所有的历史因素。正是在这个意义上，可以把斯金纳所说的语境称为历史语境。由于文本本身所使用的政治语言是历史的沉淀，它只是文本所处时代政治语言的表现形式，相比较而言，文本的历史语境是文本语境中最为核心的部分。

因此，斯金纳的语境概念既是指由文本上下文所构成的语言环境，又是指由文本所处时代影响政治行为的政治话语或政治语言所构成的语言背景。

（二）语境主义与历史语境主义

语境主义概念的界定是以语境概念为基础的。在日常语言哲学看来，语境主义是确定语词意涵的方法，意指理解一个词就是理解它如何能被用在一个句子中。因此，在语言学和语言哲学的层面上，语境与语境主义是含义不同的两个概念。语境指的是确定言语意涵的条件和因素；而语境主义则指的是从语境角度分析和确定言语意涵的方法。由于本书所使用的语境概念是就文本诠释的语言环境而言的，因此，本书所使用的语境主义范畴指的是从语境角度确定和理解文本意涵的方法。

语境主义也可称为历史语境主义。在本书中这两个概念是同义词。之所以采用历史语境主义这个概念主要是基于以下考虑：一是避免概念之间的混淆。语境主义这个概念既可以是语言学和语言哲学意义上的概念，也可以是哲学诠释学意义上的范畴。为避免在使用语境主义的过程中出现概

---

① 　Cary J. Nederman, Quentin Skinner's State: Historical Method and Traditions of Discourse, *Canadian Journal of Political Science/Revue Canadienne de Science Politique*, Vol.18, No.2, Canadian Political Science Association and the Société quebécoise de science politique, 1985, p.341.

② 　［芬兰］凯瑞·帕罗内：《昆廷·斯金纳思想研究》，李宏图、胡传胜译，华东师范大学出版社 2005 年版，第 41 页。

念含义上的混淆，故本书使用历史语境主义这个概念。二是突出历史语境主义方法的特质。从斯金纳对历史语境主义方法的阐释来看，历史语境主义与历史主义存在着实质性的关联。历史语境主义是由历史主义演变而来的，它始终以历史主义为基本的方法论原则。在解释政治思想的产生时，它一以贯之地坚持历史主义的解释模式，即从外缘来解释政治思想，强调政治思想外部环境的重要性，把政治思想的外部环境视为确定和理解政治思想真实意涵的决定性因素。因而历史语境主义本质上就是历史主义，历史语境主义方法就是历史方法。两者的区别在于历史语境主义是对历史主义的扬弃与超越。传统的历史主义认为语言是透明的，它是表达思想的工具，因而历史叙述就是真实的历史。虽然历史学家强调的重点不同，从而形成不同的解释模式，但传统的历史解释都忽视语言对历史解释的约束与限制。而历史语境主义则把历史主义原则与日常语言哲学的方法论结合起来，既强调政治思想的历史维度又凸显政治思想的语言维度，这就把历史主义内在的、个人的、模糊的历史意识分析转变为外在的、公共性的、明确的语言分析，从而实现了历史研究的语言学转向，为历史主义注入了新的生机，使历史主义焕发出新的活力。由于实现了历史分析与语言分析的结合，历史语境主义就可以借助于现代语言学和语言哲学的分析工具突出历史研究的主观性，同时尽可能地排除语言的歧义性以达至历史学的准确性。这样，历史语境主义就在语言分析的基础上使历史分析更具说服力和解释力。在这一意义上，可以把历史语境主义看成对历史主义的一种发展。

综上所述，虽然本书所使用的历史语境主义概念与语境主义概念是同义词，但是历史语境主义概念强调了历史分析与语言分析的结合，能更好地体现斯金纳政治思想研究方法的特征，因此，本书使用历史语境主义这一概念来描述斯金纳的政治思想研究方法。

由于斯金纳把政治思想看成特定时代影响政治行为的政治话语或政治语言的历史沉淀，因而要理解政治思想的真实意涵，就必须把政治思想置于由其所处时代影响政治行为的政治话语或政治语言构成的知识语境中，以准确地把握政治思想的真实意涵。因此，历史语境主义指的是从历史语境角度确定和理解政治思想真实意涵的方法。

（三）修辞

在西方，修辞（rhetoric）来源于希腊语 rhētorikē（tekhnē），意指修辞学教师或修辞学者进行说服的艺术或技术。亚里士多德在其著作《修辞学》中，把修辞定义为说服人的方法。① 亚里士多德之后，殖着修辞理论和实践的发展，修辞概念的含义也发生了一些变化，其所指越来越宽泛，但是修辞概念的基本含义始终保持稳定。在古罗马时期，修辞被视为良言学，即说话说得好的学问。当代权威的《美国传统词典》对修辞的含义作了比较宽泛的界定，可以视为当代西方学术界对修辞含义的代表性看法。《美国传统词典》认为修辞主要有四种含义：（1）写作和说话所运用的要素；（2）有效表达的艺术和语言的说服性运用；（3）矫揉造作的或夸夸其谈的语言；（4）口头交流、演说或话语。② 很显然，《美国传统词典》既把修辞看作一个褒义词，也把修辞看作一个贬义词。作为一个贬义词，修辞指缺乏实质内容的空言，或者只是一种语言装饰，阻碍真实意思的传达。在这个意义上，修辞不仅被当作言之无物的"纯粹辞令"，而且可能带有一种不诚实地使用华丽语句的道德含义。③ 但是，"修辞"一词，除了贬义的理解外，还有另一层不带谴责性而较广义的意思。在这个意义上，修辞主要指的是一种论辩的基本方式，一种进行说服和沟通的技巧。随着 20 世纪 50 年代以来修辞学学术传统的再次复兴，人文社会学科更多地采用广义的修辞概念，不再以贬抑的方式使用"修辞"一词。

斯金纳采用亚里士多德关于修辞和修辞学的定义，修辞是进行说服时所采用的语言技巧或方法。④ 在修辞的这一意义上，修辞学就是研究如何说服人的可行方法的学科。⑤

---

① ［美］比历克：《社会心理学的措辞》，载麦克洛斯基等：《社会科学的措辞》，许宝强等编译，生活·读书·新知三联书店 2000 年版，第 36 页。

② Morris, William, *The American Heritage Dictionary*, 2nd college ed, Houghton Mifflin, 1982, p.1059.

③ ［美］比历克：《社会心理学的措辞》，载麦克洛斯基等：《社会科学的措辞》，许宝强等编译，生活·读书·新知三联书店 2000 年版，第 34～35 页。

④ ［英］昆廷·斯金纳：《霍布斯哲学思想中的理性与修辞》，王加丰、郑崧译，华东师范大学出版社 2005 年版，第 8 页。

⑤ ［美］比历克：《社会心理学的措辞》，载麦克洛斯基等：《社会科学的措辞》，许宝强等编译，生活·读书·新知三联书店 2000 年版，第 36 页。

四、本书的研究方法与研究思路

(一)研究方法

研究者使用的分析方法不仅影响观察问题的角度,很大程度上也决定了研究者的最终结论。本书借鉴哲学诠释学的文本阐释方法,把理解看成解释者与被解释者之间视界融合的过程。一方面,尊重作者的原意,对文本进行语用学意义上的解读,以求尽可能客观地还原作者的原意。研究斯金纳的历史语境主义方法,首先离不开对斯金纳著作文献的解读。本书对历史语境主义方法的研究,是在广泛研读斯金纳原著及其相关著作的基础上展开的,以求尽可能地把握历史语境主义方法的精髓,领会斯金纳运用历史语境主义方法的主旨。当然,理解并非纯粹是回到作者明确的意图,而是解释者与被解释者、历史与现实的融合。对作者原意的还原实际上也就是理解主体对作者原意的重构。在施莱尔马赫看来,诠释文本的目的就是"首先要像作者一样好地理解文本,然后甚至要比作者更好地理解文本"。为了达到这一目的,我们必须"设身处地"地、创造性地重新认识或重新构造作者的思想。文本就是作者的思想、生活和历史的表现,而理解和解释只不过是重新认识文本的意识、生活和历史,从思想上、心理上、时间上去"设身处地"地体验作者的"意愿"。施莱尔马赫有句名言:"我们能够比作者理解他自己理解得更好",这被施莱尔马赫视为解释文本的最高目标。对狄尔泰(Wilhelm Dilthey)来说,理解就是重新体验作者过去的精神和生命。因而,狄尔泰将理解直接看作理解者通过移情对原作者心灵生活的重建。他认为,正是在移情或转换的基础上产生了理解的最高形式,因为文本是人的心理的投影,人的心理则是人的生活的投影。重构作者原意是施莱尔马赫与狄尔泰乃至整个历史学派的共识。

另一方面,也要发挥解释者的能动性,立足于解释者的视域,对文本进行哲学诠释学意义上的解读,以彰显文本回应当前时代问题的创造性意义。理解活动本质上是意义的创造活动,而非仅仅对文本内在意义的还原。伽达默尔主张理解是在特定语境中发生、在诸多要素协调一致的系统中的意义创造活动。理解文本的关键在于如何理解自己。自己的处境和经验,解释者与被解释者之间的历史距离与社会差距,不应被看成理解的障碍,而应被视为理解的基础和动力。理解文本,不是在理解一个已经逝去或与我们无关的对象,而是在更加深广的意义上理解着我们自己。解释作品和文本,重要的不是解剖已死的历史,而是在和理解者的前理解条件的关联中发现文本的意义。

因此,文本解读的方法不仅要客观地呈现和描述历史语境主义方法的基本内涵,阐释历史语境主义方法形成发展的内在逻辑以及斯金纳对这一方法的具体应用,更为重要的是,它还要阐释斯金纳的历史语境主义在方法论上的革命性意义。阐释历史语境主义方法,也需要尽量避免"过度阐释",将研究者的主观臆测强加于研究对象之上。阐释意味着在分离的研究对象之间建立结构性的联系,但这种结构性联系的建立是以伽达默尔意义上的"理解"为第一条件的。

由于斯金纳把政治思想看成特定知识语境和修辞文化的产物,因而历史语境和政治修辞是斯金纳研究政治思想的两个最为基本的视角,这就确定了历史语境主义方法的总体框架。因此,本书将从历史语境分析和修辞分析两个方面来呈现历史语境主义方法的基本内容。

当然,阐释历史语境主义方法的革命性意义,还需要采取比较研究的方法。这就必须把历史语境主义投放到西方政治思想史研究方法演进的脉络中,既纵向比较历史语境主义方法与传统的政治思想史研究方法之间继承与超越的关系,又横向比较历史语境主义方法与剑桥学派其他学者的研究方法之间继承与超越的关系。使用比较分析方法的关键在于,选取的比较对象既要具有相似性又要具有差异性。相似性提供了比较的基础,而差异性则能够突出研究对象的本质特征。一般阐释历史语境主义方法的学者大多关注斯金纳同观念史研究方法之间的对立关系,而斯金纳同剑桥学派其他学者研究方法之间的继承与超越的关系没有得到足够的重视。本书在评价斯金纳对于政治思想史研究方法作出的贡献时,说明了他同剑桥学派其他学者研究方法之间的继承与超越的关系。

使用文本阐释的方法,目的在于描绘历史语境主义方法的思想渊源、一般轮廓和总体特征;使用比较研究的方法,目的在于突出斯金纳所发动的"政治思想研究中的革命"的内在逻辑。只有对历史语境主义方法作出较为全面的研究,才能够获得以下问题的答案:斯金纳的历史语境主义方法对政治思想史研究究竟有何革命性意义。

(二)研究思路

本书主旨在分析斯金纳的历史语境主义方法对政治思想史研究所具有的革命性意义,试图围绕以下问题展开分析:"政治思想研究中的革命"是如何发生的？历史语境主义方法的基本内容是什么？这种方法对于政治思想史的研究何以产生了革命性的影响？历史语境主义方法的局限是什么？

从 20 世纪西方政治思想史研究方法的演进来看，在 30 年代到 60 年代，观念史研究方法是政治思想史研究领域中占主导地位的研究方法。观念史研究方法的突出特点是在哲学的抽象层面上展开其研究，拒斥历史方法。但是，观念史研究方法在 20 世纪 60—70 年代遭到斯金纳的深刻批判。斯金纳在批判观念史研究方法的同时，对历史方法的正当性进行了辩护，并把语言行动理论引入历史方法之中，形成了独具特色的历史语境主义方法，实现了"政治思想研究中的革命"。斯金纳的历史语境主义方法体现了 20 世纪西方政治思想史以内在论倾向为主的观念史研究方法向重外在情景而忽略内容与传统的研究方法的根本性转变。在当代西方政治思想史研究领域，历史语境主义无疑是占主导地位的研究方法。

本书从政治学方法论的角度切入，以西方政治思想史研究方法的演进为背景，以历史语境主义方法内在逻辑的展开为基本思路，着重分析历史语境主义方法对政治思想史研究所具有的革命性意义。具体如下：

第一章分析历史语境主义产生的思想背景和理论渊源。历史语境主义方法的产生绝不是偶然的，它是 20 世纪上半期西方人文社会学科理论发展和方法论探索的产物。西方现代哲学、政治思想和历史学等领域出现的"语言学转向"，为历史语境主义的产生提供了新的思考方式；维特根斯坦和奥斯汀的语言分析哲学为历史语境主义的产生提供了哲学方法论；现代语言学和语言哲学对语境的分析为历史语境主义的产生提供了分析工具。

第二章对历史语境主义方法进行溯源。历史语境主义缘起于历史主义方法论在政治思想研究领域的运用。19 世纪历史主义观念的成熟为历史语境主义的产生提供了方法论原则。19 世纪末期 20 世纪初期，历史主义方法论与政治学研究相结合，产生了政治思想史研究方法的最初形态：背景主义；作为对历史研究方法的反动，文本主义在哲学的抽象层面对政治思想进行研究。政治思想研究方法的早期发展为历史语境主义的产生提供了必要的思想基础。

第三章分析历史语境主义方法的产生及内容。历史语境主义的起点是以西莱、阿克顿（John E. Acton）、梅特兰、巴克等代表的剑桥政治思想史家所开创的以历史理解政治的传统。历史语境主义产生的直接动因是对观念史研究方法的反思。拉斯莱特、波考克和邓恩反对观念史的哲学研究方法，主张从语言学角度对政治思想进行语境分析,这就把历史分析和语言分析结合起来了,从而确立了历史语境主义方法的总体框架。斯金纳在吸取拉斯莱特、波考克和邓恩方法论主张的基础上,博采众家之长,创立了历史语境主义方法。它包含两个方面的内容:一是历史语境分析方法。这是历史语境主义方法的核心。历史语境分析方法就是把政治思想置于其赖以产生的知识语境之中,重建政治思想的历史世界,以准确地理解政治思想的意涵。二是修辞分析方法。斯金纳把经典文本看成政治思想的修辞表达,因而对政治思想进行修辞分析就是把政治思想置于其特定的修辞文化背景之下,研究政治思想的修辞特性,以揭示政治思想容易被忽视的意涵。

第四章分析历史语境主义方法的贡献。历史语境主义从言语行动的角度研究政治思想,把政治思想看成政治行动,把政治思想家看作政治行动者,从而实现了政治思想史研究视角的根本性转换。同时,历史语境主义把政治概念作为研究对象,从修辞角度强调概念的变化,创立了一种新的研究类型,使政治思想史从观念史转向了概念史。

第五章分析历史语境主义方法的局限。历史语境主义方法强调历史事实只是通过语言中介建构的历史,历史解释也只是渗入了历史学家主观因素的历史话语,因此,历史语境主义在本质上是历史相对主义[①]在方法论上的表现形式。历史语境主义把政治思想语境化、修辞化,忽视政治思想的相对独立性和内在连续性,从而否定了探询政治思想的内在一致性和永恒政治智慧的可能性。

结语对全书进行总结。政治思想史研究方法的探索实践告诉我们:任何方法都有其作用范围和局限性。这使方法对于真理的探索来说必然具有两重性:一方面,真理的探索需要方法;另一方面,方法有其局限性。方法能否成为真理的保证或守护神?后现代思想家认为,方法不能成为真理的保证,因为所谓的方法论体系不过是在某个特定的时代里被人们采用了的一个特定视角而已。没有普遍适用的万能的方法。研究过程不再被视为对某种客观的社会现实的不偏不倚的摹写,而是一个在具体的、当下的、局部的

---

① 历史相对主义(historical relativism)是对历史客观主义的一种反思,是怀疑并否认历史认识客观性的史学观点。作为历史研究的一种思想倾向,历史相对主义出现于 20 世纪 20 年代,以卡尔·贝克尔(Carl Becker)、查尔斯·比尔德(Charles A.Beard)为代表,认为历史事实不是外在的客观存在,历史认识是主观的、相对的。历史相对主义强调了历史认识的主观性,反映了历史认识的复杂性。

情境中通过与研究对象的对话和互动而共同建构研究对象的过程。因此，唯一规范的方法论并不存在。方法论是历史的，应当不断加以发展;不同方法论不是绝对对立的,每种方法论都有其得失和一定适用范围;方法论视野应当不断开拓,应接纳一切具有方法论意义的因素;每一种方法既有其一定的作用,又有一定的局限性。

第一章　历史语境主义产生的思想背景和理论渊源

　　历史语境主义是在 20 世纪现代哲学、政治思想和历史学等领域发生"语言学转向",修辞学在人文社会学科中走向复兴的背景下产生的。维特根斯坦的语言游戏理论和奥斯汀等人的言语行动理论为历史语境主义的产生提供了哲学方法论;现代语言学和语言哲学对语境的分析为历史语境主义的产生提供了分析工具。

第一节　历史语境主义产生的思想背景

一、现代西方哲学的"语言学转向"

　　从大的思想背景看,历史语境主义的产生受到了现代西方哲学语言转向的深刻影响。现代语言哲学替代近代认识论哲学,语言分析替代近代哲学的意识分析,为历史语境主义的产生提供了方法论意义上的理论前提,是历史语境主义产生的外因。现代西方语言哲学把研究方向从内在的、私人的、模糊不定的意识和观念转向公开的、公共性的、可做客观分析的语言,使语言分析取代意识分析成为现代西方哲学最主要的方法论。这不但对哲学本身,而且对西方思想文化的几乎所有领域都产生了重大的影响,以至它在 20 世纪西方哲学和思想发展史上被看作一场意义深刻的革命。正是在这一背景下,剑桥学派和斯金纳把语言分析引入政治思想史研究领域,引起了政治思想史研究方法的重大变革,历史语境主义应运而生。语言分析也成为历史语境主义最主要的方法论特色。因此,历史语境主义的产生与现代西方哲学的语言转向是有紧密的内在联系的,历史语境主义的产生只有在现代西方哲学语言转向的大背景下才能得到深刻的理解。

　　所谓"语言的转向",就是指以分析哲学为代表的现代西方哲学实现的哲学主题的转换,即由近代哲学认识论研究转向语言哲学的研究。语言转向把语言提到首位,使语言成为哲学研究的对象,使语言分析成为哲学的主要方法。理查德·罗蒂(R.Rorty)把它概括为:"要求通过改革语言或者通过了解语言的用法来解决哲学问题的哲学主张。"①

哲学界通常从宏观上把西方哲学的发展历程划分为三个阶段,简言之,即如阿佩尔的总结:"古代哲学注重的是本体论,从近代开始,哲学注重的是认识论,到二十世纪,哲学注重的是语言。这个说法大概已经妇孺皆知。本体论要确定的是'什么东西存在'或'什么是实在的基本存在形式'。认识论要确定哪些东西是我们能认识的,我们是怎样认识这些东西的……"②"传统哲学从外界现象出发探讨世界的本原,也从身心的关系或主客体的关系探讨我们关于世界的认识。但是,到了语言哲学家这里,他们改变了过去探讨问题的方式,这就是要从语言出发。语言哲学家相信,我们关于世界的认识是通过我们的语言表达出来的。因此关于我们这些认识的讨论,可以归结为对语言的讨论,对于我们所表达的认识的理解可以归为对我们所说的句子的意义的理解。这样,就从关于世界的探讨转为对语言的探讨。"③

第一阶段是古希腊和中世纪时期的本体论哲学,本体论哲学是对"存在是什么"的探询。这一时期哲学思考的中心问题是"本体论"问题,即"存在"问题——"最根本的存在是什么""世界的本原是什么""世界是由哪些终极成分构成的"。这一时期的哲学思考直接地从认识对象出发去寻求"万物的统一性",因此思考的结果只能是实在论或理念论,即把"万物的统一性"归结为德谟克利特的"原子"或柏拉图的"理念"。而其后的"近代"哲学则意识到如果离开对人类自身意识的反省,直接断言世界的本原,无论结论如何,此种断言都是没有说服力的,因为在对人类自身认识能力加以研究之前,人类有无作出断言的能力都是未知的。

第二阶段是近代的认识论哲学,它是对"认识如何可能"的反思。这一时期的哲学思考由对"本体论"问题的探询转变为对人类意识进行认识论反省,从思维与存在的二元对立中去寻求二者的统一性即追究"思想的客观性",因此,近代哲学从认识主体出发自觉地提出了哲学的基本问题——思维和存在的关系问题,从而实现了哲学发展史上的"认识论转向",哲学进入了第二阶段,即认识论阶段。这一阶段哲学的最基本问题不再是对于"存在

---

① R.Rorty,*The Linguistic Turn*,The University of Chicago Press,1967,p.3.
② 陈嘉映:《语言哲学》,北京大学出版社 2003 年版,第 14 页。
③ 王路:《走进分析哲学》,生活·读书·新知三联书店 1999 年版,第 106 页。

着什么"的直接追问,而是转变为对于我们是如何知道、如何认识到的,人们的知识来源是什么,认识的能力有多大,认识有无限度等问题的追问。从本体论转向认识论代表了哲学思维的某种深化,因为尽管外在于人类的世界,其"存在"并不以人的认知为转移,但是对于人类而言,只有人类能够有所认知的世界才有意义。从逻辑上说,欲回答"何物存在"的问题必须以我们有能力认识到"何物存在"为前提,于是"认识论问题"比之"本体论问题"也就具有在先性。

第三阶段是现代西方语言哲学,是对"意义的表达和理解如何可能"的语言追问。随着哲学研究的深入,现代哲学又把近代哲学的认识论转变到对人类语言的"分析"或"解释",现代哲学通过语言分析把主体与客体的中间环节凸现出来,在语言的批判中深化对人的存在及其与世界的相互关系的理解。这就是哲学的第二次转向——语言转向。"无论用什么模式来概括历史,都不可能事事解释得通,不过,二十世纪哲学经历了一个'语言转向',这是大多数论者都能同意的。"①语言转向是西方哲学史上的第二次根本性变革。②

语言转向的重要结果就是语言哲学的产生,如今它已经成为哲学研究中的重要分支学科。语言哲学主要研究语言的意义、用法、真理、句法逻辑、语言与思维、语言与实在等与语言相关的哲学问题,或者是从语言的角度展开的哲学研究。语言哲学研究主要采用分析的方法,大致分为逻辑的分析和概念分析或语言的分析;语言哲学的研究对象是语言,但并不是把语言作为表达思想和完成实践活动的手段或工具,而是把语言表这看作我们概念思维活动或人类生活的一部分,认为对语言的哲学研究就是在完成着我们认识世界的工作。这个基本观念与传统的西方哲学有很大的区别:传统哲学把语言理解为表达思想的工具,无论是逻辑形式还是语词形式都不过是用于理解我们思维活动的手段;但语言哲学则把语言看作我们认识和理解世界的一个重要组成部分,把语言表达看作思维活动的唯一可理解形式。正是在这种意义上,语言哲学的出现被西方哲学家称作"哲学中的革命"。

把语言作为哲学研究的起点,首先是因为语言自身有着诸多优势:"在逻辑实证主义看来,语言转向作为哲学的重大进步似乎是自明的:意识和观

---

① 陈嘉映:《语言哲学》,北京大学出版社 2003 年版,第 15 页。
② 徐友渔:《二十世纪哲学中的语言转向》,载《读书》1996 年第 12 期。

念是内在的、私人的、模糊不定的;语言则是公开的、公共性的、可做客观分析的。因此要澄清知识论或认识论的诸多问题,现代哲学的语言分析较之近代哲学的意识分析明显具有优越性。"①其次,通过探究语法、语义、语用等问题所求得的对语言及其意义的深层解读,可以用来重新审视甚或最终消解传统哲学的问答方式,清除其中由语言误用带来的假的或荒谬且无意义的命题。其关注点也随之从传统哲学的主客关系转为对语言与世界、语言与思维、语言与人的关系反思。

语言转向使哲学研究的中心问题从人的认识、主客体关系转到了语言问题。人类对于世界的认识,并不只是像其他动物一般的本能感知,更多的是语言的表达和交流。就像超出人类认知范围的存在物对于人类而言并不存在一样,超出人类语言表达之外的认识,不能借助语言交流而使人理解的知识,对于人类而言也不能叫认识或知识。"虽然世界在人的意识之外(世界不依赖于人的意识而存在),但世界却在人的语言之中(人只能在语言中表述世界);语言既是人类存在的消极界限(语言之外的世界对人来说只能是存在着的无),又是人类存在的积极界限(世界在语言中使自己成为对人来说的真正的存在);正是在语言中才凝聚着自然与精神、客观与主观、存在与思维、真与善等的深刻矛盾,才积淀着人类思维和全部文化的历史成果(语言是历史文化的'水库')。"②

因此,欲实现人类对于世界的有意义的理解,在哲学研究的顺序上语言哲学比之认识论哲学应更为优先,因为我们对于世界的认识乃是在语言之中展开的。这就要求我们必须首先从语言出发去反省人与世界的关系,哲学研究的中心问题从对思想、观念的认识转移到了语句及其意义的分析。哲学研究进入语言哲学阶段。

语言转向的意义就在于为哲学找到全新的研究对象、任务和方法。语言成为哲学首要的,甚至是唯一的研究对象,全部哲学问题都可归结为语言问题。哲学的基本方法就是语言分析,而哲学的任务就是通过语言分析弄清楚平常语言、日常语言乃至哲学语言的意义。传统哲学的本体论、认识论研究作为形而上学被拒斥。语言转向实现了与传统哲学的"决裂",是哲学的一次伟大转变。

---

① 孙利天:《论辩证法的思维方式》,吉林大学出版社 1994 年版,第 141～142 页。
② 孙正聿:《哲学通论》,辽宁人民出版社 1998 年版,第 412 页。

　　语言哲学对现代西方哲学的发展产生了极其深刻的影响。"语言的转向"带来的不仅是新的研究方法,更重要的是在哲学观上的革命性转变。语言哲学的出现从根本上改变了西方哲学的研究视角,改变了哲学家们思考问题的基本方向。这种转向是整个研究视域或问题格式的转换,也就是从近代哲学的认识问题转向了现代哲学的语言问题。一切哲学研究从语言出发,或者说强调把语言表达看作思想自身。转向之前的哲学家关心的是认识的内容及其与对象和世界之间的关系。转向之后的哲学家们更关注思想与语言表达之间的关系。这表现在,哲学家们不再追问我们如何以理性认识的方式达到对世界的认识,即不再提出我们的认识是如何可能的问题,而是首先要求弄清楚我们使用的术语是否清晰明白,我们的语言表达是否符合逻辑句法,即提出我们的有意义的语言表达如何可能的问题。因而,转向后的语言哲学家不再使用或很少使用"概念""命题""思想"等术语,而是大量和主要使用"意义""指称""真理""证实""言语行为""逻辑必然性"等术语。哲学的任务不再是探索我们的认识与世界的关系,而只是询问我们的语言是否准确地表达了我们的认识。正是在这个意义上,一切哲学问题也都是语言问题。

　　语言转向对哲学的革命性影响还表现在哲学本身的合法性受到挑战。当哲学从本体论转向认识论时,哲学的主题和内容发生了深刻变化,但研究哲学的方式没有变,哲学的合法性没有受到挑战。语言的转向之所以具有革命性,是因为和传统哲学相比,当代哲学已经面目全非(比如极其专门化、技术化、琐细化),更有甚者,哲学本身的合法性开始被质疑和否定。在哲学传统方式的争论中,哲学问题可以有互不相同甚至尖锐对立的回答,但问题本身始终存在。而在语言空间展开的争论中,问题往往不是遭遇到不同的答案,而是被拒斥、被消解,人们不去争论哪一种答案才是正确的,而是干脆宣布,问题就其性质而言是没有意义的,是注定得不到答案的,唯一正确的态度是抛弃它。罗素宣称,对许多哲学问题进行认真的分析和澄清之后可以发现,它们本来并不是哲学问题,而是语言或逻辑问题。维特根斯坦甚至指出:哲学是一种语言病。他在前期认为,哲学中之所以产生那么多虚假的问题,是因为人们误解了语言的逻辑,即语言的本质;他在后期则主张,语言的日常用法是唯一合理的用法,一旦人们"哲学地"使用语言,问题就出来了。哲学家唯一正当的任务是告诉人们不要搞哲学,并指点那些患语言病的人如何走出语言的迷宫。① 虽然这种挑战还不足以真正取消哲学问题,但是,哲学也不得不在语言转向中为自己的合法性进行辩护。

语言哲学是语言转向的产物,由于哲学观点、研究方法和理论体系各不相同,语言哲学在其发展过程当中形成了英美语言分析哲学和欧洲大陆语言哲学两大派别。分析哲学传统的主要代表人物有弗雷格、罗素、维特根斯坦、奥斯汀、赖尔、蒯因、达米特、克里普克等,欧洲大陆语言哲学的代表人物有胡塞尔、海德格尔、伽达默尔、梅洛-庞蒂、德里达(Jacques Derrida)等。语言哲学的两大派别虽然共同关注语言,但他们之间的区别是明显的。英美语言分析哲学是以现代科学的逻辑实证为起点,其内在逻辑是科学主义;欧洲大陆语言哲学则以现象学和存在论为起点,其内在逻辑是人文主义。在哲学的基础和方法上,英美语言分析哲学试图改造自然的语言和逻辑,欧洲大陆语言哲学则尊重自然的语言和逻辑;英美语言分析哲学要背离自然,欧洲大陆语言哲学却要回归自然。在哲学的目标和任务上,英美语言分析哲学试图把哲学变为科学,欧洲大陆语言哲学则要将哲学还原为哲学。不过,对语言的共同关注使两个传统具有沟通和交流的话语平台。随着语言哲学的发展,两种传统也呈现出融贯互补的趋势。因此,"语言哲学"这个名称,宽泛的用法指 20 世纪以语言为主题的哲学研究,包括英美语言分析哲学和欧洲大陆语言哲学两大传统。狭窄的用法则指分析哲学传统中的语言哲学。②

语言转向是历史语境主义产生的理论背景,历史语境主义是在英美语言分析哲学的土壤中培育和生长起来的。正是语言哲学的产生、发展和成熟使历史语境主义的产生具备了基本的历史条件,为政治思想史研究的语言转向做了理论上的准备。语言哲学使语言成为哲学研究的主题和对象,从根本上改变了哲学的研究视域,改变了哲学思考的基本方向。哲学问题转变为语言问题,思想与语言表达之间的关系成为哲学思考的核心。哲学对语言的高度自觉的自我意识给予了政治思想史家以极大的启发,政治思想史家开始高度关注语言,这使政治思想史研究得以在语言维度上展开,由此开启了政治思想史研究的语言转向。政治思想史研究视角的转换,使历史语境主义的产生具有可能性。

---

① 徐友渔:《二十世纪哲学中的语言转向》,载《读书》1996 年第 12 期。

② 本书在使用"语言哲学"这一概念时,指的是英美语言分析哲学。因为斯金纳明确反对欧洲大陆语言哲学的形而上学倾向。

二、政治思想研究和历史学研究的"语言学转向"

在 20 世纪哲学发生"语言学转向"之前,维柯(Giambattista Vico)、赫尔德(Johann Gottfried Herder)和洪堡特(Wilhelm von Humboldt)等就已经开始关注语言与历史之间的关系。虽然他们的研究为历史学研究提供了新的视角,但是,由于受到语言学和历史学发展的束缚,他们对历史与语言关系的研究都是在历史学的传统框架内进行的,不可能导致历史学研究范式的转型。

维柯把语言看成重要的历史材料,提出建立语言文献学(philology),认为通过对字源的考察,可以再现一个民族在其语言开始形成时的心智和生活状况。语言是人类心智、情感的表达,其中蕴含着他们的经验;在词语中储存着人类的历史。维柯提出了语言的历史主义观点,认为语言有一个历史地发展的过程。不同的时代有不同的语言,通过语言特征就可以把握某一历史阶段的面貌。人类经历了三个时代,即神、英雄和人的时代,与这三个时代相适应,人类也有三种语言:第一种是象形文字的宗教的或神圣的语言;第二种是象征的,用符号或英雄们的徽纹的语言;第三种是发音的语言,供人们用来就现实生活的需要互通信息。另外,虽然人类有共同的"内心词典"(mental dictionary),但各民族因所处环境和条件的不同,会给语言带来多种多样的外在表达形式。通过研究民族的语言特征,就可以把握不同民族的历史特征。

同维柯一样,赫尔德也对语言进行历史主义考察。赫尔德认为,语言是理解人类历史的关键,因为人是"语言的生物",语言是"民族的一面镜子",人民的生活方式、精神状态和性格都反映在其中。语言与人同时存在,它扎根于人的精神本性之中,扎根于人与动物借以区别的东西之中;语言是人的本质的集中体现,是一种天然的理性工具。语言是人之为人所不可或缺的东西,人的理智与语言同时存在、协调发展。

洪堡特对语言与历史相互关系的研究更加深入、更加系统,他的历史主义思想主要是通过语言学研究予以阐发的。洪堡特认为民族语言与该民族的精神是密不可分的,民族的语言即民族的精神,民族的精神即民族的语言。精神是语言的核心,语言是精神力量的外在表现形式。不同的语言,不同的民族都是人类精神的不同方式、不同程度自我显示的结果。民族精神的差异必然带来民族语言的差异,这种差异就表现为语言的民族特征。因此,语言展现了民族精神动态生成的历史性。

受到哲学"语言学转向"的影响,在20世纪五六十年代,韦尔登(T.D.Weldon)和波考克率先开启了政治思想研究的"语言学转向"。

韦尔登是对政治思想进行语言分析的先驱。他把维特根斯坦的语言游戏理论运用于政治思想研究,提出了分析的政治方法论。韦尔登认为政治原则具有逻辑上的地位,但否认它们是不言而喻的真理或随时随地都适用的人类根本法则。韦尔登坚持认为,很难看出任何政治原则怎样能有效地声称具有绝对的或无条件的正确性,这就把维特根斯坦认为意义在于使用这个哲理清楚地展示出来了。在韦尔登看来,政治原则更多地具有声明的性质,无疑为国内或政党内部所接受,不需要作任何解释。韦尔登主张对政治思想进行哲学分析,他强调用语言分析的方法去揭示政治学术语的意义,因此,他的方法同行为主义形成鲜明的对照。

韦尔登认为,政治哲学家在政治决策过程中既不应装作有什么特殊的才干,也不应指望产生什么特殊的影响,而是应该设想自己的作用在于揭露和阐明"语言上的混乱"①。他们的工作就是揭示在对事实的调查中已经出现的并且以后还可能出现的语言混乱。因为语言的结构和用法是约定俗成的。他们得公开放弃要求得到在直觉或启示基础上的形而上学真理的专门知识,只把自己限制在仅作语言的分析和澄清的工作上。

与韦尔登相似,波考克也注重对政治思想进行语言分析。波考克把政治思想现象看成语言现象。他认为,虽然缺乏正确理解过去语言现象的证据可能会引起一些实际困难,但是,从原则上讲挖掘经典著作的历史含义与理解当前的语言行为之间没有区别。这不过是在作者运用的规范化语言系统之内先确定作者的语言,然后将它与具体历史事件联系起来罢了。②波考克认为要从历史角度理解经典文本就必须重建交流环境,并确定经典文本在这个环境中的位置,这样就可以理解作者的目的和本意。

波考克与韦尔登在研究方法上有根本的分歧,波考克采用历史研究方法,而韦尔登则强调哲学研究方法,但两人对语言分析方法的运用极大地促

① [英]T.D.韦尔登:《分析政治哲学》,载詹姆斯·A.古尔德、文森特·V.瑟斯比主编:《现代政治思想》,杨淮生译,商务印书馆1985年版,第201页。

② [英]约翰·G.冈内尔:《政治理论:传统与阐释》,王小山译,浙江人民出版社1988年版,第103页。

进了政治思想研究的"语言学转向"。

20 世纪 60 年代,在政治思想研究注重语言分析的同时,历史学研究也日益重视对历史文本进行语言分析,主要代表是赫克斯特(J.H.Hexter)和罗兰·巴特(Roland Barthes)。

赫克斯特着重分析历史叙述的修辞模式。通过对脚注、名单和引用语的分析,赫克斯特试图说明历史学中的修辞与纯文学中的修辞特别是科学著作中的修辞,存在着很大差异。历史学的修辞特性意味着"历史是人类认识的独特和单独的领域"[①]。采用脚注是历史学家的普遍行为,这说明历史学家在叙述过去的过程中力求逼真。他们有责任把过去讲述成由相关证据支持的最好的和最有可能的故事,也就是说,他们努力坚持一种"实在性原则"[②]。

但是,历史学家所讲述的故事必须具有一种唤起性的力量,能够使读者积极地面对过去,这就需要遵循最大影响原则。这是区别历史学与科学的一种原则。为了把历史实在传递给读者并产生最大影响,历史学家将不可避免地牺牲一些全面性和精确性。这就要遵循引用语原则,它可以使读者面对证据的关键片段,作出判断并引起一种热情的认同。[③] 因此,"就历史学家设法传达他们有关过去的知识而言,历史学是一门有原则约束的学科";与有关历史修辞和历史本身的传统观点不同,修辞不仅是历史学的外在修饰,也"影响了它内在的本质、它根本的作用,即传递过去实际是怎样这种知识的能力";历史的修辞和科学的修辞之间存在根本的分歧。[④] 赫克斯特得出结论:"为了传达一种有所增加的知识和意义,真正的历史学原则要求这样一种修辞,它对于唤起能力和范围来说,要以牺牲其普遍性、精确性、控制性和准确性为代价。"[⑤]

[①] [美]赫克斯特:《历史的修辞》,载陈新主编:《当代西方历史哲学读本》,复旦大学出版社 2004 年版,第 60 页。

[②] 韩震、董立河:《历史学研究的语言学转向》,北京师范大学出版社 2008 年版,第 191 页。

[③] [美]赫克斯特:《历史的修辞》,载陈新主编:《当代西方历史哲学读本》,复旦大学出版社 2004 年版,第 63~67 页。

[④] 韩震、董立河:《历史学研究的语言学转向》,北京师范大学出版社 2008 年版,第 191 页。

[⑤] [美]赫克斯特:《历史的修辞》,载陈新主编:《当代西方历史哲学读本》,复旦大学出版社 2004 年版,第 67~68 页。

巴特从语言学角度对传统历史叙事的客观性发起了挑战。巴特抨击那种主张通过叙事形式再现过去事件和过程的历史编纂学，认为"历史的"话语与"虚构的"话语之间没有区别。在《历史的话语》(1967)一文中，巴特把"话语"定义为"超越句子层次的词语系统"。在他看来，历史话语实质上是意识形态的制作。历史学家撰述历史实际上就是在将过去转译成某种历史阐释的叙事。他们运用历史事件的细节，在叙事中谨慎地控制时间，尽力抹掉其作为作者的身份，他们的这些所作所为都是为了获得某种实在论的效果，使人相信他们的确直接把握了外在的指涉物。

由于历史学家必须用语言来研究和写作历史，因而历史学就包含了三个方面：第一是能指(signifier)，第二是所指(signified)，第三是指涉物(referent)。指涉物也就是通常意义上的历史过程或事件。但是，为了表示历史学的"客观"和"真实"，近代历史学省略了能指与指涉物之间的所指，而将所指与指涉物等同，似乎历史就是历史真相的反照。可是，这一省略并不表明历史学与历史真相是一致的。相反，指涉物却成了"忸忸怩怩的所指"，即历史学家对历史的总结与概括。[1] 总之，在巴特看来，历史写作不可能与真实的历史相一致：前者总是对后者的选择。历史学家不是事实的收集者，而是能指的收集者和整理者。

历史学家运用现代语言学的研究方法，把重心放在对历史语言的研究上，逐步发展和形成了一种新的研究范式，被称为历史研究的"语言学转向"。这种转向把研究重点从历史客观性转到了历史学家表述了什么和怎样表述的问题上，揭示了历史语言的非透明性和意识形态性，从而拓展了历史学研究的视野。在"语言学转向"的冲击之下，19世纪以来一直占据支配地位的那种科学主义的研究范式已经不再具有统治力了。这使得历史学家通过历史研究发现历史真相的信心受到了严重的打击。

三、修辞学在人文社会学科中的复兴

1.古典修辞学的兴衰

修辞学有很悠久的历史，修辞学传统曾构成从古代希腊一直到它在18世纪中断前整个西方学术的骨干之一，地位原本和逻辑学、文法学不相上

---

[1] Roland Barthes，The Discourse of History，in：*The Postmodern History Reader*，eds. Keith Jenkins，Routledge，1997，pp.120-123.

下。由于知识、思维始终是和语言活动联系在一起的，因此修辞学是知识传播和学术研究的必备条件。从古希腊到整个中世纪，修辞学是西方人文教育的核心内容。"修辞""文法""辩证"构成所谓"三科"，是教育不可缺少的重要环节。① 由此可见，修辞学自古即为接受教育而成为一个自由人必备的条件，修辞学属于所有知识学科中最为基础的层面。②

最早的修辞艺术来源于法庭演说，大约诞生于公元前 5 世纪古希腊的锡拉丘兹（Syracuse），由科拉克斯（Corax）创立。③ 科拉克斯写了一篇文章《修辞艺术》（Art of Rhetoric），对法庭的演说艺术进行系统的指导。科拉克斯修辞体系的中心是关于可能性的。④ 科拉克斯认为，当不能绝对肯定地确立事实时，演说者必须从普遍的可能性开始争论，确立可能的结论。"可能性"这个概念是演说论辩的基本立足点或出发点。科拉克斯首次对如何编排正式的演讲做过研究。他认为演说主要包括三个部分：引言（an introduction）、申辩或论证（an argument or proof）和结论（a conclusion），这就是后世所说的修辞学的谋篇布局。⑤ 由此可见，早在科拉克斯时代西方修辞学的雏形就已经形成。"可能性"成为论辩产生的原因和基础，是修辞的关键所在。

修辞学后来扩展到诉讼论辩的范围之外。在雅典，演说论辩盛行，出现了专门教授修辞的教师，人称 sophist，即智者或能言善辩之人。智者把修辞视为论辩之术，但由于过分地强调论辩技巧，以至于智者被称为强词夺理的"诡辩家"。当时的许多智者都是修辞学家，其中的代表人物有普罗泰哥拉（Protagoras）和伊索克拉底（Isocrates）。普罗泰哥拉认为，每一个问题都会有两种相对立的说辞，应该从不同的立场出发看待问题。每个人对世界的感知能力和方式各不相同，对同一现象见仁见智，因此，所谓"真理"的概

---

① 张鼎国：《经典诠释与修辞学传统：一个西方诠释学争论的意义探讨》，载李明辉主编：《儒家经典诠释方法》，华东师范大学出版社 2008 年版，第 63～64 页。

② 从希腊晚期到中世纪的百科知识中一向有所谓"七艺"之说（sieben freie Künste/septem artes liberales），即通过此七门功课成为自由有教养的人。"三科"（Trivium）指 Grammatik、Rhetorik、Dialektik；"四目"（Quadrivium）指 Arithmetik、Geometrie、Astronomie、Musik。

③ 温科学：《20 世纪西方修辞学理论研究》，中国社会科学出版社 2006 年版，第 1 页。

④ 修辞学上的可能性指通常或一般情况下可能发生的情况，探讨在特定情景下最可能运用的方法或策略。

⑤ 温科学：《20 世纪西方修辞学理论研究》，中国社会科学出版社 2006 年版，第 2 页。

念值得怀疑，有待争论，绝对真理是不可能的，也许并不存在。① 普罗泰哥拉的这种"相对观"代表了智者修辞家对待真理的态度。

伊索克拉底反对演说只谈技巧不谈演说家人品修养的做法，反对传授诈术，认为修辞术是一门创造性的艺术。他给修辞学重新定位，强调演说的道德内容，为它确立了崇高的目标，这对后世产生了深远的影响。伊索克拉底提倡把演说者在公共生活的行为作为一个理想。他认为政治学和修辞学不能分离，两个学科在参与国家事务时都需要。伊索克拉底还对演说进行了研究，认为演说的风格应当适应题材和时机，演说要有新颖见解，好的演说家除了修辞技巧之外，还应当具有良好的道德修养和文学、哲学等文化素养。②

智者对修辞学的发展无疑作了很大贡献，但是智者对论辩技巧的过分强调导致当时的一些哲学家贬低修辞学。柏拉图就将辩士描绘成一群不顾知识和真理自吹自擂的人。③ 柏拉图认为修辞是讨好听众的美辞，是一种工具而不是艺术，而诉诸情感打动听众的技巧是有害无益的。柏拉图指责修辞学忽视真理知识，没有向好的方面努力。④ 柏拉图对修辞学的攻击实质上表明了"辩证术"（dialectic）与"修辞术"的对立。"辩证术"关心的是知识（episteme）和真理，而"修辞术"关心的是"舆论"（doxa）、信念或个人意见。真理是绝对的，人人都必须接受，而"舆论"则可信可不信。这样，"辩证术"里的真理原则与"修辞术"里的"可能性"原则发生冲突，成为争论的症结所在。同时，"辩证术"的语言是直接的陈述，而演说修辞则注重语言的修饰，以及表达方法的运用。这些问题导致了柏拉图对修辞学的反感。由于柏拉图的攻击，修辞学始终没有获得它应有的地位，被排除在哲学体系之外。

在西方修辞学史上，亚里士多德首次把修辞学系统化，组成一个统一的体系。他的《修辞学》（*Rhetoric*），被认为是西方修辞学的奠基之作，即使在当代，也常常被认为是写作和言语交际学科的基础。亚里士多德对西方修

---

① 温科学：《20 世纪西方修辞学理论研究》，中国社会科学出版社 2006 年版，第 4 页。

② 温科学：《20 世纪西方修辞学理论研究》，中国社会科学出版社 2006 年版，第 5 页。

③ ［美］尼尔逊、梅基尔、麦克洛斯基：《学问寻绎的措辞学》，载麦克洛斯基等：《社会科学的措辞》，许宝强等编译，生活·读书·新知三联书店 2000 年版，第 11 页。

④ 温科学：《20 世纪西方修辞学理论研究》，中国社会科学出版社 2006 年版，第 6 页。

辞学的影响是巨大而深远的。① 亚里士多德把修辞学定义为研究各种如何
说服人的可行方法。亚里士多德在《修辞学》中着重论述构思或选取材料和
证据。但是，他也讲到文体风格、布局谋篇与演说风格的实际运用过程。这
样，亚里士多德初步确立了修辞学的主要原则。修辞学原则包括构思（in-
vention）或者通过选取材料发现思想主张；谋篇布局（organization）即把通
过构思的手段所发现的思想组织起来；演说技巧（elocuticn）或文体风格
（style），与演说者必须进行的语言选择有关；演说风格（delivery）即演说者
的表演。此外，亚里士多德把演说分为诉讼演说、政治演说和典礼演说三大
类，这种三分法为后来的修辞学家所接受。②

　　古罗马吸收了希腊人开创的修辞学基本原则，但他们对修辞学并没有
作出新的发展。古罗马人讲究实际，从而使修辞学更具实用性，他们把修辞
学组织、提炼成为一门实用艺术。古罗马修辞学的代表人物是西塞罗
（Marcus Tullius Cicero）和昆提良（M.Fabius Quintilian）。西塞罗对修辞学
的贡献首先体现在他对希腊修辞学传统的改造，使之更适应罗马社会现实
与文化情景。西塞罗主要的修辞学著作是《雄辩家论》（De Oratore）。西塞
罗认为修辞学是对所有实践都有用的艺术，试图以此把修辞学和哲学重新
统一起来。西塞罗大量吸收伊索克拉底的思想，将演说家看成智者与政治
的结合，认为演说家要以演说来塑造群众的道德观与见识，同时，提倡把自
然能力，所有自由艺术的综合知识以及广泛的写作实践结合成一个不可分
割的整体。③

　　昆提良的《演说家的教育》是一部高度系统化，百科全书式的修辞学著
作。该书描绘了把市民培养成雄辩家的理想教育体系。昆提良的修辞学体
系非常全面，不仅对希腊、罗马修辞学思想作了卓越的综合，在整个中世纪
也是教育思想的重要来源。昆提良的"贤者"论有很大影响，他把雄辩家定
义为"善于演说的贤者"（the good man speaking well），认为雄辩家要达到
完善的境界，不仅要有优异的演说才能，还要有高尚的品行。

　　中世纪的修辞学几乎就是布道、信件写作和教育的代名词。奥古斯汀
（St.Augustine）是中世纪绝无仅有的重要的修辞思想家，他主张教会应当

---

①　温科学：《20 世纪西方修辞学理论研究》，中国社会科学出版社 2006 年版，第 7 页。

②　温科学：《20 世纪西方修辞学理论研究》，中国社会科学出版社 2006 年版，第 8 页。

③　温科学：《20 世纪西方修辞学理论研究》，中国社会科学出版社 2006 年版，第 9 页。

利用西塞罗的修辞学说来传播教义与教育民众。他在《关于基督教义》一书中极力推崇西塞罗关于雄辩家的主张,认为牧师必须有能力去教育人、愉悦人、感动人,要达到这个目的,有必要注意表达效果。由于奥古斯汀的努力,西塞罗的修辞学说逐渐被教会接受,成为牧师布道的修辞指南。修辞学因此得以流传下来,与文法、逻辑一起成为中世纪人文教育的三个基本学科。[①]

在文艺复兴时期,修辞学的发展出现了一些新的变化,产生了两种不同的倾向。一种倾向是重视修辞学的研究和教育。与中世纪相比,文艺复兴时期的修辞学呈现出新的特征。一是人文主义者重点关注的不再是西塞罗的正式演说而是西塞罗的信件写作和对话,以非正式的修辞模式来反映自己的主张;二是恢复了修辞学与真理关系的研究。人文主义者更强调修辞学的重要性,他们认为最初的学科是修辞学而不是哲学,因为正是通过语言,人类才取得通向世界的途径。瓦拉(Lorenzo Valla)就认为雄辩术是"哲学的主人",雄辩家比哲学家处理伦理问题更清楚、更有分量、更有意义。[②]

另一种倾向就是对修辞学的批评。它主宰了文艺复兴中后期的修辞学研究,是导致修辞学逐渐走向衰落的重要原因。这种倾向实际上在12—13世纪便出现了,到了15—16世纪就更强烈。以阿格里科拉(Rudolph Agricola)、拉米斯(Peter Ramus)为代表的理性主义(rationalism),追求客观的、科学的、永恒的真理,认为演说在艺术上是愉悦人的,因而与科学和真理没有关系。于是,修辞学被贬低为研究文体和表达的方法。学者开始重视逻辑和辩证法,将古典修辞学的主要部分论辩分割出来,归属于辩证法。这就使古典修辞学的发展出现了转折,修辞学的重要性日益降低。阿格里科拉强调论辩,但认为辩证术高于修辞术。拉米斯倡导"修辞学革命",把修辞学中传统的内容在逻辑学和修辞学之间重新进行分配,构思和谋篇布局被置于逻辑规则之下,修辞学只剩下演说技巧和文体风格,这使修辞学完全从属于逻辑学。对拉米斯来说,修辞学只不过是一种词语的修饰而已。[③] 在拉米斯的影响下,修辞学的重要性大大降低,其后的修辞学研究倾向于文体和

---

① 温科学:《20世纪西方修辞学理论研究》,中国社会科学出版社2006年版,第11~12页。

② 温科学:《20世纪西方修辞学理论研究》,中国社会科学出版社2006年版,第13页。

③ 温科学:《20世纪西方修辞学理论研究》,中国社会科学出版社2006年版,第13~14页。

修饰。修辞学作为一门话语艺术，其所具有的通过论辩解决重大问题的功能大都消失了，修辞学被缩小为一种文体研究或者修饰语词的技巧，只不过给论辩增添情感腔调而已。由此看来，修辞学的衰落不可避免。

修辞学的真正衰落是从 17 世纪开始的，一直持续到 20 世纪上半期。在 17 世纪，培根（Francis Bacon）和笛卡儿（Rene Descartes）大力提倡理性主义，科学主义方法论成为占支配地位的指导原则。修辞学被贬低为非理性的方法，与真理和理性形成对立，并受理性的控制和支配。培根认为，语言的力量必须受到理性的控制，因此，修辞学的研究就是把理性运用于想象之中。

在 18 世纪，修辞学出现了认识论的、纯文学的和演说术的三种发展倾向，修辞学更加重视文体风格的研究，修辞学的论辩功能被漠视，古典修辞学的传统完全中断了。从 19 世纪到 20 世纪初期，在法国、英国以及其他欧洲国家的学校里，修辞学已不是一个独立的学科，不再是教育的核心内容。修辞学理论也几乎没有取得任何进展，修辞学作为一门传统学科失去了昔日的辉煌。[①]

古典修辞学的衰落除了科学主义方法的攻击之外，还有其他一些重要原因。一是西方在民族国家形成的过程中，独裁政体出现，民主制衰落。修辞学在政治上失去了重要性，其认识功能渐渐丧失，本是产生社会舆论的手段的修辞学沦为语体文体学。二是社会需要的转型。西方的修辞学研究一直继承古希腊、古罗马的传统，其研究核心是公民大会式的演说和论辩，研究如何说服人。随着印刷业和商业的发展，文字记录和交流的形式日益重要，使西方近代社会从口语社会过渡到文字写作社会。修辞学研究从口语转向书面语，以写作为目的的谋篇布局、文体风格成了修辞学研究的主流，以演讲为中心的修辞学研究却逐渐衰落了。三是人们对修辞学学科性质的认识存在偏见。修辞学曾经被认为是一种诡辩论，或者被认为只是演说或写作的工具，是可有可无的附属物。西方修辞学的诡辩色彩由来已久，早期的修辞学甚至与诡辩混为一谈。柏拉图推崇"理想修辞学"，排斥修辞学的实践性，致使修辞学几乎沦为诡辩论的代名词。亚里士多德创立了古典修辞学体系，挽救了修辞学，使之成为一个独立学科。但传统的修辞学体系以

---

① 温科学：《20 世纪西方修辞学理论研究》，中国社会科学出版社 2006 年版，第 20 页。

说服为核心，难以摆脱诡辩论的色彩。① 这使修辞学在理性主义的攻击之下难以捍卫学科的独立性，其学科声望日益下降，最终走向衰落。

2.20 世纪西方修辞学在人文社会学科中的复兴

20 世纪 50 年代，西方修辞学在经历了百年的衰落之后开始走向复兴。② 复兴的标志就是新修辞学运动的兴起。新修辞学运用了当代哲学、心理学、语言学、动机研究及其他行为主义科学的成果，对古典修辞学进行改革，取得了丰硕的成果。③ 修辞学研究引起了多种学科的关注，出现了一场革命性的变化，新观点、新方法层出不穷，西方修辞学进入了历史上少有的繁荣时期。

修辞学的复兴绝不是偶然的。首先，20 世纪的西方社会对修辞的需要大大超过了古希腊、罗马社会。人类的生存环境和交流模式有了很大的改变，修辞实践的条件发生了巨大的变化。一方面，民主制度逐渐完善，政治生活活跃，修辞学的重要性再次显现；另一方面，现代社会的复杂性使修辞成为克服交流障碍，增进理解，促进社会合作和社会和谐的重要手段，修辞交流具有特别重要的意义。"修辞可能是我们为避免彼此被湮没，为政治的、社会的以及人与人之间和睦相处的最后和最好的希望。"④其次，修辞学的发展使人们对修辞的本质有了新的认识。当代修辞学理论认为，修辞是人类固有的行为。人类生来就有运用象征符号达到同一的需求，修辞活动不但是人类交往中生来就有的，而且制约着人类的思想与行为。修辞观念的更新消除了古往今来人们对修辞学的偏见，大大地提高了修辞学的学科地位，为当代修辞学的发展开辟了广阔的道路。对修辞本质的再认识也使修辞学从传统模式的桎梏中解放出来，重新思考修辞的目的，把修辞学关注的焦点从劝说转向交往。修辞学从传统的领域中走了出来，开始渗透到各个学科之中，交叉学科研究成为当代西方修辞学发展的潮流。西方修辞学在当代不少学科如经济学、天文学、心理学、文学、史学甚至生物学和数学都

---

① 温科学：《20 世纪西方修辞学理论研究》，中国社会科学出版社 2006 年版，第 51 页。

② ［美］尼尔逊、梅基尔、麦克洛斯基：《学问寻绎的措辞学》，载麦克洛斯基等：《社会科学的措辞》，许宝强等编译，生活·读书·新知三联书店 2000 年版，第 11 页。

③ Dougls Ethninger, *Contemporary Rhetoric : A Reader's Coursebook* , Scott, Foresman & Company, 1982, p.8.

④ Gerard A. Hauser, *Introduction to Rhetorical Theory* , Harper & Row Publishers, 1986, p.205.

占有一席之地,发挥了不容忽视的作用。① 最后,诸多学科对修辞学的关注形成了修辞学复兴的外部推动力。20 世纪,虽然科学主义思想仍占支配地位,但是,人们对科学主义思想能否解决人类所面临的社会与道德问题已经产生了怀疑。在这种情况下,当代西方许多思想家、哲学家和社会学家纷纷把目光转向修辞学,从修辞的角度去研究社会问题,促进人类彼此之间的沟通理解。他们认为,古典修辞学演说论辩的推理论证方法适合于解决社会问题,能增进理解,消除误解,增强社会凝聚力,使人类社会和谐发展。这股社会思潮和哲学探索把修辞学置于学术研究的焦点,成为推动修辞学发展的动力。

在新修辞学运动中,伯克(Kenneth Burke)、佩雷尔曼(Chaim Perelman)、图尔明(Stephen Toulmin)、韦弗(Richard M. Weaver)等学者对当代西方修辞学的发展做了很多开拓性的研究。

伯克的修辞学思想对 20 世纪西方修辞学的复兴产生了很大影响。伯克的主要贡献在于扩展了修辞分析的范围,认为修辞适用于语言应用的所有领域。伯克把修辞定义为"人类使用词语形成态度或者诱导他人的行为"②。以此为基础,伯克对修辞的本质和修辞学的研究范围作了深入的分析。伯克认为,修辞活动的本质和标志就是同一性。在修辞活动中,人类总是自觉或不自觉地处于一种寻求同一性的过程之中,以便化解分裂和隔阂,实现沟通和理解。修辞就是试图沟通自然的、不可避免的隔离状态,在某种程度上是跨越隔离状态的手段。在伯克看来,修辞分析适用于文学和艺术。文学是一种劝说话语,艺术是修辞学的一个分支,文学与艺术都有劝说与论争的功能。因此,修辞学具有非常广阔的领域,"哪里有劝说,哪里就有修辞;哪里存在'意义',哪里就有'劝说'"③。

佩雷尔曼对修辞学的贡献体现在对论辩理论的研究上,尤其以听众理论和日常论辩结构的分析最为突出。佩雷尔曼认为,所有论辩都是修辞的,是由社会所建构的。论辩必须根据听众去发展,因为听众的信奉必须既是论辩的目的又是论辩的起点。在论辩技巧上,佩雷尔曼反对把形式逻辑与

---

① 温科学:《20 世纪西方修辞学理论研究》,中国社会科学出版社 2006 年版,第 52 页。

② 温科学:《20 世纪西方修辞学理论研究》,中国社会科学出版社 2006 年版,第 157 页。

③ Kenneth Burke, *Language as Symbolic Action*, University of California Press, 1966, p.301.

三段论作为所有非数学论辩的模式,主张把注意力放在论辩的有理性而不是理性上面。

图尔明对于修辞学的贡献在于他关于论辩领域的讨论,具体说,就是关于理论论辩与实用论辩的分析以及他的论辩设计。图尔明认为,理论论辩与柏拉图的形式演绎逻辑理想一致,它通向普遍真理而不考虑语境。而实用论辩则是语境化了的论辩,它根据语境而变化。理论论辩以绝对主义为基础,与人类事物无关。为避免陷入绝对主义和相对主义两个极端,图尔明把关注的重点放在实用论辩上,想以此克服理论论辩所具有的缺陷。为此,图尔明提出了一个著名的论辩模式,认为主张、根据、理由、支持、限定和反驳六个部分相互依存,构成一个论辩结构模式。图尔明所提供的论辩结构模式在把修辞论辩展开进行分析或证明时要比传统的逻辑方法更有用,这就大大推进了人们对日常论辩推理方式的理解。

佩雷尔曼和图尔明的论辩理论揭示了日常论辩的逻辑结构,提供了讨论日常论辩结构的手段。他们的研究使论辩理论发生了重大转向,使长期受到漠视的论辩重新引起修辞学的关注,从而成为 20 世纪修辞学研究的一大成就,对当代修辞学的复兴与发展影响深远。

韦弗对当代修辞学的独特贡献在于他深刻地阐释了修辞学与辩证法之间的对应关系,探索如何修补自亚里士多德以来修辞学与哲学的分离。韦弗认为,修辞学和辩证法都是研究可能性这一领域的,两者都以常识性的可能为依据,两者之间密不可分,修辞学是辩证法的一个分支。辩证法研究真理,但是有其局限性:它既不能感动个体,又不涉及现实世界。要克服辩证法的局限性,只有运用修辞。韦弗把修辞定义为"真理及其艺术表现"①。基于此,韦弗认为,修辞采取一种通过辩证法而确立的立场,要求我们相信它,根据它而行动。要有一个好的修辞,必须先要有一个扎实的辩证法。只有以辩证为先决条件时,修辞才有意义。因为修辞不具备真理知识,只有辩证才提供了"对自然的高度思索"那样的一种基础,没有这个基础,修辞就没有根据。因此,好的修辞总是以辩证法为先决条件,没有辩证法便没有真正的修辞。

西方修辞学在 20 世纪的复兴,呈现出一些新的特征。首先,修辞学的

---

① 温科学:《20 世纪西方修辞学理论研究》,中国社会科学出版社 2006 年版,第 234 页。

范围已大大扩展。许多世纪以来,修辞学的范围局限于演讲劝说话语之中。当代修辞学已摆脱了传统的工具观,将视角投向一切以象征为媒介的社会交往活动,涉及运用象征的一切情况,从而成为一个涉及范围很广的研究领域,成为一种复杂而又敏感的语言理论。① 其次,对修辞的目的有了新的认识。古典修辞学把修辞作为一种劝说艺术,修辞常常变成可以预先控制或改变他人信仰或者行为的一种手段。现在,认为修辞的目的是劝说的观点依然很流行,但更为重要的是,修辞可以在人类的交往中用于解决分歧,促进共同理解,达到社会和谐。修辞学的目的由劝说转到理解,这是新旧修辞学的分水岭,它为修辞学的发展确立了新的方向。最后,修辞学呈现出多元化和学科交叉的特点。古典修辞学是一门单一的、独立的艺术。相比之下,当代修辞学已经多元化,它有许多不同的种类,而且不断地向其他学科渗透,交叉学科研究已成为当代西方修辞学发展的潮流,"修辞学引起爆炸性的兴趣,越来越多的来自英语与写作、哲学、经济学、法律学、政治学以及社会心理学等诸多学科的学者认为他们是修辞学家"②。

斯金纳把修辞学作为理解政治思想的重心之一主要基于修辞学一直就是西方知识传统和文化传统的内在要素。斯金纳认为:"如果你研究文艺复兴,就必须将修辞学作为研究重心之一。因为,无论对与错,是好还是坏,古典修辞学盛行于文艺复兴时期的知识文化中。原因其实非常现实,因为大学要培养律师,或议会政治家,尤其是将来能够加入教会的人。要想在这些职业中取得成功,一个不可或缺的特长就是善于公开演说。无论是在议会中演说,在教堂中演说,还是在法庭中进行辩护,都必须要善于公开演说,而大学就是在培养你的这项技能。这是一项为他们进入社会做好准备的实践训练,这些社会精英将在这个社会发挥其重要作用。因此,你在中学就会学习修辞,而大学则会进一步加深这项学习。因此,在文艺复兴时期,西欧所有受过良好教育的人,特别是在意大利,当然在法国、德意志、荷兰和大不列颠也一样,这些人头脑中都牢记着古典修辞学的规则、方法和相关规定。"③

---

① Patrica Bizzell and Herzgerg Bruce, *The Rhetorical Tradition : Readings from Classical Times to the Present*, Redford Books St. Martin's Press, 1990. p.919.

② John Louis Lucaiets, *Contemporary Rhetorical Theory : A Reader*, The Guilford Press, 1999, p.7.

③ [英]昆廷·斯金纳:《国家与自由:斯金纳访华讲演录》,北京大学出版社 2018 年版,第 180～181 页。

自古希腊以来西方的道德和政治理论家醉心于古典修辞的相关技艺并将它们运用到文本创作之中。如果不能理解渗透于文本之中的大量论辩,就无法理解文本。正如斯金纳所说:"具体就政治理论而言,我们之所以要理解古典修辞学是因为修辞学的一个假定,即:在法律、道德和政治论辩中,每个问题都有两面。这就确立了文艺复兴文化的下述观念,即研习(比如说)道德哲学的正确途径是对话,因为对话这个方式考虑到了道德和政治问题必然存在论辩这个事实。若是如此,那么为了结束一项论辩、得出一个最终结论,仅仅诉诸推理(reason)就不够,因为双方都能有一些道理(reason)。因此,想要证明自己的论点,就不能仅仅给出推理,你必须做得更多。你必须能够说服对方。说服对方并不是通过和对方讲道理,而是要发挥修辞的作用,即(如亚里士多德所说)在逻辑解释性说服法(logos)基础上结合情感性说服法(pathos)。为了赢得口舌笔墨之战,逻辑解释性说服法是不够的,你必须煽动听众和读者的情绪。道德和政治理论应当这样操作。如果你没有认识到文艺复兴时期的大多数道德和政治理论都基于修辞技艺和方法,那么你就无法理解它们……霍布斯对于政治科学这个想法颇有兴致,因而他想方设法解决下述问题,即:修辞到底起到什么作用? 是否能够从政治论辩中完全剔除? 起初,与斯宾诺莎一样,他认为,我们可以将政治科学变成完全演绎性的。我们可以首先给出定义,然后得出这些定义所包含的实质蕴涵,这里根本不需要修辞。这是霍布斯早期作品坚持的立场。我想指出的是,霍布斯后来渐渐认识到,自己抛弃了一个有力的理论武器。在他后期的作品中,通过修辞来加强自己的论证变得较为重要。这个例子反映了文艺复兴的一个普遍现象,即:如我所说,无论是好还是坏,人民当时醉心于古典修辞术。"[①]

第二节　历史语境主义的哲学依据:
语言游戏理论和言语行为理论

维特根斯坦的语言游戏理论和奥斯汀等人的言语行为理论是历史语境主义的哲学方法论。斯金纳充分关注语言游戏的历史、政治维度和语言的

---

① 〔英〕昆廷·斯金纳:《国家与自由:斯金纳访华讲演录》,北京大学出版社 2018 年版,第 181~182 页。

行动视角,使语言游戏理论和言语行为理论成为政治思想研究的最新工具,
成为历史语境主义方法的哲学根据。

一、后期维特根斯坦的语言游戏理论

　　维特根斯坦是对语言哲学产生了深刻影响的哲学家。他在现代西方哲
学的"语言转向"中发挥了决定性作用。石里克明确地把维特根斯坦称为推
进语言转向的"第一人",达米特(M. Dummett)也认为"语言的转向"开始于
维特根斯坦。① 维特根斯坦的哲学可以分为前后两个时期,前期持语言的
"图像论",后期持语言的"游戏论"。前后期维特根斯坦都坚持"语言批判"
的立场:一方面深刻地对语言本身的性质、特点、功能及其与世界和人的生
活关系进行批判考察;另一方面批判哲学由于误解语言所犯的一系列错误,
揭示传统哲学错误的语言根源和认识根源。然而,这两个时期又是很不相
同的。从语言观上说,前后期维特根斯坦的两种语言观是互相对立的。前
期的维特根斯坦对语言的分析,主要是从语言与逻辑的关系来论述的,其中
以"语言图像"理论为代表,把哲学看作通过分析语言来澄清思想的活动,关
心的是语言的逻辑分析和逻辑结构,认为哲学最根本的是逻辑,而不是形而
上学;后期的维特根斯坦对语言的分析,则转变成从语言与日常生活的关系
来加以论述,其中以"语言游戏"理论为代表,注重使用日常语言,关心的是
语言实践——语言的使用和践行语言的基础,强调语言的不同用法和语言
的约定性质,把语言看作人们的一种言语行为,在言语行为中寻求语言的意
义。维特根斯坦语言哲学观点的这种转变,对语言哲学,尤其是日常语言哲
学,产生了深远的影响,掀起并进一步推动了哲学领域内的"哥白尼式的革
命"——把哲学研究的目光转向语言,形成了哲学中的"语言的转向",把哲
学研究追溯到传统哲学研究的根基处——语言以及语言赖以形成的生活基
础。后期维特根斯坦的语言游戏理论对言语行为的关注给予斯金纳方法论
上的启发,"维特根斯坦引导我们思考语言的运用"②。

　　语言游戏说是维特根斯坦后期思想的核心内容,也是他后期哲学观的
基础。语言游戏是维特根斯坦用来分析和论证日常语言意义的方法。所谓

---

　　① 江怡主编:《现代英美分析哲学》,江苏人民出版社 2005 年版,第 558 页。
　　② [芬兰]凯瑞·帕罗内:《昆廷·斯金纳思想研究》,李宏图、胡传胜译,华东师范大学
出版社 2005 年版,第 30 页。

"语言游戏",意即我们的语言是按照一定的规则在一定的场合中使用的活动,语言、规则和使用的活动就是它的基本要素。在维特根斯坦的思想中,"游戏"即活动,"语言游戏"就是指语言是一种活动方式,语言的实际运用是我们日常活动的方式之一。正是因为语言是人类的活动方式,语言是活动的工具,语言的意义才只能在人类活动与使用中去理解。维特根斯坦把"由语言和行动(指与语言交织在一起的那些行动)所组成的整体叫作语言游戏"①。这是一种使用语用分析来理解语言使用多样性的策略,就是为语言使用所设计的典型化的环境。

"语言游戏"实际阐明了维特根斯坦的日常语言哲学观,它包含下列内容:

1.语言形式和功能的多样性

维特根斯坦认为语言不是一个统一的系统,语言的形式和功能是多种多样的。维特根斯坦指出现实生活中的语言是各种各样的,它们并不是一个统一的体系,而是互相交叉的,各自与特定的生活形式或实践的目的联系在一起。它们有关联,但并不统一。语言的功能是多种多样的,并不仅仅在于指称和描述事物;日常语言的用法是多种多样的,在不同的上下文中同一表达形式可以有不同的含义。而且,语言处于生长的过程之中。有些语言游戏产生了,有些语言游戏消亡了;有些语言的用法变旧了,有些语言的用法成为新的时尚。因此,人们永远也不可能指出究竟有多少种语言游戏。维特根斯坦明确指出:"那么,一共有多少种语言呢?比如说,断言、问题和命令?——有无数种:我们称之为'符号''词''语句'的东西有无数种不同的用途。而这种多样性并不是什么固定的、一劳永逸地给定了的东西;可以说新的类型的语言,新的语言游戏产生了,而另外一些则逐渐变得过时并被遗忘。(我们可以从数学的演变得到有关这一事实的一幅粗略的图画)。"②"'我们先给事物命名,然后才能谈论它们:才能在谈话时提到它们。'——似乎只要有命名活动,就给定了我们下一步要做的事情。似乎只存在一件事,叫作'谈论一个事物'。然而事实上我们用语言做大量的各种各样事情。请想一想,光是惊呼就有完全不同的功能。水!走开!哎唷!救命!好极了!

① [德]维特根斯坦:《哲学研究》,李步楼译,商务印书馆1996年版,第5页。
② [德]维特根斯坦:《哲学研究》,李步楼译,商务印书馆1996年版,第23页。

不！难道你们仍然想把这些词叫作'对象的名称吗？'"①日常语言使用的多样性决定了语言游戏的多样性。

2.家族相似

语言有多种多样的功能。语言不仅描述事态,还包括命令、推测、假定、讲故事、编故事、演戏、唱歌、猜谜、编笑话、讲笑话、解应用算术题、翻译、提问、致谢、诅咒、问候、祈祷等不同的形式和用途。但是这并不意味着语言有共同的本质。"语言游戏说"的基点是反本质主义的。按照传统哲学的本质主义思维模式,语言既然被称为语言,必定存在贯穿于一切语言活动中的、用以与非语言活动区分开来的共同的特征。这种共同的特征就是语言的本质。维特根斯坦要解构这种本质主义思维模式。他认为这种本质主义思维模式并不适用于语言。如果我们仔细观察语言的各种用法和形态的话,我们找不到那种可用以刻画这种语言本质的共同特征。一个词的用法往往不止一种,而且从古至今词的用法都处于演变的过程之中,因而认为一切名词所指的对象都有共同的本质的思路是不切实际的。

由于存在着无数种游戏,也就存在着无数种语言的用法。维特根斯坦用"语言"或"游戏"这些词去标记这些用法,并不是由于它们有着共同的本质,而是由于它们具有交叉重叠的相似性。这样,词的用法就构成了一个具有相似性的家族。他指出:"我并不对我们称作'语言'的所有东西提出某种共同点,而只是说,这些现象并不存在一种使我们对这一切使用同一个词的共同点,它们是以许多不同的方式相互联系的。正是由于这种关系或这些关系,我们才称这一切为'语言。'"②这种"家族相似"的概念特别明显地表现在游戏中,如球类游戏、纸牌游戏、拳击游戏等,它们都被称为游戏,但它们并没有共同的本质。维特根斯坦指出:"请不要说:'一定有某种共同的东西,否则它们就不会都被叫作"游戏"',请你仔细看看是不是有什么全体所共同的东西。——因为,如果你观察它们,你将看不到什么全体所共同的东西,而只看到相似之处,看到亲缘关系,甚至一整套相似之处和亲缘关系。"③"我想不出比'家族相似性'更好的表达来刻画这种相似关系:因为一个家族的成员之间的各种各样的相似之处:体形、相貌、眼睛的颜色、步姿、

---

① ［德］维特根斯坦:《哲学研究》,李步楼译,商务印书馆 1996 年版,第 27 页。
② ［德］维特根斯坦:《哲学研究》,李步楼译,商务印书馆 1996 年版,第 65 页。
③ ［德］维特根斯坦:《哲学研究》,李步楼译,商务印书馆 1996 年版,第 66 页。

性情等,也以同样方式互相重叠和交叉。——所以我要说:'游戏'形成一个家族。"①

在语言的各种活动中不存在全体所共同的东西,而只有互相重叠和交叉的相似关系。由于这种相似关系,人们仍然可以把这些活动统称为语言。维特根斯坦使用"语言游戏"这个概念,就是要使人联想到语言像游戏一样没有共同的本质,只有家族相似。这就从根本上取消了本质是否存在这类问题,旨在使哲学家走出长期无法摆脱的困境。

3.语词和语句的意义在于用法

对于什么是词或句子的意义这个问题,前后期维特根斯坦有不同的看法。前期的维特根斯坦持语言的图像理论,认为每个词或句子都有确定的意义,一个词的意义在于它所代表或指称的对象,一个句子的意义在于它所描述的事态。后期维特根斯坦持语言游戏理论,主张不问意义,只问用途。人们千方百计地企图寻找到"什么是词的意义"这个问题的答案,总以为存在着一种与语言的每一个语词一一对应的经验对象或性质。这一问题使人困惑:"我们觉得:我们不能指出答复这些问题的任何东西,但是又应该指出某种东西,我们面对着哲学上使人感到困惑的重要根源之一,就在于我们要给名词找到一个它的对应物。"②

后期维特根斯坦认为,事实上这类问题的提出本身就是错误的。人们根本就不应该提出这类问题,更不应该去寻找这类问题的答案。应该提出的不是"词的意义是什么",而是"词的用途是什么"的问题。这是因为语言是一种工具,语词也是一种工具。一种工具,其本身是没有意义的,它的意义全在于用法。任何一个孤零零的语词是没有任何确定的意义的,也没有明确地告诉人们什么,只有当它结合在句子当中时,才具有一定的意义。而且一个语词的用法不同,即在不同语句的结合中,同一个语词就会有不同的意义。不仅词如此,就是一个句子也是如此。同一个句子在不同的场合、语境中也会有完全不同的意义。因此,后期维特根斯坦主张:"不问意义,只问用途。""如果能做这样的问题替换,那么我们就能从寻找'意义'的对应物这个束缚中解放出来了。"③人们不要再抽象地问"什么是词的意义",而是要

---

①　[德]维特根斯坦:《哲学研究》,李步楼译,商务印书馆1996年版,第67页。

②　Ludwig Wittgenstein,*The Blue and Brown Books*,Basil Blackwell,1969,p.1.

③　Ludwig Wittgenstein,*The Blue and Brown Books*,Basil Blackwell,1969,p.1.

问"什么是意义的说明"。人们再也不用去寻找词所指称的对象,而只要实际地去考察每个词和句子在每一具体语境下的具体用法。因此,在这个意义上,意义即用法。

意义是语言的灵魂,没有意义的语言是难以想象的。后期维特根斯坦改变了对问题的提问方式,由"什么是意义"变为"什么是意义的说明"这一变换就使逻辑问题变成了实际问题,把人们从寻找意义的对象的束缚中解放出来,从而用"用法"替代了"指称"。"意义即用法"引导着语言哲学由理想语言、逻辑语言回归到日常语言、生活实践,冲出了通过语言的逻辑结构确定语言意义的囚笼,突出强调了语境的具体特定性及使用方式的差别性对于意义的规定性,这样,人们对语言意义的研究也由静态走向了动态。语言是具体的、多样的、可变的,语言的意义也是具体的、多样的、可变的;而语言的每一次不同的使用,都会产生不同的意义。这种不同,不仅仅在于语境的不同,更在于使用者使用方式的差别。理解语言的意义不是通过定义的方式或解释说明的方式,而是要深入生活,参与游戏。

4.语言是生活形式的一部分

维特根斯坦认为,语言并不是静止的逻辑构造的产物,而是人类生活中的一种活动。命令和服从命令、欢呼、谴责、问候、致谢等本身就是生活形式的一部分,在此语言不仅仅是用以表达命令等的工具,而且本身就构成命令等行为的一个组成部分。语言不仅描述人类的交流行为,还是人类交流行为的基本组成部分。语言不仅包括语词和语句,还包括说话时的行为操作等活动;只有把它们与人们的生活活动联系起来,才能真正理解它们的意义。所以,维特根斯坦说:"想象一种语言就是想象一种生活方式。"而"生活方式"就是"必须接受的东西","给予我们的东西"。①

维特根斯坦从语言与人类生活、人的活动紧密相连的视角考察语言,使得语言不再是静止不动的指称、僵死不变的符号,而是生活中活生生的有生命的语言,是动态中的语言,是有根基的语言。而活动就是语言使用的活动,语言游戏就根植于生活形式。正是人使用语言的活动赋予语言以生命、以灵魂、以意义。语言在本质上是实践的,这不仅在于它是在实践中产生和发展的,是根源于生活实践的,还在于其生命和活力也来自实践,在于其规则和意义皆来自实践。而生活形式对每个人来说都是先在的、必须接受的、

---

① Ludwig Wittgenstein,*The Blue and Brown Books*,Basil Blackwell,1969,p.11.

被给予的、别无选择的。每个人都必须接受学习、训练和教育,任何活动都是在生活形式的基础上发生的。所以,适应生活形式,亦即学会生活,懂得生活;掌握一门技术,也就是掌握一种生活形式,在不同的生活形式中学会适应,并能适应生活形式的变化。

后期维特根斯坦立足于生活,立足于语言实践,提出了一种影响深远的全新语言观——语言游戏论。一方面,语言游戏论把语言看成人类的一种活动,语言的意义是由语言的具体使用来规定的。这种观点对日常语言学派有重大影响。语言游戏论突出了实践的语言性及语言的使用者,强调语言游戏作为一种实践活动的根本特征就在于践行,而生活形式就是语言游戏别无选择的基础。这使维特根斯坦成为日常语言哲学的开创者。另一方面,维特根斯坦的语言游戏理论对当代哲学的最大贡献、最深远的影响在于其方法,在于其给我们及后人所提示的思维方式的转换。在维特根斯坦看来,语言游戏的本质是实践的方法。强调语言实践,意在强调一种方法。这种方法有助于克服本质与现象、感性与理性的分离,化解身心二元、主客二体的对立。一切哲学上的革命,皆来自思维方式的革命。维特根斯坦对当代哲学的影响更多的不是来自他的思想,而是来自方法,来自思维方式的转换。

维特根斯坦的语言游戏理论给予斯金纳很大的启发:文本解释应当更加关注语词或概念的用途。斯金纳认为,维特根斯坦的《哲学研究》最有名的命题之一"就是我们谈论意义太多了,我们不应该谈论意义,而是要探寻我们能用这些概念做什么。这是一个振聋发聩的观点。不要询问意义而是去追问用途,这就是维特根斯坦……维特根斯坦说,不要问意义是什么,要问可以用语词做什么,问它们的用途"①。

二、约翰·奥斯汀和约翰·塞尔的言语行为理论

言语行为理论是日常语言哲学的重要内容,它是由约翰·奥斯汀首先创立,然后由塞尔加以发展、完善的。言语行为理论直接把言语作为行为,把言语行为看作人类行为的一部分,强调言语的行为性,主张从言语行为的角度来考察语言及其意义。这一观点为斯金纳所接受,成为斯金纳的方法

①　[英]昆廷·斯金纳:《国家与自由:斯金纳访华讲演录》,北京大学出版社 2018 年版,第 221 页。

论思想。言语行为理论促使斯金纳从政治行动者的视角研究政治思想，从而实现了政治思想研究的视角转换。

1.奥斯汀的言语行为理论

言语行为理论是由奥斯汀创立的。奥斯汀是日常语言哲学的最重要代表人物，他对日常语言哲学的重要贡献就在于其提出了言语行为理论。言语行为理论为日常语言哲学奠定了直接的理论基础，这对日常语言哲学后来的发展以及整个语言哲学的发展都产生了深远的影响。

奥斯汀的言语行为理论主要包括以下内容：

首先，奥斯汀阐述了他的语言分析方法。奥斯汀是通过语言学研究进入哲学领域的，他对传统哲学问题不感兴趣，没有为自己的研究设定任何哲学思考的框架。奥斯汀主张用语言分析的方法为哲学找到一个新的起点。他把细致地考察日常话语的细微方面看作哲学思考的基础，强调从日常语言的具体用法中揭示人们使用语言所要表达的思想，认为使用语言的作用是为了说明我们与世界的关系。奥斯汀把他的语言分析方法叫作"语言现象学"。他所谓的"语言现象学"不是欧洲大陆哲学意义上的现象学，而是强调要从分析语言现象入手，不为语言研究设定任何宏大的理论或形而上学的基础，强调对语言具体用法的细微分析。奥斯汀认为，语言分析的目的就是要表明语言用法上的细微差别，一方面可以看到传统形而上学错误的根源，另一方面则为我们更好地使用语言提供清楚的工具。因此，语言研究对我们更好地认识世界具有非常重要的意义，"对日常语言哲学的研究，即使不是哲学研究的全部目的，至少也是哲学研究的起点"①。

其次，奥斯汀把言语行为划分为三种类型。传统的语言哲学着重于研究语言的陈述事实或描述事件的作用，而忽视了它也是人的一种行为。因而只从抽象的语言现象出发，没有对实际的语言现象做全面的观察和研究。奥斯汀的言语行为理论就是针对这种情况提出来的。言语行为理论是从整体上研究话语的施行方面，目的是要弄清楚"在整个言语环境中完成的全部言语行为"②。言语行为理论强调"言语就是行为""说话就是做事"，不能把说与做对立起来，因为使用语言陈述事实，其本身就是一种陈述或描述的行为。

奥斯汀认为"说话就是做事"包括三层意思。或者说，当一个人说出一

---

① 夏基松：《现代西方哲学》，上海人民出版社 2006 年版，第 189 页。

② J. L. Austin, *How to Do Things with Words*, Oxford University Press, 1962, p.100.

个语句时,我们可以区分出他完成的三种不同类型的言语行为。

（1）以言表意的行为（locutionary act），即使用一个句子来传达意义的行为。这是指完成一个发出声音的基本行为,这些声音具有意义或确定的指称,也就是指在"说"这个词最核心和最基本的意义上说出某个东西。这种以言表意的行为又进一步分为三种形式:以言成声（the phonetic act）、以言陈词（the phatic act）、以言传意（the rhetic act）。① 以言成声是指发出某种声音的行为;以言陈词是指说出某些可以发声之词的行为;以言传意是指说出具有一定意义和一定指称的某个东西的表达行为。奥斯汀认为,以言成声和以言陈词是紧密相连的,"很明显,要陈词,就必须成声;也可以说,有其一必有其二。但陈词必须成声","成声不一定是陈词。猴子发一个什么声音,听起来和英语的'go'一样,但这陈不了什么词"。② 以言陈词是以言传意的基础,但并非所有以言陈词都能够以言传意。只有在以言陈词的同时有意之所指（reference）,即有把信息传给别人的意图,以言陈词才实现了以言传意。但是,以言表意的行为是同时完成了以言成声、以言陈词、以言传意三个行为的。因此,奥斯汀指出:"在十分规范的意义上'说出某物'的行为,我称作命名为完成以言表意的行为,进一步说就是,对话语的研究在某些方面也是对说话方式（locution）的研究或是对整个言语单位的研究。"③

（2）以言行事的行为（illocutionary act），即赋予说出的句子以某种力量的方式。这是在完成以言表意的行为后进一步完成的行为,例如提出或回答一个问题、作出一个保证或给出一个警告、提出一个请求或一种批评等。奥斯汀认为,一个句子以言行事的分量,在很大程度上取决于约定、语境或说话者的意向,"要确定是什么样的以言行事的行为在起作用,我们就必须确定我们是以什么样的方法在使用这种说话方式"④。

（3）以言取效的行为（perlocutionary act），即通过说出带有设想或意图的东西,对听话者的情感、思想和行为产生了某种预期的、特别的效果。奥斯汀指出:"说出什么东西,通常会或往往会对听众、说话者或其他人的情感、思想或行为产生一定的后果……我们把运用这种行为称作运用以言取

---

① 王健平:《语言哲学》,中共中央党校出版社 2003 年版,第 208 页。

② J. L. Austin, *How to Do Things with Words*, Oxford University Press, 1962, pp.95-96.

③ J. L. Austin, *How to Do Things with Words*, Oxford University Press, 1962, pp.94-95.

④ J. L. Austin, *How to Do Things with Words*, Oxford University Press, 1962, p.98.

效的行为或以言取效。"①

奥斯汀认为,以言表意的行为就是要用声音达意,这是我们说出一句话的基本方面。但说出一个句子并不等于表达了一个意义。仅仅凭借说出一句话的声音并不能完全理解这句话所表达的意义,还应当根据说出这句话的语境、说话者用来指称的对象以及说话者的意图等来确定这句话的意义。他进一步指出,我们日常说出的大量句子都不仅仅是在表达意义,更多的是在完成某个行为,就是说是在通过使用句子来做某件事情,是以言行事的行为。更准确地说,我们说出的每个句子都具有以言表意和以言行事的双重作用,而不仅仅是传达意义。以言取效的行为是以言行事的行为的必然结果,因为只要是完成了某个行为,它就一定会在他人那里产生某种效果,无论这种效果的大小、性质如何。在实际使用语言的过程中,三种言语行为并不是孤立的,它们往往是密切地组合在同一个言语活动当中,从而从不同的方面反映同一个言语活动所具有的不同的言语行为特性。

奥斯汀认为,言语行为在人类认识活动中具有重要的地位,言语行为是我们在哲学上所能阐述的一切现实。哲学的唯一作用就是阐述"在整个言语环境中完成的全部言语行为"②。言语行为具有各种不同的形式,陈述、描述并没有特殊的地位,它们只是许多种以言行事的行为中的两种言语行为,所以我们不能把一切语言的作用都归结为陈述和描述,而要关注语言表达的各种不同用法,特别是要关注不同形式的言语行为。

奥斯汀的言语行为三分法使他的言语行为理论进一步趋于系统化和精确化,对后来的语言学和哲学的研究产生了较大的影响。

再次,奥斯汀深入研究了以言行事行为,根据说话者话语的不同意图和目的,把以言行事行为划分为判言、施言、托言、行言和注言五大类,把不同的以言行事行为归结为不同的动词。

(1)判言指的是:"不论正式或非正式地对事实或价值做判定,或根据证据或理由做决定。"③例如下面这种类型的动词之后的间接引语或带有这种

---

① J. L. Austin, *How to Do Things with Words*, Oxford University Press, 1962, p.101.

② J. L. Austin, *How to Do Things with Words*, Oxford University Press, 1962, p.147.

③ J. L. Austin, *How to Do Things with Words*, Oxford University Press, 1962, p.150.

类型动词的话语就都属于判言：陈述、说明、认定、判断、裁决、评价等。

（2）施言指的是说话者在话语中使用的对听话者行使某种权力或施加某种影响的话语。例如下面这种类型的动词之后的间接引语或带有这种类型动词的话语就都属于施言：任命、命名、否决、解雇、建议、催促、警告等。

（3）托言指的是说话者在话语中使用的表示允诺、答应、起誓之类履行某种行为的话语，如发誓、允诺、打赌等。托言表示了说话者的一种责任和约定，表明说话者将履行话语中所说的行为。

（4）行言指的是说话者在话语中使用的带有一定的行为力、表达某种态度的话语。这类话语带有如下动词：感谢、道歉、咒骂等。

（5）注言指的是说话者在话语中使用的表达某种阐释、澄清行为的话语。这类话语带有如下动词：强调、申明、说明、澄清等。①

奥斯汀论述了五种以言行事行为各自的特点和作用。他说："我们可以说判言作出判断；施言是施加影响或行使权力；托言是承担义务或说出意图；行言是采取一种态度；而注言是表达理由、意见，提出论证或传达信息。"②

最后，奥斯汀讨论了言语行为与语言意义、语言意义与语境之间的关系问题。奥斯汀批判传统意义理论把语词看作意义的基本单位，主张把言语行为和意义联系起来加以研究，把言语行为看作意义的基本单位，认为表达式的意义"体现在大量的人类言语活动之中"③，因此，应该着重从言语行为来说明意义问题。言语行为、语言意义、经验世界三者是紧密相连的，经验世界的各种现象之间的联系与区别在语言中得以体现。然而，语言同世界的联系并非直接的、具体的，只有借助于言语行为才能实现。语言的意义或用法包含在言语行为之中，因为"语言的功能首先是被用于完成言语行为，言语行为既体现了表明语言和经验世界的关系的意义，又体现认识的活动"④。同时，奥斯汀区分了语句意义和命题意义，他认为语句的意义是抽象的，潜在的，它表示"可能说什么"，而命题的意义是具体的，"它表示实际

---

① 王健平：《语言哲学》，中共中央党校出版社 2003 年版，第 219～220 页。

② J. L. Austin, *How to Do Things with Words*, Oxford University Press, 1962, p.150.

③ J. L. Austin, *Philosophical Papers*, third edition, Oxford University Press, 1979, p.177.

④ 柴生秦：《西方语言哲学》，陕西人民出版社 2000 年版，第 69 页。

说什么"。命题意义之所以是具体的、现实的,是因为它本身是一种言语行为,完成一个命题活动也就是完成一种言语行为。因此,语言只有在一定的言语行为中才有具体的、现实的确定意义。因此,语词或语句的意义都要通过现实的言语行为来说明。所以,意义研究不能同言语行为研究相脱离。

奥斯汀不但重视言语行为与语言意义之间的密切关系,而且强调意义与完成言语行为的环境,即语境之间的关系。他认为,在完成一个以言行事的言语行为时,人们总要考虑说话的情景,一定的话语只有在一定的情景下说出才是适当的或有效的,反之,则是不适当的或无效的。也就是说,一句话的意义不但与有关的言语行为相联系,而且与这种言语行为是在什么情景下完成相联系。因此,奥斯汀说:"说话的情景很重要,所使用的词在某种程度上要由它们被给定的或者实际上在语言交际中被说出的'语境'来'解释'。"①他指出:"一个被命名的言语行为与另一个之间的那种不同,原则上归于它们各自所使用的语境的不同。"②

2.塞尔的言语行为理论

塞尔是言语行为理论发展史上继奥斯汀之后另一重要哲学家,他的言语行为理论是对奥斯汀理论的修正和发展。

塞尔的言语行为理论主要包括以下内容:首先,塞尔把言语行为区分为四种类型。塞尔赞成维特根斯坦关于语言的意义就是使用的观点和奥斯汀关于说话就是做事的观点。在此前提下,他进一步说:"研究语言的意义在原则上和研究言语行为没有区别。确切地说,它们是同一种研究。因为每一个有意义的语句借助于其意义可用来施行一种特定的言语行为(或一系列言语行为),而且每一种可能的言语行为原则上可以在一个或若干个语句中得到表述——假如有合适的说话语境的话。因此语言意义的研究和言语行为的研究不是两种对立的研究,而是同一研究的两个不同方面。"③他认为,语言理论是行为理论的一部分,不研究言语行为的语言理论必然是不完全的,对言语行为的充分研究也就是对语言理论的研究。

塞尔对言语行为进行了分类。塞尔不同意维特根斯坦关于语言没有本

---

①　J. L. Austin, *How to Do Things with Words*, Oxford University Press, 1962, p.100.

②　J. L. Austin, *Philosophical Papers*, third edition, Oxford University Press, 1979, p.15.

③　John R.Searle, *Speech Acts*, Cambridge University Press, 1969, p.17.

质、没有统一性、只有在多种多样的实际用法中才能把握语言的意义的观点,认为通过对以言行事行为的深入研究完全可以在语言分析方面建立理想化的模式,得出完成以言行事行为的若干规则,由此建立比较系统的语言理论。他基本赞同奥斯汀提出的言语行为三分法,但塞尔认为奥斯汀的分类法并不完善。塞尔在对不同的言语行为做了进一步考察的基础上,把言语行为分为四大类:(1)说出行为;(2)以言表意行为;(3)以言行事行为;(4)以言取效行为。所谓说出行为,即说出语词、句子的行为。所谓以言表意行为,即由指称(谈到的人或物)和判断(对谈到的人或物所作的表述)所实施的行为。所谓以言行事行为,是指通过说出语句所完成的行为,即"作出陈述、提出问题、下达命令、进行允诺等"。所谓以言取效行为,即说者通过话语对听者产生某些效果和影响的行为,如令人信服、高兴、害怕、烦恼等。①

塞尔在奥斯汀提出的言语行为三分法的基础上增加了说出行为。说出行为是不能够笼统地划归以言表意行为当中的,而且它也不同于其他三种言语行为。说出行为仅仅指的是说出一串语词。并非所有的词句都可以完成不同的以言表意行为、以言行事行为、以言取效行为。在塞尔看来"人们可以说出语词而不说任何事情"②;而且不同的词句可以完成同样的以言表意行为、以言行事行为、以言取效行为;相同的词句也可以完成不同的以言表意行为、以言行事行为、以言取效行为。很明显,塞尔的这种划分及其论述比奥斯汀的划分及其论述更加深入和全面。

塞尔深入剖析了以言行事行为与以言取效行为的关系,认为并不是所有有意义的话语都能够在听话者那里产生效果。奥斯汀只讲到说话者带着某种意图说出话语的行为可以产生效果,塞尔则进一步认为,并不是所有的带着某种意图的说话者说出话语的行为都可以产生相应的效果或产生说话者本来意图产生的效果。第一,许多以言行事行为与以言取效行为并不相关。例如一般的问候这种以言行事行为与以言取效行为就不相关。第二,有些以言行事行为即使与以言取效行为相关,但是说话者在带着某种意图说这些话时并不一定希望产生某种语言效果。也即,说话者本来并没有希望在听话者那里产生语言效果,但是实际上在听话者那里产生了完全不同

---

① John R.Searle,*Speech Acts*,Cambridge University Press,1969,p.24.
② John R.Searle,*Speech Acts*,Cambridge University Press,1969,p.24.

甚至相反的语言效果。第三,即使是说话者带着某种意图说某些话并且希望产生某种语言效果,但是并不一定在听话者那里就真的能够产生这种效果,听话者完全有可能对说话者说出的话无动于衷。塞尔对以言取效行为的分析,对于以言行事行为与以言取效行为关系的阐述完善了奥斯汀的语言行为理论。

其次,塞尔提出了对以言行事行为的五种分类。

塞尔赞同奥斯汀对以言行事行为的分类,认为奥斯汀分类的目的是试图从各种复杂的说话方式中归纳出某些规律性、结构性的东西。但是奥斯汀把不同的以言行事行为归结为不同的动词的做法是不妥当的,因为奥斯汀"始终混淆动词和行为,并非所有的动词都是表达以言行事的动词。各种类型之间有过多的重叠,各种类型内部有过多的异质成分,各个类型所列举的动词有许多不符合该类型的定义。而且,最重要的是缺乏始终一贯的分类原则"①。

在总结奥斯汀分类得失的基础上,塞尔认为,以言行事行为包括两部分内容:命题行为和话语行为。对以言行事行为的分类就是对话语行为的分类,但是不能将话语行为与动词混淆。不同的话语行为具有不同的特点,因此,应该把不同的话语行为所具有的不同特点作为区分话语行为的标准。塞尔据此提出了他对以言行事行为进行分类的12条标准。

(1)行为目的标准。一般来说,不同的以言行事行为,其话语行为的目的是不同的。

(2)语词与世界的适应方向标准。有些以言行事行为体现的语词与世界的适应方向是使语词去适应世界,有些则正好相反。

(3)表现不同心理状态的标准。说话者实施某一个以言行事行为,总是伴随着某种心理状态。

(4)表现不同语力强度的标准。不同的以言行事动词在语力强度上有强弱的不同。

(5)说话者和听话者由于身份、地位的区别而对同一句话施加的不同影响的标准。

(6)由不同的以言行事指示机制决定的不同命题内容的标准。

---

① John R. Searle, *Expression and Meaning*, Cambridge University Press, 1979, pp.11-12.

(7)与说话者和听话者利益相关的不同的说话方式的标准。

(8)与话语的其余部分关系有所区别的标准。

(9)区别如下两种行为:一种需要超语言的机构才能完成的言语行为,另一种不需要。

(10)区别如下两种行为:一种是始终必须是言语行为,另一种可以看作言语行为,但不必作为言语行为来完成。

(11)区别如下两种行为:一种是相应的行为动词具有完成行为式的用法,另一种则没有。

(12)不同的言语行为在风格上有所区别的标准。[①]

把上述 12 条标准综合运用于对言语行为的区分,塞尔提出了对以言行事行为的 5 种分类。

(1)断定式(assertives)。这种类型的话语是说话者要向听话者讲述某一件事,包括陈述、描绘、报道、说明、判断等,这意味着说话者在某种程度上承认了某个事物的确就具有某种情况,因此它们都有真假可言。这种类型涉及的语言与世界的关系是由语词到世界,即说话者的话语是不是符合世界。从心理状态分析,这种类型的话语表达的是说话者的一种信念。

(2)指示式(directives)。这种类型的话语是说话者试图让听话者做某一件事,包括建议、请求、命令、邀请等。它没有真假。这种类型涉及的语言和世界的关系是由世界到语词,即听话者的行为是不是适应说话者的话语要求。从心理状态分析,这种类型的话语表达的是说话者的一种愿望。

(3)承诺式(commissives)。这种类型的话语是说话者向听话者答应做某一件事,包括答应、发誓、允诺、保证、打赌等,因此,它也没有真假可言。这种类型涉及的语言和世界的关系是由世界到语词,即说话者的行为是不是适应说话者的话语承诺。从心理状态分析,这种类型的话语表达的是说话者的一种打算。

(4)表达式(expressives)。这种类型的话语是说话者向听话者表达一种心情、态度,包括感谢、道歉、祝贺、欢迎、哀悼等。这种类型不涉及语言与世界的关系。

(5)宣布式(declarations)。这种类型的话语是说话者通过话语使世界发生变化,包括任命、辞职、解雇、命名、宣布等。这种类型的话语涉及的语

---

① 王键平:《语言哲学》,中共中央党校出版社 2003 年版,第 226～228 页。

言与世界的关系既是由语词到世界,也是由世界到语词。①

再次,塞尔把言语行为区分为直接言语行为(direct speech acts)和间接言语行为(indirect speech acts)。

塞尔区分了说话者话语的实际意义与句子的字面意义,并据此把言语行为划分为直接言语行为和间接言语行为。直接言语行为是指说话者话语的实际意义与句子的字面意义相一致的言语行为。间接言语行为则指说话者话语的实际意义与句子的字面意义不一致的言语行为。有时说话者话语的意义包含了句子的字面意义并且比句子的字面意义多,有时说话者话语的意义和句子的字面意义完全不同或者正好相反。塞尔说:"在间接言语行为中,通过完成一种以言行事行为而间接地完成另一种以言行事行为。"②间接言语行为又可分为虚构、隐喻、讽刺三种情况。虚构是"虚构作品的作者假装完成一系列的以言行事行为"③。假装分为欺骗式的和非欺骗式的两种,塞尔所讲的虚构意义上的假装是非欺骗式的假装。例如,作家在虚构作品时写的那些与实际并不相符的话语就是非欺骗式的假装。隐喻是说话者在话语中所意指的不同于话语字面意义的东西。讽刺则指说话者在话语中所意指的东西与他的话语字面意义意指的东西正好相反。间接言语行为、虚构、隐喻、讽刺都与特定的语境相联系,只有在特定的语境中才能区分出来。

最后,塞尔深入研究了言语行为与意向性(intentionality)的关系,认为任何以言行事行为都必然表达某种意向状态。

所谓意向性是指一个人的某些精神状态指向自身之外的外部世界的特性。从言语行为与意向状态的关系来看,任何以言行事行为都必然表达某种意向状态。意向状态是言语行为产生的条件和基础。言语行为的一个重要特征是它具有意向性,言语行为与意向性密不可分。在言语行为中,不仅使用了语言符号,还表达了说话者的意向,语言符号在这里被用作表达意向的手段。语言符号之所以有意义,原因就在于语言符号的使用者把自己的意向加给了对象。在言语行为中,正是由于说话者把表达某种意义的意向赋予话语,话语才具有各种言语行为功能。如果没有说话者的意向赋予,那

---

① 王键平:《语言哲学》,中共中央党校出版社 2003 年版,第 228～231 页。

② John R.Searle,*Expression and Meaning*,Cambridge University Press,1979,p.62.

③ John R.Searle,*Expression and Meaning*,Cambridge University Press,1979,p.65.

么语言符号只能是一些没有任何意义的物理实体。因此,意向性为言语行为提供基础。塞尔认为,人通过自己的意向把那些使意向状况得到满足的条件转移给了相应的对象,从而把自己的意向加给了本身并不存在意向的对象身上。言语行为只不过是人类行为的一部分,人类通过意向,把人类的言语行为与外部世界联系在了一起。

奥斯汀和塞尔的言语行为理论对斯金纳产生了极其深刻的影响。斯金纳认为,奥斯汀的《如何以言行事》强调解释不是关于意义,"而是言语行动。语言有两个维度,所有的解释学都集中在其中一个维度,而我们应该关注另一个维度"①。正是奥斯汀和塞尔的言语行为理论让斯金纳认识到,语言具有意义和行动两个维度,传统的文本解释都只重视语言的意义维度而忽略了语言的行动维度。语言行动理论为斯金纳重构政治思想史方法论提供了理论工具以及思维方式的启迪,让斯金纳找到了建构历史语境主义的切入点。

第三节 现代语言学和语言哲学对语境的分析

历史语境主义诞生于根据某种语言环境确定语言意义的语境分析方法的确立,语境分析方法是历史语境主义产生的直接的方法论根由。而语境分析方法的产生与发展又依赖于现代语言学、语言哲学对语境的理论探索。语言学、语言哲学对语境的定义、分类、功能、性质和特征的分析和讨论,为语境分析方法奠定了坚实的理论基础,为历史语境主义提供了分析工具。

一、现代语言学的语境观

对语境的系统研究是从现代语言学开始的。在现代语言学发展的不同时期,语言学从语义、功能和语用的角度对语境进行了深入的研究,揭示了语境的含义、分类、功能、性质和特征,既为语言哲学对语境的研究奠定了基础,又为历史语境主义的产生做了初始的理论准备。语言学研究语境的理论成果,使得剑桥学派和斯金纳借助于语境分析来确定和理解文本的意义成为可能,从而形成了历史语境主义的概念和研究方法。以下将从语言学

---

① [英]昆廷·斯金纳:《国家与自由:斯金纳访华讲演录》,北京大学出版社 2018 年版,第 221 页。

研究语境的历史入手来揭示语言学的语境观。

语境是人类语言活动的必需条件和必然产物,它是一种语言行为中发送和接受文化信息的符号系统,它与语言的关系是一种对应的关系。人类有语言,就必然有语境,"任何语言活动都是以一定的语境为其条件的,绝无例外。没有语境,就无所谓语言"①。没有语境的人类语言活动和没有语言行为的语境都是不存在的。语境是语言的一种客观属性,是语言赖以生存、运用和发展的环境,它制约着语言,决定着语言的命运。② 因此,语言学十分重视对语境的研究。

早在古希腊时期,人们就已经注意到了语境问题。只是那时还没有把语境作为一个专门的问题提出来加以研究。亚里士多德在《工具论》中有如下论述:"一个名词是具有许多特殊意义或只有一种意义,这可以用下述方法加以考察。首先,察看它的相反者是否具有许多意义,它们之间的差别是属于种类的还是属于用语的。因为在若干情形下,即使从用语方面亦可以立即察觉。例如,如果是讲声音,'尖锐的'相反者是'平淡的',如果是讲刀刃,它的相反者是'笨钝的',可见,'平淡的'相反者具有多种意义,自然'尖锐的'也有多种意义。"③这里亚里士多德显然涉及一个语词的不同意义依赖于不同语境的问题,不过亚里士多德当时没有把"语境"这个概念特意提出来加以论述。

亚里士多德之后,许多语言学家和逻辑学家都在他们研究问题的过程中先后不同程度地提到了语境问题。中世纪的语言学家们关于语词意义、命题关系的一些论述,许多都与语境有关。但是,真正提出语境这个概念,以至于把它作为一个理论问题来研究,这还是属于现代语言学产生以来的情况。

现代语言学研究语境的历史并不久远。在相当长的时期内,语境并没有被语言学所重视。然而,随着 20 世纪语言科学的发展,语境对于语言学研究的理论意义,以及对于使用语言,探索语言内在逻辑的实践意义逐步被揭示出来,语境才进入现代语言学的研究视域,成为语言学极其重要的研究对象。

---

① ［日］西槙光正主编:《语境研究论文集》,北京语言学院出版社 1992 年版,第 27 页。
② 冯广艺:《语境适应论》,湖北教育出版社 1999 年版,第 1 页。
③ ［古希腊］亚里士多德:《工具论》,李匡武译,广东人民出版社 1984 年版,第 280 页。

　　语言学对语境的研究始于马林诺夫斯基。1923年,马林诺夫斯基在给Ogden和Richard所著的《意义的意义》一书所写的补录中首次使用了"语境"这一术语,当时所用的名称为"情景语境"(context of situation)。[①]马林诺夫斯基提出"情景语境"这一概念是为了解释语言在社会生活中的作用。他非常重视语境在语言研究中的地位。当他在南太平洋工作期间尝试把当地土著叙述他们生活方式的词语译成英语时,发现语言与民族的文化和习俗有紧密的联系,不参照这些因素便无法理解语言。比如,当地土著人把划独木船的桨叫"wood"(木头)。马林诺夫斯基说,如果不把这个人的话与当时的语境结合,就不能理解"wood"指的是什么。因此,"话语和环境互相紧密地纠合在一起,语言环境对于理解语言来说是必不可少的"[②]。马林诺夫斯基深入研究了语境问题。他将语境区分为"情景语境"和"文化语境"两类。情景语境指话语产生前后的各种实际事件,这是狭义的语境;文化语境指话语产生的整个文化背景,这是广义的语境。马林诺夫斯基在其前期研究中强调"情景语境",而在后期研究中则比较重视"文化语境",突出强调背景知识对语言意义的影响。马林诺夫斯基对语境的认识为语言学的语境研究奠定了认识论基础,为从语境角度确定言语意义提供了理论根据,对西方语言学界产生了很大的影响。

　　在20世纪40年代,弗斯继承和发展了马林诺夫斯基关于"言语环境中的完整的话语才是真正的语言事实"的主张,阐述了在语境中研究语言的理论与方法,创立了比较完整的语境学说。首先,语言的意义来自语境,意义是语言在"语境中的功能"[③]。弗斯认为,一切语言都是对意义的说明,语言学的目的就是说明意义。语言的内部结构应该反映外部语言环境,意义不但与特定景象和声音的环境相关联,而且深深地植根于人们赖以生存的社会活动过程中,唯有把语言与语境联系起来考察,才能客观地再现语言的真实面貌。意义表现为语言在语境中的功能,语言的意义就在于语言在不同的语境中充当一定的功能,语境不同,意义就会发生变化。语言的意义来自"情景的衬托",由此产生"情景意义"和"形式意义":情景意义来自语言之

---

　　① M.A.K.Hallidag and Rugaiya Hasan,*Cohesion in English*,Longman,1976,p.21.

　　② [日]西槙光正主编:《语境研究论文集》,北京语言学院出版社1992年版,第7页。

　　③ 戚雨村:《弗斯和伦敦语言学派》,载《外国语(上海外国语学院学报)》1990年第5期。

外，与言语活动的时间、地点、背景、说话人与听话人的关系有关；形式意义
来自语言之内，与言语的上下文有关。其次，弗斯把语境划分为两种，一种
是语言语境，来自语言内部，即由语言因素构成的"上下文"；另一种是非语
言语境，来自语言外部，即由非语言因素构成的"情景的上下文"。语言语境
是语言内部环境，即一个结构各成分之间的组合关系和一个系统内部单位
之间的聚合关系。非语言语境就是马林诺夫斯基所说的"情景语境"。弗斯
把"情景语境"又分为内部关系和外部关系。内部关系可描写为：(1)参与者
的有关特征。它包括①参与者的语言行为；②参与者的非语言行为。(2)有
关的事物。(3)言语行为的效果。外部关系可描写为：(1)参与者所属的经
济、宗教、社会结构。(2)话语类型：独白、记事。(3)个人情况：参与者的年
龄和性别。(4)言语类别：社交中的恭维话、骂人的话。[①] 可见，弗斯所列的
情景语境的范围是十分广泛的。莱昂斯从语言的语义学的角度对它提出批
评，说"无法承受弗斯置于其上的全部分量"[②]。

　　20世纪六七十年代，国外语言学界对于语境的研究有了较为深入的
发展。

　　韩礼德继承了弗斯的语境理论，进一步推进了语言学对语境的研究。
首先，韩礼德突出了语境在语言功能中的作用。韩礼德认为，语言的功能就
是语言单位在一定语境中所起的作用。研究语言功能的目的是进行话语分
析，一方面可以理解话语，揭示符号系统所包含的具体意义；另一方面可以
评价话语，描述符号系统所蕴含的情感色彩。而要评价话语，就必然涉及语
言符号之外的内容，必须将解释环境特征与解释语言特征联系起来。其次，
韩礼德提出了"语域"（register）概念，以便确定语言环境的特征。语域所反
映的就是语境。他把语域分为话语的范围、话语的方式和话语的风格三个
方面。话语的范围是指言语活动所涉及的范围，包括政治、科技、日常生活
等。话语的方式指言语活动的媒介，包括口头方式和弓面方式两大类。话
语的风格指语言交际者的地位、身份以及相互关系等。这三方面综合起来
相当于言语环境。后来，韩礼德又提出话语的语言环境应包括"场景""方
式""交际者"三个组成部分。他说："场景是话语在其中行使功能的整个事

　　①　J.R.Firth，A Synopsis Linguistic Theory，1950-1955，In：*Studies in Linguistic Analysis*，Blackwell，1957.

　　②　J.Lyons，*Firth's Theory of Meaning*，in Bazell et al ［eds.］，1966，p.288.

件以及说话者或写作者的目的。因此,它包括话语的主题。方式是事件中的话语功能,因此它包括语言采用的渠道——说或写,以及语言的风格,或者叫作修辞手段——叙述、说教、劝导、应酬等。交际者指交际中的角色类型,即话语的参与者之间的一套永久性或暂时性的相应的社会关系。场景、方式和交际者一起组成了一段话语的语言环境。"①语言环境的这三个组成部分的每一部分的改变,都可以产生新的语域。

乔舒亚·费什曼(Joshua A.Fishman)充分肯定语言环境对于语言使用的影响和作用。他从社会学的角度阐释语境,提出了语义场(domain)概念,认为语义场是受共同行为规则制约的社会情景,包括时间、地点、身份和主题,通俗地说,就是谁何时何地对谁说了什么。② 语义场就是使用语言的环境。

戴尔·海姆斯(D. H. Hymes)把话语本身视为语境的组成部分。他把语境定义为:"话语的形式和内容(form and content of text)、背景(setting)、参与者(participants)、目的(needs)、音调(key)、交际工具(medium)、风格(genre)和相互作用的规范(interactional norms)等。"③海姆斯认为懂得使用语言的社会环境是衡量人们掌握语言程度的重要标志。人们在进行社会交际时,既要有生成正确话语的能力,又要有在一定时间、地点、场合说出相应恰当话语的能力,两者的结合就是一个人的交际能力。

利奇从语用学的角度研究语境,认为语用学是研究言语环境的意义的科学。他认为,语用学研究的语境包括:(1)言语发出者或言语接受者;(2)话语的上下文;(3)话语的目的;(4)言语行为,即作为行为或活动形式的话语;(5)作为言辞行为的结果的话语。④

乔姆斯基(Chomsky)强调语境的重要性。他认为,在研究语义问题时,人们必须关注非语言因素的作用。离开句子的上下文,哪怕是最简单的句子,也不可能确定其真实的语义。

莱昂斯把语境解释为从实际情景之中抽象出来的、对语言活动参与者产生影响的一些要素,如交际者(说话人和听话人)、场合(时间和地点)、交

---

① M.A.K.Hallidag and Rugaiya Hasan,*Cohesion in English*,Longman,1976,p.22.

② 〔日〕西槙光正主编:《语境研究论文集》,北京语言学院出版社 1992 年版,第 8 页。

③ M.A.K.Hallidag and Rugaiya Hasan,*Cohesion in English*,Longman,1976.p.21.

④ G.N.Leech,*Principles of Pramatics*.Longman,1983,pp.13-14.

谈的正式程度、交际媒介等。他认为语境能够帮助说话人正确判断话语合适与否。莱昂斯归纳了六种构成语境的知识：(1)知道自己在整个语言活动中所起的作用和所处的地位；(2)知道语言活动发生的时间和空间；(3)能分辨语言活动情景的正式程度；(4)知道对于这一交际情景来说什么是合适的交际媒介；(5)知道如何使自己的话语与语言活动的主题相结合，以及主题对选择语言的重要性；(6)知道如何使自己的话语与语言活动的情景所归属的语域或范围相适合。①

从现代语言学对语境的研究历史和状况可以看出，语言学对语境的多维研究使语言学对语境的含义、分类、性质、特征、功能和构成因素等有了比较全面、系统和深刻的认识。虽然在语言学的不同发展阶段，由于语言学研究语境的视角不同，学者对语境的认识存在差异，但是，语言学家对语境的看法并不存在根本的分歧。正是语言学从语义、功能和语用的角度对语境逐步深入的研究才使语言学对语境的认识日趋全面、系统和深刻，从而形成了语言学的语境观。

抽象地看，语言学的语境观包括如下内容：

1.语境的含义

语言学所理解的语境是言语环境的简称，指的是使用语言时的环境。分为狭义语境和广义语境两种。狭义语境指语言交际中理解和运用语言所依赖的各种表现为言辞的上下文，它既包括书面语中的上下文，也包括口语中的前言后语。广义语境指语言交际中理解和运用语言所依赖的各种主客观因素，包括时间、地点、场合、话题、交际者的身份、地位、心理背景、文化背景、交际目的、交际方式、交际内容所涉及的对象以及各种与语言交际同时出现的非语言符号等。西方语言学家大都持广义的语境观，对语境的思考更多地偏向于语言之外的因素，比较注重宏观语境对语言产生的影响。

2.语境的构成因素

从表面上看，语境因素好像是无限的，"语言是一和社会现象，社会上的一切都可能成为语境。语言是一种物质现象，自然界的万事万物都可能成为语境。语言是人类本身所特有的交际和思维的工具，那么人类本身的一切也就都可能成为语言的语境"②。但是，语境本质上只是"话语意义的外

① 王冬竹：《语境与话语》，黑龙江人民出版社2004年版，第55页。
② ［日］西槙光正主编：《语境研究论文集》，北京语言学院出版社1992年版，第27页。

部依据,是言语能指变为言语所指的条件"①。因此,"不是全部的社会的、自然的条件都是语境,只有制约话语意义的那部分社会的、自然的条件才是语境"②。这为评判语境的构成因素提供了一个基本的标准。

从约束话语意义的产生和理解这个标准出发,可把语境的构成因素区分为客观语境因素和主观语境因素。客观语境因素是指语言交际的时间、地点、场合、对象、交际话题等;主观语境因素是指语言交际主体的认识水平、思想修养、心理背景等。③ 客观语境因素和主观语境因素构成了特定的使用语言的环境。在语言交际过程中,言语环境诸因素总是交错在一起影响着语言的使用。对于语言交际者而言,客观语境因素是多变的,而主观语境因素则具有相对的稳定性。言语环境从本质上说是社会环境的变体,是社会环境在语言使用上的反映。因而,言语环境总是处在不断的变动和发展之中。

3.语境的分类

从不同的分类标准出发,可把语境划分为不同的类别:广义语境与狭义语境、主观语境与客观语境、显性语境与隐性语境、真实语境与虚拟语境、言辞内语境与言辞外语境。④ 立足于语境同语言的关系,可以把语境分为"言内语境"、"言伴语境"和"言外语境"三种。这种分类是最基本的,它大体上囊括了语境的其他类别。言内语境又分为"句际语境"和"语篇语境"两种;言伴语境又分为"现场语境"和"伴随语境"两种;言外语境又分为"社会文化语境"和"认知背景语境"两种。句际语境又划分为"前句、后句"或"上文、下文"等因素;语篇语境分为"段落、语篇"等因素;现场语境分为"时间、地点、场合、境况、话题、事件、目的、对象"等因素;伴随语境分为"情绪、体态、关系、媒介、语体、风格以及各种临时语境"等因素;社会文化语境分为"社会心理、时代环境、思维方式、民族习俗、文化传统"等因素;认知背景语境分为"整个现实世界的百科知识、非现实虚拟世界的知识"等因素。⑤ 言内语境和言伴语境是语境中的语言因素,而言外语境则是语境中的超语言因素。

---

① 〔日〕西槙光正主编:《语境研究论文集》,北京语言学院出版社1992年版,第181页。
② 〔日〕西槙光正主编:《语境研究论文集》,北京语言学院出版社1992年版,第182页。
③ 〔日〕西槙光正主编:《语境研究论文集》,北京语言学院出版社1992年版,第86页。
④ 陈治安、文旭:《试论语境的特征与功能》,载《外国语(上海外国语大学学报)》1997年第4期。
⑤ 王建华:《关于语境的构成与分类》,载《语言文字应用》2002年第3期。

4.语境的功能

语境的功能是指语境对于言语意义的作用。现代语言学对语境功能的认识虽然在侧重点上有所不同,但在根本上是一致的,即认为语境对于言语意义的产生、确定和理解确实具有引导作用,能够引导语言交际者通过分析各种潜在意义后选取其中可能性最大的一种意义。

语境的功能主要有释义、特指、制约三种。

(1)释义:指的是语境对于言语意义的解释与说明。它可以语音、句法、语义、语用、修辞等方面对言语意义进行解释。

(2)特指:指的是语境在消除歧义、明确指代、补充欠缺信息等方面的作用。利奇认为语境的特指功能至少表现为三种方式:一是辨析信息中的某些歧义或多重意义;二是使某些词的指代关系明确;三是提供了交际活动中被省略掉的信息脉络。[①]

(3)制约:指的是话语中语词、句法结构、句子含义和语篇意义受语境制约,语言交际者不得不根据具体的语境选择恰当的言语表达式进行交际。

5.语境的特征

(1)客观性。语境的客观性是相对于语言交际主体而言的。语境是语言表达的客观存在条件,语境中的时间、地点、社会、时代等非语言因素,具有强烈的客观性。

(2)整体性。作为一个独立存在的语言交际要素,语境本身是一个整体,内部包含了众多的子因素,这些子因素并不是杂乱的堆砌,而是有一定的结构和层次。不同的因素和结构所起的作用往往并不相同。但是在具体的语用交际中,语境功能的发挥却是以整体的面貌呈现出来的。语境对语言表达起作用时,各个语境因素相互扭结,交融成一个复杂的整体,影响和制约言语意义的产生和理解。

(3)动态性。动态性是语境的重要属性。包括以下几种含义:首先,语境中的非语言因素既是在语用交际之前既定的客观存在,又是随时处于变动不定的状态之中的。时间是流动的,空间是变换的,场景也是可以更易的。这种客观存在的动态化语境因素,使每一个具体的语用交际过程都带有自身的独特个性。从宏观上看,在不同的交际过程中发生影响的语境是

---

①　鲁苓:《利奇语义学理论的语境观》,载《外语与外语教学(大连外国语学院学报)》1999年第7期。

不同的,也不是一成不变的。其次,语境不但是共生的,而且是共变的。参与交际的人具有强烈的主体特征,在语言交际中他们不光是被动地受既定语境的限定和制约,还在不断地构建、生成和创造着新的语境。新语境的构建和生成是在语言交际主体的背景语境的范围内进行的,它使主体的认知语境增加了新的容量。这些新的语境一旦产生,同样要对交际发生影响。最后,即使是不构建新的语境而仅利用既定的语境因素,在具体的语言交际活动中,人们所凭依的语境因素也不会是一成不变的。语言交际主体往往不停地选择、变换甚至控制着不同的语境因素来为交际服务。语言交际主体的这种选择、变换和控制,使得语境本身带上了强烈的动态性质。①

(4)差异性。语境的差异性有两方面的含义。一是语境本身对语言交际的影响有差异。不同的语境因素在具体的语言交际中的作用并不是完全等值的。它们影响的效果有直接和间接之分,影响的方式有外显和内隐之别,活动的形态有稳定和动态之异。二是交际双方的认知语境有差异。语言交际是双向的活动,有表达的主体,也有接受的主体。在具体的交际过程中,语境作为不可或缺的伴随因素同时对语言交际双方产生影响。由于语言交际主体在认识水平、思想修养、心理背景等方面的差异,常常导致交际的障碍。

总之,语言学的语境理论还需要不断地自我完善、充实和进步,但它作为一种方法论的原则体系则已经开始渗入哲学、政治学、历史学等学科的研究领域之中,充分展现出它的功能和意义。

二、英美语言哲学的语境观

语境问题实际上是一个语言交际中的哲学问题。因为它涉及使用和理解语言所依赖的种种主观的和客观的环境,涉及语言表达式内部和外部的种种因素和关系。②

古代和中世纪的许多哲学家都不同程度地涉及语境问题。但是,在现代语言哲学产生之前,语境还没有作为一个专门的理论问题进入哲学的研究视域。哲学对语境产生理论上的自觉意识是属于语言哲学产生以后的情况。

---

① 王建华:《关于语境的定义和性质》,载《浙江社会科学》2002年第2期。
② 王健平:《语言哲学》,中共中央党校出版社2003年版,第174页。

　　语言哲学对语境的研究始于弗雷格。弗雷格 1892 年在《论含义和指称》中讲到语词的意义时说:"决不离开命题语境孤立地寻求词的意义。"①在《算术的基础》一书的导言中,弗雷格提出了研究哲学逻辑必须遵守的三项原则,其中第二项被称为"语境原则"②:"决不孤立地寻问一个词的意义,而只有在命题的语境中寻问它的意义。"③弗雷格认为,在对语词意义的确定中,要根据一个词在一个句子中处于什么样的位置、起什么样的作用、与什么样的指称有关等语境条件来回答。虽然弗雷格没有对此做更深入的展开,但这一论断将语词意义与其赖以出现的句子之中的言内语境本质地联系在了一起,为后来语言哲学对语境与语言意义关系的系统研究留下了探索空间。达米特高度评价了弗雷格的"语境原则",认为弗雷格的"语境原则"是在他的思想和方法中起着支撑作用的原则。

　　从弗雷格对语境的论述可以看出,语言哲学从弗雷格开始就关注语境问题。但是,在语言哲学发展的不同阶段,语言哲学内部的不同派别对语境的态度和重视程度是不同的,研究的广度和深度也有很大的差别。

　　在语言哲学发展的前期,以罗素、前期维特根斯坦、摩尔为代表的理想语言学派和以卡尔纳普(Carnap)为代表的逻辑实证主义学派对语境的研究范围是极其有限的:只关注影响语言逻辑性意义的言内语境条件,把更广义的人文语境条件视为难以用科学逻辑来确定的神秘之域而予以拒斥。理想语言学派和逻辑实证主义学派强调通过对语言的逻辑分析,追求语词意义的确定性。他们认为语词意义的确定性最终取决于由逻辑句法和语义规则所构成的逻辑真值语境。通过句法的规范化、科学化能够最大限度地概括出语言意义在逻辑为真的言内句法语境中最终的确定性,从而排除日常语言使用中语词意义的混乱不清。可以看出,在对语言意义的确定性追求中,语境的范围主要局限在言内语境对语言意义的约束和影响上。因此,在语言逻辑分析的代表性观点中,无论是弗雷格的含义和指称理论,还是罗素的摹状词理论、前期维特根斯坦的图像论等都是在和语境相脱离的状态下对语言意义的逻辑构造进行的探究。

　　在语言哲学发展的中后期,以后期维特根斯坦、奥斯汀、格赖斯、塞尔等

---

　　①　王健平:《语言哲学》,中共中央党校出版社 2003 年版,第 176 页。
　　②　陈嘉映:《语言哲学》,北京大学出版社 2003 年版,第 89 页。
　　③　王健平:《语言哲学》,中共中央党校出版社 2003 年版,第 176 页。

人为代表的英美日常语言学派对语境的研究主要关注的是在日常语言使用中语言意义产生与确定的各种言内及言外语境条件。英美日常语言学派关于语境的核心观点就是后期维特根斯坦的主张：意义即用法。他们认为语词的意义产生于语言使用的具体语境之中，没有语言使用的言伴语境，就没有语言意义的发生。他们强调的是在言语行为发生时，围绕言语行为所开启的可以观察到的、与言语行为相伴而行的各种主、客观语境条件。英美日常语言学派研究语境的主旨在于通过哲学的反思思维方式，对日常语言使用中语言意义的语境条件进行分析，以此来排除传统哲学和以往语言哲学对语言意义的误读与误解，从语境中寻求语言意义产生的支点。

英美日常语言学派对语境的研究，最具代表性的是后期维特根斯坦的语言游戏语境、奥斯汀的言语行为语境、格赖斯和塞尔的语用语境。正是他们对语用语境的强调，使语言哲学在后来的发展中形成了一种将语言意义、语言使用主体和语境联系起来的语用哲学转向。

1.后期维特根斯坦的语言游戏语境

前后期维特根斯坦对语境的态度迥然有别。前期维特根斯坦持语言的"图像论"，注重对语言与世界的关系展开逻辑分析，透过逻辑之网去透析语言与世界的关系，强调语言和世界的逻辑同构性，进而把世界逻辑化、单一化为语言的逻辑图像。这使语言意义完全独立于人文语境，从而在逻辑的语义关联中制造了具体语言使用的语境真空，由此排除了语境研究的必要性。

后期维特根斯坦持语言的"游戏论"，认为语言的意义就是语言的使用，只有在特定的使用语言的环境中才能确定语言的意义。语境被视为使用语言的具体环境，是产生和确定语言意义的言语环境。因此，后期维特根斯坦的语言游戏理论是与语境紧密相关的语言意义方面的使用论，实质上是通过语境确定语言意义的方法和途径。

后期维特根斯坦意识到了语境对语言意义的重要作用，因而在阐述他的语言游戏理论时，对语境做了明确的论述。他对语境的阐述包含了以下几个观点：

（1）语言游戏强调了语言的使用对语境的依赖

维特根斯坦把"由语言和行动（指与语言交织在一起的那些行动）所组

成的整体叫作语言游戏".① 语言本身就可以看作由许多不同种类的语言游戏或语言与游戏的结合而组成的,语言本身就表现着这些语言游戏的结合。

"语言游戏"这个概念强调的是语言的使用是一种活动的组成部分,或是广泛的生活形式的组成部分。通过一种语言游戏,我们就可以知道一种生活形式。由于生活形式是多种多样的,所以,语言游戏也是多种多样的。这种多样性并不是某种固定的东西,一旦规定就一成不变;恰恰相反,新的语言种类,新的语言游戏会不断出现,而其他种类的语言和语言游戏会消失,被人遗忘。游戏的丰富性、多样性反映了语言使用的多样性、丰富性和复杂性。

语言游戏的特性反映了语言游戏与语境是密切相关的。一方面,语言游戏强调语言使用的特性决定了语言游戏对语境的依赖。语言游戏的多样性决定了语言的使用方式是多样的,也就决定了语言意义是多样的。这使得语言并没有离开语言使用的具体环境而具有独立、自足的意义。语言的特定意义就是由各种特定语境决定的。离开了特定的语境,语句的意义是不存在的。这凸显了在语言游戏中语言意义对特定语境的依赖性。人们正是在做语言游戏的活动中通过语言的用法来知道语言的意义的。

另一方面,语言游戏参与者的特性也决定了语言游戏对语境的依赖。由于使用语言是一种游戏,它必然就有游戏的参与者。离开语言游戏的参与者,单独的词和句子都没有独立的意义。所以,语言游戏内在地包括了说话者与听话者。这种情况下使用的语言就不再是离开语言使用者而出现的孤立的符号,而是有人说出并且有人理解的话语,分析这些话语的意义与说出这些话语时的具体语境、与说话者和听话者的背景知识都有着极为密切的关系。

(2)语言游戏的规则反映了语言游戏对语境的依赖

游戏规则是游戏参与者共享的知识背景,它是游戏得以进行的前提和条件。正是游戏参与者知晓并遵守规则,游戏才得以进行。游戏规则的制订和修改也是经游戏参与者同意后才得以进行的。因此,游戏规则是游戏得以进行的背景。

既然使用语言是一种语言游戏,那么语言游戏就必须遵守规则,因为任

---

① [德]维特根斯坦:《哲学研究》,李步楼译,商务印书馆1996年版,第5页。

何游戏都有游戏的规则。语言游戏的规则就是语言游戏得以进行的语境。维特根斯坦认为,游戏是按照规则来玩的,就像一条自然法则支配着游戏。语言游戏在于有规则,而不在于什么规则。语言的本质是由语法规则表现的。遵从一条规则,做一个报告,下一个命令,下一盘棋,都是习俗(用法、社会机构)。我们可以一边玩游戏一边制订规则,还可以一边玩一边修改规则。语言游戏的规则就体现在语言游戏的实践中。

语言游戏的规则带有公众性、习俗性、实践性、多样性的特点,这些规则并不是某个人可以私自制订的,同时,遵守规则也并不是个人的私自行为。语言游戏规则的这些特性正好说明了语言游戏对语境的依赖。

语言游戏的种类及其规则的多样性进一步说明语言没有本质意义,也没有统一性的意义,人们只有在多种多样的实际用法的具体语境中,才能把握语言的意义。

(3)意义即使用的工具论强调了语言意义对语境的依赖

维特根斯坦在其后期著作《哲学研究》中明确提出语词"工具论"的观点,认为词好比工具,词的意义在于词的使用。不了解语词的用法就根本无法理解语词的意义。他认为,就我们使用"意义"这个词的大多数情况——虽然不是全部情况——来说,可以给这个词下这样的定义:一个词的意义就是它在语言中的使用。各种词也各有不同的用途,不能说其中哪种用途最为重要。词在不同的语境中具有不同的用途,达到不同的目的。仅仅从词本身不能了解词的意义,而必须从词的使用中,从词被使用时所处的语境中,从词被使用于达到什么目的中,才能了解词的意义。与词一样,语句也是工具,它也有不同的使用。要了解语句的意义,也必须把语句的用途、它要达到的目的、它所处的语境等联系起来考察,孤立起来看是很难确定它的意义的。必须考虑它们被使用于其中的特定语境,考虑它们被用于达到什么样的目的,它们具有什么用途等。"意义就是用法"这个命题表现出的是一种在语言意义问题上的比较彻底的语境决定论。

2.奥斯汀的言语行为语境

奥斯汀的言语行为理论阐述了语言意义、言语行为、语境三者之间的关系,本质上是一种通过言语行为的语境确定语言意义的理论。因为任何言语行为都是具体的、现实的人类行为,处于特定的言语环境之中。言语行为的产生、完成、性质都是与言语行为的具体情景密切联系在一起的,离开特定言语环境的言语行为既不可能存在也不可能被理解。因此,语言的意义依赖于言语行为的语境。

奥斯汀对语言意义与言语行为的分析都是围绕语境展开的。

首先,奥斯汀讨论了言语行为与语言意义之间的关系问题,认为语言的意义就是在特定的言语环境中做事。奥斯汀批判传统意义理论把语词看作意义的基本单位,主张把言语行为和语言意义联系起来加以研究,把言语行为看作语言意义的基本单位,认为表达式的意义"体现在大量的人类言语活动之中"①,因此,应该着重从言语行为来说明意义问题。在他看来,言语行为是语言哲学的主要研究对象,甚至是唯一的研究对象。他说:"在整个言语环境中完成的全部言语行为,是我们归根结底所阐述的唯一的现实的现象。"②"意义或语言用法包含在语言行为之中。"③言语行为、语言意义、经验世界三者是紧密相连的,经验世界的各种现象之间的联系与区别在语言中得以体现。然而,语言同世界的联系并非直接的、具体的,只有借助于言语行为才能实现。语言的意义或用法包含在言语行为之中,因为"语言的功能首先是被用于完成言语行为,言语行为既体现了表明语言和经验世界的关系的意义,又体现认识的活动"④。同时,奥斯汀区分了语句意义和命题意义,他认为语句的意义是抽象的、潜在的,它表示"可能说什么",而命题的意义是具体的,"它表示实际说什么"。命题意义之所以是具体的、现实的,是因为它本身是一种言语行为,完成一个命题活动也就是完成一种言语行为。因此,语言只有在一定的言语行为中才有具体的、现实的确定意义。因此,语词或语句的意义都要通过现实的言语行为来说明。所以,语言意义不能同言语行为相脱离。

其次,奥斯汀论述了语言的意义与完成言语行为的环境,即语境之间的关系。他认为,在完成一个以言行事的言语行为时,人们总要考虑说话的情景,一定的话语只有在一定的情景下说出才是适当的或有效的,反之,则是不适当的或无效的。也就是说,一句话的意义不但与有关的言语行为相联系,而且与这种言语行为是在什么情景下完成相联系。因此,奥斯汀说:"说话的情景很重要,所使用的词在某种程度上要由它们被给定的或者实际上

① J. L. Austin, *Philosophical Papers*, third edition, Oxford University Press, 1979. p.177.

② J.L.Austin, *How to Do Things with Words*, Oxford University Press, 1962, p.147.

③ J.L.Austin, *Sense and Sensibilia*, Oxford University Press, 1962, p.69.

④ 柴生秦:《西方语言哲学》,陕西人民出版社 2000 年版,第 69 页。

在语言交际中被说出的'语境'来'解释'。"[1]他指出:"一个被命名的言语行为与另一个之间的那种不同,原则上归于它们各自所使用的语境的不同。"[2]

总之,维特根斯坦的语言游戏理论和奥斯汀的言语行为理论对语境的关注,使得语言意义的产生和理解奠定在了语言使用的语境条件基础之上,把语言意义理解为语言的使用与言语环境相互作用的产物,既突出了语境的基础作用,又突出了语言使用主体的核心位置。这样就摆脱了在人和世界、人和语言、语言和世界之间两极对立的局限性,在世界、语言和人三者之间建立起了相互勾连的真实基础。这就使得语言意义的产生和理解在整体的语境条件中能够得到合理的开展,使得语境之于语言意义产生和理解的基础性地位得到了合理的认可。

3.格赖斯和塞尔的语用语境

维特根斯坦和奥斯汀关于语言的意义必定随语言使用的语境而变化的观点,奠定了对语言意义进行语用分析的理论基础。格赖斯、塞尔分别从语用角度阐述了语言意义产生和理解的语境条件,使得语境分析的重点从语义分析转向了语用分析。语用语境关注的是语言意义与说话者实际使用语言的具体语境之间的关联,关注话语获得意义的具体情景。这使语言的使用、语用主体以及语用的语境条件等方面的地位和作用得以凸显。

格赖斯首先阐述了语境对理解会话含义的作用。格赖斯认为,在言语交际过程中,交际的参与者为了达到相互理解,就需要相互合作和相互配合。这就是"合作原则"。合作原则使言语交际的参与者能够相互理解彼此话语的含义,保证言语交际的成功。但是,在很多情况下,言语交际的参与者并不遵守合作原则,这就需要言语交际的参与者根据语境推导出话语的真正含义,使言语交际继续进行。格赖斯认为,会话含义可区分为语用含义和规约含义两类。所谓语用含义就是根据合作原则并且结合特定的语境可以推导出来的语言意义;而规约含义则是体现在语词中的意义。[3] 语用含义不是从语言系统内部(语音、语法、语义等)去研究语言本身表达的意义,

---

① J.L.Austin,*How to Do Things with Words*,Oxford University Press,1962,p.100.

② J.L.Austin,*Philosophical Papers*,third edition,Oxford University Press,1979,p.15.

③ 王健平:《语言哲学》,中共中央党校出版社 2003 年版,第 264 页。

而是根据语境研究话语的真正含义,解释话语在具体的语境中的言下之意、弦外之音。语用含义不是揭示了人们说了些什么,而是告诉人们这句话可能意味着什么。因此,语境是理解会话含义的重要因素,离开了特定的语境,不可能理解话语的语用含义。

格赖斯进一步分析了语言意义、意向、语境三者之间的关系。格赖斯认为,言语行为过程是指说话者所说的某句话的意义,就在于说话者通过这句话而使听话者由于意识到说话者的意图而在听话者心中产生某种效果。这就需要把语言意义、意向、语境三者联系起来考察。他把语言意义区分为自然意义与非自然意义。自然意义是指不包含人的意图的意义,而非自然意义则是指包含人的意图的意义。自然意义与语境无关。非自然意义则是会话中最基本的意义,是特定语境中的话语意义。非自然意义可以根据意向来说明。格赖斯认为,意向就是"讲话者说出 X 意指某事"[①]。这就是说,一个说话者通过说出某句话语意指某种东西,也就是指这个说话者的意图在于使说出的话语通过听话者认识到这种意图而在听话者身上产生某种效果。说话者所说的某句话的意义,就在于说话者把说某句话的意图传递给听话者,使听话者领会说话者的意图而产生听话者希望产生的效果。语言交流就是以听话者识别说话者的意向这一方式进行的。很明显,意向的传递、非自然意义的理解都是在特定的话语环境中进行的。离开了特定的话语环境,听话者不可能领会说话者的意图,言语交际就会因为达不到相应的效果而陷于失败。

塞尔对格赖斯的语用语境进行了完善和深化。塞尔深入研究了言语行为、意向性与语境的关系,认为任何以言行事行为都必然表达某种意向状态,从而使言语行为与外部言语环境紧密相连。不过,塞尔所讲的语言的意向与格赖斯所讲的语言的意向是有区别的。格赖斯讲的意向主要还是语言系统内在的与语言意义、会话意义相联系的意向。而塞尔讲的意向具有更为宽广的意义,言语行为所具有的意向把言语行为、人的心灵和外部世界联系在了一起,意向成为言语主体、言语行为与言语环境相联系的桥梁。

所谓意向性是指一个人的某些精神状态指向自身之外的外部世界的特性。简言之,意向就是希望通过声音或符号将某种信息传递给别人的心理特性。从言语行为与意向状态的关系来看,任何以言行事行为都必然表达

---

①　王健平:《语言哲学》,中共中央党校出版社 2003 年版,第 267 页。

某种意向状态。意向状态是言语行为产生的内在精神条件和心理基础。言语行为的一个重要特征是它具有意向性,言语行为与意向性密不可分。在言语行为中,不仅使用了语言符号,还表达了说话者的意向,语言符号在这里被用作表达意向的手段。语言符号之所以有意义,原因就在于语言符号的使用者把自己的意向加给了对象。在言语行为中,正是由于说话者把表达某种意义的意向赋予话语,话语才具有各种言语行为功能。如果没有说话者的意向赋予,那么语言符号只能是一些没有任何意义的物理实体。因此,意向性为言语行为提供心灵的、精神的基础。塞尔认为,人通过自己的意向把那些使意向状况得到满足的条件转移给了相应的对象,从而把自己的意向加给了本身并不存在意向的对象身上。言语行为只不过是人类行为的一部分,人类通过意向,把人类的言语行为与外部世界联系在了一起。

塞尔讨论了语句意义与言语行为中的惯例或规则的关系,认为语句的意义依赖语境。

塞尔认为语句的意义与说出该语句的语境密切相关,不存在不依赖语境而能够独立存在的语句意义。因此,应该结合语境来考察语句的意义。在塞尔看来,语句的意义与意向有关,因为只有具有意向的语句才有意义;而且,语句的意义与惯例或约定俗成的规则也有密切联系,因为说出一句话就是完成一种受规则支配的一言语行为。塞尔强调,当我们分析以言行事行为时,要注意以言行事行为与意向和惯例这两者之间的关系。塞尔认为,语言交流的一个显著特征是:如果我企图告诉某人某事,一旦他认识到我要告诉他某事,而且知道我告诉的是何事,那么我就成功地告诉了他这件事。在听者身上产生的效果是听者理解说话人的话语。这就意味着:(1)理解一个语句就是要理解它的意义;(2)一个语句的意义是由规则规定的,这些规则既规定了这一语句的条件,也规定了这一语句的说出意味着什么;(3)说出一个语句,这表示:①意图使听话人理解某些规定的事态;②意图通过使听话者理解上述意图而使听话者知道这些事态;③意图借助于听话者所具有的关于规则的知识而使听话者理解上述意图。在这种情景下,这个语句就为打算在听话者身上产生某种以言行事的行为的效果这种意图的实现提供了一种惯例手段。如果说话者说出这个语句,他就能实现上述三种意图。听话者对语句的理解只不过是这些意图的实现。如果听话者理解这个语句,即知道它的意义,知道支配这个语句的规则,这些意图一般来说也就能够得到实现。

塞尔不仅强调说话人的意图，还强调约定俗成的规则。不同的言语行为，其规则也各不相同。所有规则结合在一起，就构成了言语的本质，可以说，只有具备了这些规则，才能完成不同种类的以言行事行为。我们在说出任何一个语句时，必须考虑有关的背景条件，不可能完全按自己的意图以这个语句去意指任何东西。一个语句的意义只是相对于一定的背景条件才能被人们所理解。背景条件主要指言语行为的言伴、言外等语境条件。概而言之，所有这些规则构成完成各种以言行事行为的必要而充分的语境条件，研究语句的意义也就是研究完成各种以言行事行为的语境条件。

第二章　历史语境主义方法溯源：
从历史主义到历史语境主义

从发生学的角度来看,历史语境主义经历了一个从历史主义到历史语境主义的演变过程。历史主义是政治思想史研究基本的方法论原则。它在18世纪末产生,在19世纪发展成熟,在20世纪成为人文社会学科领域占支配地位的思想潮流。政治思想史研究就是伴随着历史主义原则在政治学领域的运用而出现的。它产生于19世纪后期,在20世纪30年代形成以萨拜因(G.H.Sabine)为代表的背景主义研究方法,这是政治思想史研究方法的早期形态;作为对背景主义方法的反动,以阿瑟·O.洛夫乔伊(Arthur O.Lovejoy)和列奥·施特劳斯(Leo Strauss)为代表的文本主义研究方法在20世纪50和60年代成为政治思想史领域占支配地位的研究方法。历史主义为历史语境主义的产生提供了方法论原则;政治思想史研究方法的早期发展为历史语境主义的产生提供了必要的思想基础。

第一节　历史主义的产生与发展

一、历史观念的萌芽

所谓历史观念,其含义十分广泛,指的是人们对历史的看法。要理解历史观念,就必须回答历史是什么这个根本问题。历史是什么? 就这个问题,不同文化背景和不同历史时期的人,有着不同的理解和多样的回答。通常我们所使用的"历史"一词包含两层意思:一是过去发生过的事件,二是对过去事件的理解和叙述。前者是史实,后者是史学;有关前者的理论是历史理论,有关后者的理论是史学理论。历史理论是历史的形而上学,史学理论是历史学的知识论。两者虽然都可以用"历史哲学"一词来概括,但二者是不一样的。一般说来,前者相当于所谓"思辨的历史哲学",后者则相当于"分析的历史哲学"。① 由此,历史观念就包含了两个方面的内容。第一,思想家对历史的演变发展所作的解释,以揭示历史变动的原因、历史发展的法则和历史的意义为主要内容。第二,对历史学性质和功用的研究,包括历史学家对历史的认识能力和局限、历史写作的方法和理论以及历史学与其他学科之间的关系等问题。② 因此,历史观念是与普遍主义的永恒观念相对立的一种强调发展变化的观念。按照这种观念,人类社会是一个不断演化发展的历史过程,任何社会事物的产生、发展和变化,都有其特定的理由和根据,因此必须把社会现象置于其特定的历史背景中去认识。从西方文化的发展史来看,历史观念的产生可追溯到古希腊时期。

古希腊的历史观念最早产生于神话和传说,荷马史诗正是古希腊历史观念的滥觞。荷马史诗呈现的历史观念主要有两个方面。一是"历史"无始无终。③ 荷马史诗有完整的故事情节,但整部诗篇是无始无终的,欠缺时间感。荷马史诗在时间观念上只有昼夜之间的重复周转,没有时间的前后延续,既没有一天与一天之间的差异与变化,也没有明显的四季轮回。时间感是历史观念的基础,没有时间感的历史著作,如柯林武德(Robin Collingwood)所言,只是一种"半历史"(quasi-history)。④ 荷马史诗毫无时间概念的历史叙述可能是因为它是神话,主角是神和半神半人的英雄,时间对于他们并不重要,生命的流逝似乎微不足道。二是"命运"不可违。在荷马史诗中,神参与人间事务,主宰人类命运,人类只能服从命运的安排。这反映了当时的人们对自然力的崇拜。荷马史诗承认神的决定作用,但也尊重人的力量,推崇英雄意识。因此,荷马史诗是一种神与人共同创造的"历史"。

荷马史诗之后,赫西俄德(Hesiod)的《神的谱系》(Theology)体现出一种退化的历史观念,在当时有着深远的影响。赫西俄德认为人类历史是一个逐步退化的过程:由黄金时代,下降到白银时代,再降到紫铜时代、英雄时代,最后退到黑铁时代。

古典时代后期的斯多噶(Stoics)派思想家提出了循环论的历史观念,认为宇宙在经过数个阶段的发展之后,会有一场大灾难降临,然后一切重新开

---

① 何兆武:《诗与真:历史与历史学》,载王兆成主编:《历史学家茶座》(总第 8 辑),山东人民出版社 2007 年版,第 58 页。

② 王晴佳:《西方的历史观念》前言,华东师范大学出版社 2002 年版,第 1 页。

③ 王晴佳:《西方的历史观念》,华东师范大学出版社 2002 年版,第 5 页。

④ R.G.Collingwood,*The Idea of History*,Clarendon Press,1946,p.15.

始。人类社会亦是如此,经过一段时间的发展,人类社会走向衰亡,甚至坠入深渊,然后又开始新一轮的循环。

被西塞罗誉为"史学之父"的希罗多德(Herodotus)在其著作《历史》中,关注自然和人事的剧烈变化,已经意识到了历史是一个不断延续、演化的过程,体现出很明显的注重变化的历史意识。希罗多德强调他写作该书,是"为了使希腊人和异邦人的那些值得赞叹的丰功伟绩不致失去它们的光彩,特别是为了把他们发生纷争的原因给记录下来"①,以便给后人提供借鉴。但遗憾的是,这种历史意识,并没有在希腊思想中形成真正的历史主义传统。这是因为"希腊的精神在其反历史的倾向上趋于僵化而束缚了它自己。希罗多德的天才战胜了这种倾向,然而在他以后对于知识的永恒不变的对象的追求逐渐窒息了历史意识,并且迫使人们放弃了希罗多德式的从人类过去活动获得科学知识的希望"②。

此后,柏拉图和亚里士多德虽然看到了政治生活的变化,但他们都强调普遍性而轻视历史。柏拉图的学说"以轻视历史发展的重要性的倾向而著称,这一倾向当然与柏拉图不变的精神理念作为真实的方面与变动的方面相对立的主张相联系"③。在不动不变、唯一真实存在的理念世界里,丝毫未给历史性留有余地。亚里士多德则贬低历史的价值,认为它不具备成为科学的普遍性质。在《诗学》中,他认为诗是"某种比历史更具哲学意味,更被严肃对待的东西,因为诗所描述的事带有普遍性,历史则叙述个别的事"④,诗比历史更具普遍意义。

在希腊时代,人类文明史太短暂,当时人们才走出半是神话、半是传说的灰色世界,刚刚获得自己的历史现实,神话的光辉还束缚着他们的历史感,因而希腊思想家看到的只是变动,历史处于循环甚至退步的过程之中,却"没有发展感,他们谈到原始时代时,他们很少觉得那些时代是原始的,而是把它们诗意地加以美化"⑤。由于希腊世界有文字记载的历史追溯不到很古远的时期,所以希腊的历史学家与其是认识历史,不如说是记述当时的现实。J.W.汤普森阐述了希腊历史学家的这一特征:"希腊人总是极其关心

---

① [古希腊]希罗多德:《历史》,王以铸译,商务印书馆1959年版,第167页。
② [英]柯林武德:《历史的观念》,何兆武、张文杰译,商务印书馆1997年版,第63页。
③ 韩震:《西方历史哲学导论》,北京师范大学出版社2008年版,第4页。
④ [古希腊]亚里士多德:《诗学》,陈中梅译,商务印书馆1996年版,第5~8页。
⑤ [意]克罗齐:《历史学的理论和实际》,傅任敢译,商务印书馆1986年版,第150页。

他们的当代史，而对于较久远的历史很快就变得漠不关心了，这一点确实是十分独特……他们的好奇心只追溯到前几个世纪为止，那时他们相信自己的祖先是神。""希腊人对过去不感兴趣，他们热衷于现实生活。"①希罗多德关注的是希腊与波斯的战争，修昔底德（Thucydides）记载的是他亲身参与过的伯罗奔尼撒战争，而色诺芬（Xenophon）最著名的作品描写的是他参加的一次冒险性远征。虽然他们奠定了西方历史学研究的基础，但他们的历史观念略显幼稚，停留于对历史事件的感性描述，还没有升华为成熟系统的理论形态，因而处于萌芽状态。

在中世纪，西方的历史观念弥漫着浓厚的神学色彩，但历史变化的观念有了某种程度的发展。这表现在：①历史有了某种连续、进步的性质，这是希腊人退化观所缺少的。在基督教史家的历史观念中，历史有一个开端，即上帝创世，有一个光明的未来，即千年王国。人类历史是一个在上帝光芒照耀下不断趋向天国的发展历程。②基督教史家的线性史观有某种扬弃希腊人历史循环观念的表现。在基督教史家的历史观中，人类从上帝创世到最后的末日审判，是一个一线的、不断向天国靠拢的过程。根据《圣经》的《创世篇》，这一过程须经过 6000 年。上帝在六天内创造了世界，第七天休息。上帝的一天等于人类历史的 1000 年，因而人类历史就要经过 6000 年。最后的 1000 年，即上帝的休息日，则是人类永恒的"千年王国"的到来。到那时，人类中上帝的选民进入天国，摆脱尘世的苦难，最终过上快乐而有安宁的生活。这一历史观不但为人类的未来勾画了一个永恒王国的诱人前景，而且提出了一个人类历史不断向"上"发展的思想。

基督教史家超出循环和趋向终极目标的历史观念，表明"基督教开始在历史上自觉"②。但是，这是一种虚假的历史感。虽然这种终极目标有利于历史意识的觉醒，可它为神意所决定，并不是人类自身独立的历史发展过程，人类只能按照神意行事。人类并非历史主体，历史受上帝支配。这种历史只是上帝实现其自身目的的工具。

文艺复兴时期，人文主义的历史观念逐步形成，与中世纪的神学史观相比无疑是一个进步。人文主义历史观最本质的特征就是确认了人在历史中的主体地位。上帝退隐了，人成为历史的主体。历史真正成为人的历史，人

---

① ［美］J.W.汤普森：《历史著作史》，谢德风译，商务印书馆 1988 年版，第 31～181 页。
② ［美］J.W.汤普森：《历史著作史》，谢德风译，商务印书馆 1988 年版，第 181 页。

的主体性得到彰显,人获得了自己的历史存在。在历史中,人根据自己的自由意志行动,不再受神意的干涉和支配,因此历史被视为人性自由意志的体现。人文主义历史观的另一个特征就是它吸收了古希腊的历史循环观念,反对历史的连续性。它把历史进程看成古典时代、黑暗时代、文艺复兴时代三个阶段周期性演化的过程。支配这种演化的力量是永恒不变的人性。这种循环的历史成了生与死、善与恶、幸福与灾难、兴盛与衰落的交替。与古希腊的循环史观有所不同的是,"宏观的循环变成了微观的循环,世界命运的循环变成了人生琐事的循环;过去的循环是受自然本原或精神本原的逻各斯的支配,现在的循环则成了受基本人性的支配"①。

在文艺复兴时期,人文主义的历史观念进一步促进了历史意识的成长,但是,历史主义始终没有成为文艺复兴时期占主导地位的思想。到 17 世纪,随着笛卡儿理性主义支配地位的确立,关注特殊性的历史受到了冷落甚至排斥。在笛卡儿的知识理论中,历史降到了不可靠信息材料的汇集的地位,因为历史的经验性质使它不可避免地处在被怀疑的不确定状态中。历史不仅不具有真理性,还因为它所固有的虚假成分失去了它传导经验和提供道德教育的功能。笛卡儿在《方法谈》中指出:"甚至最真诚的历史,即使它们没有完全歪曲事实或扩大事实的重要性,以便使其叙述更值得仔细推敲;但是至少同时进行一些删减总是非常普遍的现象。"②由此可见,笛卡儿否认历史知识的科学性和正确性。在笛卡儿主义支配下,理性主义既"不关心对历史的理解,也无助于对历史的理解"③。在 17 世纪,历史与哲学的对立成了二元论的两个特殊表现形式。历史关注特殊性,但不是科学;哲学追求普遍有效性,因而它排斥历史。历史与哲学成了两种分离甚至对立的知识形态。

到 18 世纪初期,在维柯那里,人们的历史意识被唤醒,历史观念进一步系统化,获得了相对成熟的理论形态,形成了基本的理论框架和逻辑起点。维柯把历史与哲学这两个过去截然分开的领域融合起来,用哲学去反思历史,从而对历史认识论和方法论作出开创性的贡献。在历史认识论方面,维柯达到了一个新的高度。首先,人类历史是人类自己创造的。维柯提出了

---

① 韩震:《西方历史哲学导论》,北京师范大学出版社 2008 年版,第 9～10 页。
② 韩震:《西方历史哲学导论》,北京师范大学出版社 2008 年版,第 12 页。
③ [意]克罗齐:《历史学的理论和实际》,傅任敢译,商务印书馆 1986 年版,第 109 页。

"真理就是创造"的命题，把人的世界与自然世界作了区分，认为人类历史是由人类自己创造的，人生活在自己创造的世界中，他既是创造者也是认识者。因此，对于人来说，历史是可以认识、可以理解的；而自然世界是由上帝创造的，对于人来说，它们是难以认识、难以理解的，只有上帝才能认识它们。其次，人类历史是一个有规律发展的过程：历史的进程是社会文化的各个方面相互联系、相互作用的有机进程，是从低级向高级发展的进化过程，是按照人类本性所具有的内在法则有规律运动的过程。① 维柯从三个方面理解人类历史进程：第一，人类社会起源于宗教、婚姻和葬礼三种制度。人类社会是由人类创造的，有着共同的起源，各民族的制度向我们提供了一些普遍永恒的原则，"根据这些原则，一切民族才被创造出来，而且现在仍生存下去"②。第二，人类历史经历过神的、英雄的和人的三个先后衔接的时代，"各民族都是按照这三个时代向前发展的"③。三个不同的时代，各有不同的本性、习俗、自然法、政体、语言、文字、法律、所有制和理性。但三个时代的基本结构是一致的，它们是三位一体的关系，从而形成一个总的整体，"这个整体就是都信仰一种有预见力的天神的宗教。这就形成和赋予了这个民族世界以生命的精神整体"④。在三个时代中，人的时代最重要。因为只有在人的时代，人们才受理性本性的支配，人才真正成为人。第三，人类历史是一种周期性的复演过程。当社会发展到一定阶段，历史创造力消耗殆尽，人们由安逸转入腐化，为了摆脱这种僵死局面，历史就会表现出某种复演，似乎重新回复到野蛮阶段，转入新的创造阶段，重演神、英雄和人三个阶段。但这种历史复演并不是简单的历史循环，柯林武德就明确指出：维柯关于历史复演"这种周期性运动并不是历史通过若干固定阶段周而复始的一种单纯的循环，它不是一个圆而是一个螺旋；因为历史决不重演它自身，而是以一种有别于已成为过去事情的形式而出现于每个新阶段"⑤。

针对笛卡儿的唯理主义体系，维柯提出了自己的历史方法论。维柯认为，并不存在固定的和静态的人类本性，人是只能历史地加以理解的存在，因为人们的心智是随着时代条件的变化而变化的。我们不能以现在的情感

① 韩震：《西方历史哲学导论》，北京师范大学出版社 2008 年版，第 36 页。
② ［意］维柯：《新科学》，朱光潜译，人民文学出版社 1986 年版，第 332 段。
③ ［意］维柯：《新科学》，朱光潜译，人民文学出版社 1986 年版，第 915 段。
④ ［意］维柯：《新科学》，朱光潜译，人民文学出版社 1986 年版，第 915 段。
⑤ ［英］柯林武德：《历史的观念》，何兆武、张文杰译，商务印书馆 1997 年版，第 77 页。

和思维方式去看历史，而必须从材料的历史状况出发，而理解历史的材料就存在于语言、神话和传说之中。

首先，语言文献学可以通过字源学的研究再现一个民族在其语言开始形成时的精神和生活状况。语言是人类内在精神的表达；在词语中储存着人类的历史。不同的时代有不同的语言，通过语言可以把握某一历史阶段的面貌；不同的民族也有不同的语言表达方式，通过研究语言的民族特征，就可以把握不同民族的历史特征。P.哈密尔顿认为，正是从维柯这种把语言和历史相结合的研究中，历史主义才兴起了。①

其次，神话也启示着历史。神话表达了民族的社会结构，反映了古代社会的现实内容，因而，神话也是历史。维柯认为，各民族的历史都是从神话和寓言故事开始的，而神话和寓言故事就是各民族最古老的历史。

最后，可以通过文物和传说来理解历史。传说并不完全真实，它是被歪曲了的关于事实的回忆，其背后有确定的事实。通过把传说与创造传说的人的历史结合起来，就能真正理解它的意义。同样，古代文物也被肢解，通过清洗、修整和复原，就可以把握它的历史意义。

维柯的观念中已经有了历史主义思想的很多成分：人类一切知识和文明起源于人类的原始心智而不是理性思维；人类历史就是人类逐步创造语言、宗教、风俗、法律、政治制度等结构的过程，是每个民族出生、发展、成熟、衰亡的过程；历史是不能割断的，过去有其价值，不要夸大现代的意义和价值，不要否定各民族的独创性和价值等。就其思想所具有的历史意识而言，维柯的成就远远超过前代，从而为历史主义的发展开辟了道路，奠定了基础，但其历史观念仍然是不成熟的历史主义。由于 18 世纪的西方处在启蒙精神的支配之下，奉行理性至上主义，人们对探讨语言、神话和宗教背后的历史意义尚缺乏兴趣和耐心，因而维柯的历史观念在当时并没有成为人们的理论共识。维柯之后，在整个 18 世纪法国的启蒙运动中，启蒙思想家的

---

① Paul Hamilton, *Historicism*, Routledge, 1996, p.36.

历史观念仍囿于理性主义观点之中。[①] 直到 18 世纪末的德国,由维柯开启的历史主义才真正成为影响巨大的思想潮流。

二、历史主义的形成

从 18 世纪后期到 19 世纪中期,在西方思想和文化领域出现了强大的浪漫主义思潮,它猛烈地冲击着史学领域,引起了近代西方史学思想的革命,极大地推动了历史主义的发展和成熟。

浪漫主义的产生,首先是对 18 世纪启蒙运动理性主义的反抗。启蒙运动崇尚理性主义,它为历史确立了理性标准,在历史领域中拒斥情感、意志等非理性的东西,完全按照理性标准来建构世界和人自身。这种理性至上主义走向极端便成为理性的专断,极大地压制了人的情感,于是浪漫主义的反抗随之而来。它"表现为情操上回复到过去,表现为政治家们维护那些值得保存的或与新生活合拍的制度"[②]。汤普森就明确指出:"浪漫主义就是对非历史的推理即理性主义的形式逻辑的反抗。是感情和想象对纯理智主义的反抗,感情对形式的反抗,个人主义对体制专横的反抗,是为富于同情的创造性的想象呼吁,反对只讲形式和内容的做法。"[③]其次,浪漫主义又是针对工业革命而发的。工业革命改变了人们旧的生活方式,有很大一部分人不能适应工业化、城市化的新生活方式,而对过去充满留恋。最后,法国大革命对欧洲的冲击,又激发了欧洲各国的民族主义意识,促使它们以历史

---

① 在法国启蒙思想家中,孟德斯鸠试图以丰富的历史事实为根据,寻找政治和法律的一般规律和原则,其思想明显包含历史主义因素。但孟德斯鸠的思想渗透着启蒙时代推崇理性的精神,轻视纯历史研究,他只是把历史当作政治、法律一般原则的例证。因此,孟德斯鸠并不是典型的历史主义者。伏尔泰是启蒙时代历史观念的典型代表,他把启蒙哲学运用于历史,把人类历史看作理性与迷信、知识与愚昧的斗争过程,以理性为历史发展的主要动力,以理性原则作为衡量史料和历史价值的标准,从而否定了神学历史观。他的理性主义历史观念建立了此后启蒙时代一切历史学家所遵循的纲领。但是,伏尔泰思想的主旨在于弘扬理性,恰恰代表了启蒙时代的反历史主义精神。卢梭的《论人类不平等的起源和基础》是其唯一具有历史感的著作,但他的思考重点并不在历史而是在社会政治问题上,他对社会政治问题的论证诉诸的主要还是理性原则。因此,卢梭的历史观念正如柯林武德所说:"不是真正历史的;在它的主要动机上,它是论战性的和反历史的。"参见[英]柯林武德:《历史的观念》,何兆武、张文杰译,商务印书馆 1997 年版,第 88 页。

② [意]克罗齐:《历史学的理论和实际》,傅任敢译,商务印书馆 1986 年版,第 210 页。

③ [美]J. W. 汤普森:《历史著作史》下卷,孙秉莹、谢德风译,商务印书馆 1992 年版,第 179~180 页。

的眼光重新审视和肯定本民族的独特性和价值。

浪漫主义思潮由卢梭开启,在赫尔德那里达到了顶峰。[①] 卢梭在《论人类不平等的起源和基础》中,用一种历史的观点看待不平等的起源和发展,在《论科学与艺术》中肯定了原始的野蛮状态要优越于文明的生活。卢梭对人类以往时代所具有的独特价值的肯定态度被浪漫主义学派继承下来并发扬光大。

赫尔德是"浪漫主义之父"[②],他对启蒙运动的理性主义历史观念进行了批判,系统表达了浪漫主义的历史观念。首先,他批评了启蒙运动以理性为标准评判历史、否定过去的思想,充分肯定过去的价值。启蒙思想家对历史的理解采用一种绝对的标准,认为近代社会一定优于中世纪。赫尔德则认为,研究历史,不能只从现在出发,任意褒贬过去,而必须充分估价各个历史阶段对于整个历史发展的意义,各个时代相对于其他时代来说都有其长处。历史的价值不在后人的评价中,而是由各个民族、各历史阶段自身表现出来的。这种认识论上的相对主义历史观念,直接孕育了以后的历史主义意识。其次,他否定了启蒙运动的普遍人性观,认为人们天生就归属于某个民族或种族群体,这些群体又由其生存环境塑造出独特的体质和精神特征,因而决不存在某种永恒不变的人性。最后,他否定启蒙运动关于各种理想可以兼容的观点,认为不同种族的感受力和想象力不同,因而都有自己的幸福观和生活理想,这些理想之间也并不是相互兼容的。[③] 赫尔德的这些思想大大开阔了人们的历史视野,使人们能够以更同情的态度去看待过去的时代,对历史主义的发展起了重要的推动作用。柯林武德充分肯定了赫尔德的贡献,他指出:"在历史学思想能作出更进一步的任何进展之前,有两件事是必要的:首先,历史学的视野必须放得开阔,以一种更同情的态度去研

---

① 对于赫尔德是启蒙思想家还是浪漫主义者的问题,学术界有分歧。西方学者大多认为他是浪漫主义者,如[英]哈多克(《历史思想导论》,王加丰译,华夏出版社 1989 年版,第121 页)和[英]柯林武德(《历史的观念》,何兆武、张文杰译,商务印书馆 1997 年版,第 98~106 页);而苏联学者如古留加(《赫尔德》,侯鸿勋译,上海人民出版社 1985 年版,第 21~201页)则把赫尔德视为启蒙思想家。我国学术界多沿用古留加的观点。实际上赫尔德的学说作为 18 世纪历史观念的总结,体现了启蒙思想向浪漫主义过渡的跨世纪转变的特征。但就其思想的主要取向而言,则无疑是一个典型的浪漫主义者。

② Isaiah Berlin, *The Roots of Romanticism*, Princeton University Press, 1999, p.57.

③ Isaiah Berlin, *The Roots of Romanticism*, Princeton University Press, 1999, pp.57-67.

究被启蒙运动看作未启蒙的或野蛮的并听任其默默无闻的那些过去的时代；第二，人性作为某种一致的和不变的东西这一概念，必须加以抨击。正是赫尔德首先在这两个方面作出了实质性的进步，但是就前一方面而言，他得益于卢梭的著作。"①

浪漫主义并非历史主义，但浪漫主义的历史观念包含历史主义的因素。第一，浪漫主义认为人类历史是一个有机的、自然的演化过程，每一历史阶段都有其独立价值；任何民族和时代的文化都有其独特性和存在的价值。第二，反对用抽象的理性原则来评判历史，强调情感、意志等非理性因素的重要性。第三，肯定各个民族的个性和独特价值。

浪漫主义的历史观念是对启蒙运动理性主义历史观的一次重要反思，它对历史连续性的强调，对过去的肯定，对各民族独特价值和个性的关注，对历史主义的形成和发展具有重要的引导意义。

从 18 世纪末至 19 世纪初，历史主义思潮在德国兴起，并成长为 19 世纪欧洲思想中占支配地位的思想潮流。如果说 18 世纪是理性主义占主导地位的世纪，受哲学概念的支配，那么 19 世纪则是历史主义占主导地位的世纪，"受历史概念的支配"②。历史主义是在启蒙运动和法国大革命之后与浪漫主义相伴随而产生的。梅尼克（Friedrich Meninecke）认为"历史主义的出现是西方思维所经过的最伟大的精神革命之一"③。它是宗教改革以来的"德国精神"的主要产物，是文艺复兴之后德国思想界对西方文化传统的又一伟大贡献，代表了人类智慧的最高形式。一般认为，历史主义思想潮流由赫尔德和洪堡特开其端，由康德、黑格尔推动，兰克（Leopolde von Ranke）集大成，在马克思等人那里得到进一步发展。

赫尔德是德国历史主义的先驱，④在历史主义形成和发展的过程中发挥了至关重要的作用。他建立起了一个以历史主义为基本特征的比较完整的历史哲学体系：摈弃了普遍的人性观念，确立了多元化的人性观念；历史地看待各个民族的文化价值，揭示出人类文化的多样性和个别性。在考察

---

① ［英］柯林武德：《历史的观念》，何兆武、张文杰译，商务印书馆 1997 年版，第 137 页。

② ［英］乔治·皮博迪·古齐：《十九世纪历史学与历史学家》，耿淡如译，商务印书馆 1989 年版，第 129 页。

③ Meninecke, Historism, In: *The Rise of a New Historical Outlook*, translated by J.E.Anderson, Routledge & Kegan Paul, 1972, p.Ⅳ.

④ 王晴佳：《西方的历史观念》，华东师范大学出版社 2002 年版，第 122 页。

各个民族、各个时代的文化价值的过程中,赫尔德充分展示了其历史主义原则。赫尔德之前的思想家都涉及历史主义的思想内涵,但都没有把它作为历史哲学的一种原则提出来。只有到了赫尔德这里,历史主义才被系统化和理论化,才被当作一项历史哲学的原则为人们所广泛接受,并在西方形成一种历史主义的方法论传统。赫尔德也就被公认为第一位历史主义哲学家。

洪堡特也是德国历史主义的重要奠基人。他通过对语言学的研究,阐述了其历史主义的基本思想,他对历史主义的贡献主要是通过语言学问题的研究展现出来的。洪堡特认为,语言是理解各民族历史的途径。语言在民族生活当中发挥着极其重要的作用,民族的语言与该民族的精神密不可分,民族的语言即民族的精神,民族的精神即民族的语言。精神是语言的核心,语言是精神力量的外在表现形式。民族精神的差异导致民族语言的差异,它体现为语言的民族特征。各民族的语言结构、属性、内涵以及各民族对客观世界的不同理解造成了语言的民族差异,反映了语言的民族性。因此,通过对语言的考察,可以建立起一个民族的历史世界,从而揭示民族的历史性。洪堡特还阐述了历史主义的方法论原则:历史认识的本质首先在于确立历史现象的真实性,然后对这些现象进行理解,揭示其中隐藏的理念。

赫尔德和洪堡特的历史主义思想是文化本位的历史主义,强调的是各个民族文化的多样性、个体性和历史性,强调各个时代、各个民族自身的特色和价值,认为每个个体都是最真实的和最独特的,每个时代都具有自身的结构和特点。

康德是德国古典哲学大师,他的思想体系具有强烈的非历史主义性质,但仍然包含着某种历史主义的因素。[①] 康德的历史观念体现在《从世界主义的观点看普遍史的思想》、《关于人类起源的猜测》和《论永久和平》之中。康德认为,历史是人类根据理性目标构造经验结构的过程,在其中,存在着历史与理性的"二律背反"。人是一种有限的理性存在,人永远无法达到所追求的至善目标,因而人是一种历史的存在。历史性体现的是人类的有限性,理性则体现着无限与自由。人作为一种有限性的历史存在,永远无法摆脱经验的历史过程的必然性而达致自由,从而形成了"二律背反"。

---

① 韩震:《西方历史哲学导论》,北京师范大学出版社 2008 年版,第 124～125 页。

康德把人类的社会性与非社会性之间的对抗看成历史朝向理性目标发展的基本条件。一方面,人在自然属性上的匮乏使人必须发展理性,而人的理性只有在社会化的状态之中才会得到发展。因此,人的理性发展只有在整个人类的历史发展之中才能完成。柯林武德对康德的这一思想给予了很高的评价:"康德在这里完成了一件丰功伟绩,他说明了为什么应该有像历史这样一种东西的存在;他说明,这是因为人是一种有理性的生物,因此他的潜能的充分发展就需要有一个历史过程。"①另一方面,人的非社会性如虚荣心、权力欲或贪婪心又驱使人走向单独化或孤立化。人的本性中的这种社会性与非社会性之间的对抗唤起了人类的全部能力,推动着人类克服自己的懒惰倾向。于是,"就出现了由野蛮进入文化的真正的第一步,而文化本来就是人类的社会价值之所在;于是人类的全部才智就逐渐地发展起来了,趣味就形成了,并且由于继续不断的启蒙就开始奠定了一种思想方式,这种思想方式可以把粗糙的辨别道德的自然禀赋随着时间的推移而转化为确切的实践原则,从而把那种病态地被迫组成了社会的一致性转化为一个道德的整体。没有这种非社会性的而且其本身确实是并不可爱的性质——每个人当其私欲横流时都必然会遇到的那种阻力就是从这里面产生的——人类的全部才智就会在这种美满和睦、安逸与互亲互爱的阿迦底亚式的牧歌生活之中,永远被埋没在它们的胚胎里"②。可见,没有这种对抗性,人类就会失去自我完善的动力。在这个意义上说,对抗是人类文明与进步的推动力和起点。

康德还讨论了实现人类永久和平的问题。他相信,战争的破坏和备战的紧张终有一天会把人们引导到理性能开始向他们讲话的地方,他们会带着长期的不幸经验,开始从野蛮的混乱状态迈向国家之间的联盟。当然,康德也理解实现永久和平的困难。他认为,只有在世界主义的和谐、自由社会组织中,才能实现普遍的善:公民自由状态、至善和永久和平等。他明确指出:"……人类的普遍意志是善的,但其实现却困难重重,因为目的的达到不是由单个人的自由协调,而只有通过存在于世界主义地结合起来的类的系统之中、并走向这个系统的地球公民的进步组织,才能够有希望。"③由于永

---

① ［英］柯林武德:《历史的观念》,何兆武、张文杰译,商务印书馆1997年版,第153页。
② ［德］康德:《历史理性批判文集》,何兆武译,商务印书馆1990年版,第7～8页。
③ ［德］康德:《实用人类学》,邓晓芒译,重庆出版社1987年版,第246页。

久和平的目的与达到这个目的的现实条件的脱节,康德的永久和平,仅仅是个理想,它的真正实现还在遥远的将来。

康德的历史观念很明显地带有从启蒙运动向历史主义转变的过渡性质,一方面,它仍是 18 世纪理性主义历史观念的一部分;另一方面,它又清楚地预示了 19 世纪历史主义的新的洞察力。康德的理论包含着许多历史主义重要原理的萌芽,如关于人类社会历史不断进步的思想,关于历史在对抗中前进的思想,关于"恶"在历史中的积极作用的思想,等等。他的这些原理后来在黑格尔的历史观念中得到了进一步的发展。[①]

黑格尔被柯林武德称为是由赫尔德所开启的历史学运动的高峰,[②]也被卡尔·波普尔称为"全部当代历史主义的源泉"[③]。黑格尔的整个哲学体系表现为以逻辑的形式所表达的历史,是一种逻辑化的历史,或抽象地表达的历史,贯穿着深刻的历史主义原则。恩格斯明确地阐述了黑格尔哲学的历史主义性质:"黑格尔的思维方式不同于所有其他哲学家的地方,就是他的思维方式有巨大的历史感作基础。形式尽管是那么抽象和唯心,他的思想发展却总是与世界历史的发展平行着,而后者按他的本意只是前者的验证。真正的关系因此颠倒了,头脚倒置了,可是实在的内容却到处渗透到哲学中……他是第一个想证明历史中有一种发展、有一种内在联系的人……在《现象学》《美学》《哲学史》中,到处贯穿着这种宏伟的历史感,到处是历史地、在同历史的一定的(虽然是抽象地歪曲了的)联系中来处理材料的。"[④]因此,黑格尔的巨大功绩就表现在"把整个自然的、历史的和精神的世界描写为一个过程,即把它描写为处在不断的运动、变化、转变和发展中,并企图揭示这种运动和发展的内在联系"[⑤]。

黑格尔的历史哲学是从考察历史方法论开始的。他把观察历史的方法大体上分为三种:第一种是原始的历史,它的特点是直观性,历史研究的对象多是史学家亲身经历过的事件,运用的材料多出于作者的耳闻目睹。第二种是反思的历史,这是较高形态的历史。它超出了直接的见闻性,上升到

---

① 韩震:《西方历史哲学导论》,北京师范大学出版社 2008 年版,第 146～147 页。

② [英]柯林武德:《历史的观念》,何兆武、张文杰译,商务印书馆 1997 年版,第 172 页。

③ [英]卡尔·波普尔:《开放社会及其敌人》,陆衡、郑一明等译,中国社会科学出版社 1999 年版,第 61 页。

④ 《马克思恩格斯文集》第 2 卷,人民出版社 2009 年版,第 602 页。

⑤ 《马克思恩格斯选集》第 3 卷,人民出版社 2012 年版,第 794 页。

了知性反思的水平，用"抽象的观念"对历史资料进行分析、整理和概括。第三种是哲学的历史，是最完善的历史方法，它是黑格尔历史哲学所采用的方法。之所以如此，首先是因为思想是人类的本质特征，历史必须和思想发生联系。其次，理性是历史的基础、源泉和推动力，历史是理性的产物，历史与思想就在理性的基础上实现了统一。最后，历史作为理性的产物具有合理性，不再是一串偶然或荒谬的事实。历史的合理性使得哲学可以观察和认识历史，从而为以思想的形式认识历史的哲学方法提供了可能。由此，历史与逻辑在理性的基础上达到了一致。因此，哲学的历史可以用逻辑与历史一致的方法，通过扬弃偶然性、杂多性和个别性，深刻地把握世界精神的本性。① 历史与逻辑一致的原则，即历史进程与"理念里的那些概念规定的逻辑推演的次序是相同的"，是黑格尔历史哲学辩证方法的突出特征之一。②

黑格尔充分阐述了理性在历史中的作用，理性是世界的主宰，人类历史只能是理性的展开与实现。他把理性视为沟通历史和哲学的关键因素。黑格尔明确地指出："哲学用以观察历史的唯一的'思想'便是理性这个简单的概念，'理性'是世界的主宰，世界历史因此是一种合理的过程。这一种信念和见识，在历史的领域中是一个假定；但是它在哲学中，便不是一个假定了。"③因此，用理性来概括历史，揭示历史的演进，是黑格尔历史哲学的主要内容。人们也只有凭借理性，才能深入历史之中，认识历史中的逻辑。正是在这个意义上，黑格尔对赫尔德的历史哲学进行了系统的修正和发展。在黑格尔看来，在理性的支配下，世界历史的进程就表现为：从历史的主体——人类的角度看，人类历史是一个从不自由逐渐向自由发展的过程；从历史的存在方式看，人类历史是一个有内在必然联系的过程；从历史的价值评价角度看，人类历史是一个由低级到高级、由不完善到完善的不断进步的过程；从历史发展的动力看，人类历史是一个内在矛盾不断产生和不断解决的过程。④

黑格尔也强调人的意志对历史发展的作用。理性决定历史的进程只是

---

①　韩震：《西方历史哲学导论》，北京师范大学出版社 2008 年版，第 172～181 页。

②　［德］黑格尔：《哲学史讲演录》，贺麟、王太庆译，上海人民出版社 2013 年版，第 35 页。

③　［德］黑格尔：《历史哲学》，王造时译，生活·读书·新知三联书店 1956 年版，第 46 页。

④　韩震：《西方历史哲学导论》，北京师范大学出版社 2008 年版，第 181～197 页。

一种原则、公理,只存在于思想中和主观的计划中。而要将这种原则付诸历史实践,必须依赖第二种力量,即人的需要、本能、兴趣和热情。这两种力量的相互作用,才能推动历史,"假如没有热情,世界上一切伟大的事业都不会成功。因此有两个因素就成为我们考察的对象:第一是那个'观念'(即理性或精神),第二是人类的热情,这两者交织成为世界历史的经纬线"①。如果把理性看成整个历史发展的规律,那么,人类的热情就是历史演变的动因,这就肯定了人的活动、人的意志在历史演化中的作用。

黑格尔论述了不同的个人在历史中的不同作用。他把社会成员分为"再生产的个人"和"世界历史个人"两类。"再生产的个人"是群众,他们的劳动是满足人类需要和维持历史发展的基础。"世界历史个人"是英雄,他们代表着世界精神,能站在时代的最高处,把整个时代都容括在自己的胸中,把这个时代的事业化成他们自己的事业。②

黑格尔还阐述了理性在世界历史中的演化过程。黑格尔认为,历史是以民族精神更替的形式来发展的,而民族精神的核心就是"自由"的意识。黑格尔以此为标准把世界历史划分为四个阶段:(1)东方世界(中国、印度、波斯和埃及);(2)希腊世界;(3)罗马世界;(4)日耳曼世界。在黑格尔看来,世界历史是自由意识的进步,东方世界没有自由,希腊和罗马是少数人有自由,而日耳曼世界则实现了普遍的自由,因此,世界的重心由东方逐渐地转移到西方。

无论是从理论内容还是从方法论来看,黑格尔的历史哲学无疑具有许多合理的东西。对黑格尔历史观的批判与继承,是马克思创立历史唯物主义的理论出发点之一。恩格斯就明确指出,黑格尔"划时代的历史观是新的唯物主义观点的直接的理论前提"③。

兰克被西方历史学家尊为19世纪史学泰斗,因其客观主义的治史方法和史学理论,也被认为是客观主义史学的宗师。兰克一生将治史的真实性作为最高目标。他认为历史学的目的在于探索和发现曾经发生过的客观存在的历史事实。兰克明确指出历史研究的"目的只不过是说明事情的真实

---

① [德]黑格尔:《历史哲学》,王造时译,生活·读书·新知三联书店1956年版,第62页。

② [德]黑格尔:《历史哲学》,王造时译,生活·读书·新知三联书店1956年版,第68~69页。

③ 《马克思恩格斯选集》第2卷,人民出版社2012年版,第13页。

情况而已"①。兰克认为,历史研究的根本任务就是弄清具体的历史事实,书写历史就是为已经发生过的历史事实和已经出现过的历史人物作"文字还原"。因而,"如实直书"就成为兰克客观主义史学的基本主张。因此,兰克非常重视档案资料的收集整理,让"亲临其境者说话",以便再现历史真相;注重对资料的考证,采用多种方法辨别史料的真伪和可信度;强调历史学家要价值中立,对历史事件采取一种超然的态度,置身于历史争议之外。

兰克极其推崇历史事实。他对事实的重视与他对历史演变的历史主义认识有着密切联系。在他看来哲学和史学是同一的,都是为了揭示现象背后的超验的真相或精神。但是,历史不但复杂,而且充满活力,具有自发和独有的特性。因此,历史哲学不可能对历史的真相作逻辑的概括。只有通过历史研究,穿透历史现象的迷雾,才能从特殊中认识历史真相。为了认清历史的真正变化,历史学家就必须对历史事实作批判性的审查,以免误解历史事件。②

兰克的历史认识已经体现出相对性的特点。在兰克看来,人们不应该抽象地看待国家和政治制度,而应该历史地考察它们的演化和发展,把国家和政治制度置于其特有的历史条件中来衡量它们的价值。很明显,这种从历史中认识国家和政治制度的作用的观点,表现出了相对主义的倾向。

虽然兰克认识到了事物的相对性,但兰克也相信历史中存在绝对的东西:上帝的干预。由于上帝创造了万物,上帝便存在于万物之中。每一个历史时代都直接与上帝沟通,而所有的时代连接起来,便体现了上帝的意志。因此,历史就有了意义,每一个历史事件构成了意义的一环。

兰克的客观主义史学在史学界具有重要的影响。阿克顿在阐述《剑桥近代史》的写作原则时就重申了兰克的基本主张。他说:"我们将力避发挥不必要的议论或拥护某一立场。撰稿者必须懂得,我们所编写的滑铁卢战役必须写得不论法人、英人、德人与荷兰人阅后都能感到满意。"③兰克的客观主义史学,以追求真实客观为治史目的,以史实准确为最高原则,将史学

---

① 〔英〕乔治·皮博迪·古齐:《十九世纪历史学与历史学家》,耿淡如译,商务印书馆1989年版,第178页。

② 王晴佳:《西方的历史观念》,华东师范大学出版社2002年版,第139页。

③ 〔英〕乔治·皮博迪·古齐:《十九世纪历史学与历史学家》,耿淡如译,商务印书馆1989年版,第617页。

研究推向了科学化的轨道。这不仅使史学成为"科学的历史学",也为后人治史提供了重要的方法论借鉴。

马克思的历史唯物主义学说的创立,是历史主义发展的一个崭新阶段。马克思在吸收并改造赫尔德和黑格尔等人历史主义思想成果的基础上,建立起了历史唯物主义。马克思历史唯物主义的实质就在于它既是"唯物的",又是"历史的",是二者的有机结合和辩证统一。而这正是马克思历史唯物主义的特色所在。首先,马克思强调历史的唯物性,重视社会生产方式即经济因素的首要性和基础性。马克思的历史唯物主义,在理解或解释社会历史现象时,确立了社会存在与社会意识之间决定与反作用的辩证关系。马克思并不否定人的价值观念、愿望激情、风俗习惯、文化传统等精神因素在历史发展中的作用,但和经济因素相比,精神因素只具有第二位的作用。强调经济因素的首要性是马克思的历史唯物主义不同于黑格尔历史哲学的关键所在。其次,马克思又强调人的历史性,充分体现了历史主义的原则。马克思认为,人是社会的动物,而社会是历史性的,因此,人是历史的动物。在人与社会的关系上,马克思认为,历史是人的历史,人是历史的创造者;人在历史中发展,也只有予以历史性的理解;没有不变的历史,亦没有不变的人性;人的发展也就是历史的发展。因此,马克思在论及唯物史观的根本原则时,把"唯物的"与"历史的"作为他的历史观的两个前提。

在马克思的唯物史观里,历史主义也是一种方法论。历史主义方法就是历史与逻辑一致的方法。这一方法要求对于动态的历史必须予以动态的考察,而不能用一种模式化或概念化的东西对其作简单的概括。在马克思看来,他的历史理论是有时空限制的,它得自于对具体历史的抽象,而不是先验地存在于历史之外;人类历史发展的阶段性和地域性,决定着任何对历史的抽象必然地要受到时间和空间两方面的限制。虽然各阶段、各民族的历史不乏规律性,但这种规律性并不是万能的和全能的。在马克思看来,人的历史性实践实现了逻辑与历史的统一,从而使他的历史主义既不同于赫尔德的历史主义又不同于黑格尔的历史主义。人是唯物史观的第一前提,是历史研究的出发点。历史研究必须从现实的前提出发,因为它所考察的历史就是现实的人的历史,而不是虚幻的东西。一方面,人既是现实物质生活中的人,又是历史发展过程中的人;另一方面,现实物质生活只能是人的领域,而历史只能是人的历史。因而,人及其社会实践实现了"唯物的"前提与"历史的"前提的辩证统一。

三、20 世纪历史主义的新发展

西方历史主义观念在 19 世纪末 20 世纪初发生了根本性的转变。从 18 世纪到 19 世纪，历史学家的研究主要集中于对历史运动本身的思考。近代科学革命以后，大部分历史学家运用自然科学的研究方法来处理历史，试图通过科学思维找出历史发展的动力和法则，进而理解现在，预测未来。他们通常认为历史的走向是进步的、向上的。但是，这种线性的进步史观在 20 世纪初期面临着深刻的危机。首先，自然科学的进一步发展使 19 世纪历史哲学中那种历史循规律发展的理论受到了挑战。物理学的革命已经展现了自然现象中的不确定性因素，并用概率代替了严格的因果律。人类历史的规律更加难以证实了。正如费尔南·布罗代尔所说："科学，这个 19 世纪信念的新的象征和信念的避难所突然一下子完全改观了，从而又出现了一种新的生活，这种生活是富有奇迹的，但却是不稳固，是经常在运动中的，因此是不可企及的……"①其次，第一次世界大战和俄国共产主义革命使得传统历史学中的欧洲中心论和那种一味追求事实的实证主义史学受到质疑，传统的历史进步观念宣告终结。赫伯特·巴特菲尔德（Herbert Butter-field）这样感叹："20 世纪对历史科学来说不是这样的幸运，这一科学遭受了造成我们时代最大灾难的两种现象的损害，这就是战争与革命。"②卡尔·霍伊西更加明确地指出："历史主义的危机，也就是世界大战以后这些年代中的历史思想的危机。"③

为应对危机，历史学家开始大力提倡对世界历史重新定向，摒弃狭隘的欧洲史，研究真正的世界史。④ 同时，对传统的思辨历史哲学进行反思，对其重新整理，勾勒新的框架。经过历史学家们的努力，20 世纪历史主义的发展呈现出崭新的面貌：一方面，思辨历史哲学被分析历史哲学所取代。思

---

① Fernande Braudel, Les responsabilites De l'historire, *Cahiers Internationaux de Sociologie*, Vol.10, 1951, p.5.

② Herbert Butterfield, *History and Human Relations*, Collins, 1951, p.160.

③ Karl Heussi, *Die Krisis des Historismus*, Dubingen, 1932, p.21.

④ 英国的杰弗里·巴勒克拉夫（Geoffrey Barraclough）在其著作《处于变动世界中的历史学》中，要求历史学家更新历史观念，对世界历史重新定向，从仅仅研究欧洲史，转而研究真正的世界史，即包括东欧、亚、非、拉美等地区的历史。王晴佳：《西方的历史观念》，华东师范大学出版社 2002 年版，第 165 页。

辨历史哲学的重点在于研究历史运动的走向,力求对人类历史演变作出合乎理性的、严密精确的解释。而分析历史哲学的重点不是有关历史进程的形而上学的争议,而是对历史认识论的深入理解。于是,对历史学的探究和解释取代了对历史本身的解释,对历史知识的研究取代了对历史现象的研究。对于历史事实,人们也不再满足于单纯的描述,而是力求对它从历史学家的认识、思想过程中进行剖析。这种历史哲学在狄尔泰、文德尔班(W. Windelband)、李凯尔特(H.Rickert)等人的著作中已见端倪,①第一次世界大战之后,在克罗齐、柯林武德那里获得了更为迅速的发展。另一方面,历史研究多样化,取代了原来兰克史学的统治地位。20世纪的历史学家对19世纪历史学进行批判,尝试重建新史学。他们认为,19世纪传统的历史学,特别是以兰克学派为代表的德国史学,已不能适应现时社会的需要和现代科学的要求。因为兰克学派史家只注重政治、军事和外交,研究范围过于狭窄,而且其所提倡的科学客观性也值得怀疑。因此,在20世纪,特别是在二战以后,首先在法国,然后逐渐地在英国、意大利和西德,历史学家把历史研究的重点转向大众的生活,进行比较性的社会和文化方面的研究,强调历史

---

① 狄尔泰、文德尔班和李凯尔特的历史哲学都强调自然科学与人文学科的对立,他们的理论是以反实证主义为宗旨的。狄尔泰将历史学视为精神科学,强调历史研究的主观性。狄尔泰认为,精神科学与自然科学是不同的:自然科学的研究对象是实物,研究方法是抽象和说明,自然科学的知识是对自然现象普遍必然性的概括;而精神科学的研究对象是个别的、主体的精神,研究方法是理解和解释,精神科学要处理的对象均是特殊的、个别的,因而精神科学之中无规律可言。文德尔班的历史哲学侧重于探讨历史研究的个别性、特殊性。文德尔班认为,历史学不同于自然科学:自然科学追求规律,历史学追求的是形态;自然科学的目的是掌握一般关系,历史研究则分析特殊事物;自然科学倾向于抽象,历史学则倾向于直观。李凯尔特也强调历史研究带有主观因素,不能运用自然科学方法。

研究中的主观性，研究模式也日益多样化。①

　　克罗齐的历史哲学是一种不同于 19 世纪的崭新的历史哲学，即历史学哲学，它为历史哲学的发展开辟了一个新的方向。20 世纪的分析历史哲学正是沿着这一方向发展的。克罗齐对以往的历史哲学（思辨历史哲学和实证主义）进行了批判。他认为，思辨历史哲学具有终极论的特征，用某种超验的东西来概括历史的发展，历史事实本身则成了填补其哲学框架的材料。而实证主义是自相矛盾的。对于事实的搜集和整理，并非易事；对于因果关

---

　　① 现代西方史学的多元化表现在历史学家不仅尝试新的研究理论和方法，同时又力图改进传统的史学模式。在法国，年鉴学派体现了史学发展的新趋势。年鉴学派的代表人物主要是费弗尔（Lucien Fevre）、布洛赫（Marc Bloch）、布罗代尔（Fernand Braudel）、勒高夫（Jacques Le Golf）等。年鉴学派的发展大致经历三个阶段：第一阶段从 1929 年至 1945 年，研究重点是历史的横向结构；第二阶段从 1945 年至 1968 年，研究重点是历史的纵向趋势；第三阶段从 1968 年至今，研究重点是历史的间断性。年鉴学派突破了传统史学的模式，建立了一种"总体史"新范式。年鉴学派研究人类总体，把历史研究的空间拓展到经济、社会、文化等人类生活的各个领域，把研究对象放在普通大众上，重视基层社会的研究；他们用"问题史学"代替"叙述史学"，强调用对问题的分析取代对事实的叙述；强调历史研究的主观性，认为历史学家要在现在和过去的交互作用中来考察历史，但在历史学家与史料之间，历史学家起着主导作用。自 20 世纪 50 年代以后，年鉴学派的影响不断增强，成为西方史学研究的典范与主流。在德国历史学界，直到 1945 年以后，兰克学派一统天下的局面才开始被打破。大体上分为两个阶段：第一阶段从 20 世纪 40 年代后期至 20 世纪 60 年代末，以维勒（Hans-Ulrich Wehler）、科卡（Jurgen Kocka）等人为代表，利用历史研究批判社会现实，检讨过去，建立"批判研究"。他们对"整体的"历史进行结构分析，注重以问题为先导研究历史，强调提出问题和解释问题而不是铺陈事实。第二阶段从 20 世纪 70 年代至今，以汉斯·麦迪克（Hans Medick）等人为代表，认为"批判研究"已经过时，目前更重要的是突出对普通人日常生活的研究。他们引入了人类学的研究方法，开展文化史的研究，强调历史可以加以叙述，不必以解释为目的，历史学家应该研究个别的人物和事件。很明显，20 世纪后期的德国史学已经与兰克学派大相异趣。英美史学在第二次世界大战之后，特别是在 20 世纪的下半期，在开拓史学新领域和新方法上作出突出贡献。从总体上来看，英美史学的突出方面是注重史学与社会科学或行为科学相结合，采用新的数理分析模式、计量分析模式和运用跨学科研究和比较研究的方法，注重使用"科学式"的论证模式，从而出现了一个新的史学研究方向：社会科学史学。在历史学与现代社会科学相结合的过程中，出现了计量史学、心理史学、新经济史、新政治史和新社会史学等几个新的史学领域。其中，计量史学影响最大，它标志着新的和"科学的"史学趋势。计量方法的采用不仅给经济史、政治史等领域的研究带来了新的手段和视角，更为实现从叙述史学向解释史学的转变提供了契机。社会科学史学不仅是 20 世纪下半期英美史学的主流，对法国、德国等国家的史学发展也产生了重大影响。

系的探寻是一个无穷尽的过程，只能在某一原因上止步，带有很大的随意性。因此，对纯粹客观的追求，只是一种"坦塔罗斯"①式可望而不可即的东西，只能是一种关于"物自体"的永恒幻想。所谓客观的历史真相只是一种假定，一种死的和无法理解的历史。但是，对于客观历史真相的放弃，并不是消极的举动，而是新认识的出发点，"我们所放弃的是我们由于不能具有从而未具有过的，因此，这样的放弃是毫无痛苦的"②。克罗齐认为，要真正摆脱旧的历史哲学的困境，必须抛开原来的思维模式和研究领域，重新开辟新的天地。

克罗齐认为维柯和黑格尔的历史主义是不彻底的，因为黑格尔的绝对精神和维柯的"理性"均是超验的东西，不能真正完成历史主义；而唯物主义的历史观则使思想受到盲目的自然需要的奴役。因此，需要把历史性从决定论和外在超验论中解放出来。与维柯和黑格尔关于历史的看法不同，克罗齐认为历史是精神不断创造的过程，精神也内在于历史之中，二者是同一的。在克罗齐看来，精神是唯一的实在，一个纯粹内在的过程，根本没有任何别的东西可以在优先地位方面与之竞争，"精神之外不存在外在的事物"③。精神过程的最高表现形式就是人类的精神生活。而精神本身就是历史，精神是历史的创造者，同时精神也是全部过去历史的结果。正是在这个意义上，历史与精神是同一的。历史是一个永恒的事件之流，在历史之中没有任何东西是固定的或永久的。行为、运动、发展和创造性的转变，就是历史过程的特点。

克罗齐充分肯定历史的价值，提出了绝对历史主义的原则。在克罗齐看来，历史就是历史，它不再依赖于任何外在的东西，只要存在着精神生活，也就存在着历史，因此，历史具有独立自存的确定性和价值。而且，历史是人类精神的产物，只存在于人类精神之中，那么历史就是可以为人类所认识和理解的。由于历史是从普遍思想出发的，因而它与哲学是同一的，甚至高于哲学。哲学只是思想中的一个因素，是历史知识的一个组成部分，即作为具体思想之中的普遍成分而存在。历史代替哲学成为知识的最高形态，一

---

① 古希腊神话中，坦塔罗斯是吕狄亚王，因把自己的儿子剁碎吃了，被罚永世站在水中。那水深至下巴，他口渴想喝水时，水就减退；他头上有果树，饿了想吃果子时，树枝就升高。

② ［意］克罗齐：《历史学的理论和实际》，傅任敢译，商务印书馆1982年版，第39页。

③ ［意］克罗齐：《历史学的理论和实际》，傅任敢译，商务印书馆1982年版，第9页。

切知识都是历史知识,历史才是唯一的和整个知识形态。克罗齐的这种历史认识论,使历史获得了至尊的地位成为完全的知识,甚至哲学也屈居历史之下。①

　　克罗齐反对实证主义对历史的消极理解,提出了一切历史都是当代史的命题。在克罗齐看来,"当代性"是一切历史的内在特征,不具有当代性的历史不是真正的历史。因为"人类所真正需要的是在想象中重现过去,并从现在去重想过去,不是使自己脱离现在,回到已死的过去"②。"历史决不是关于死亡的历史,而是关于生活的历史。"③"如果我们把自己限制在真历史的范围以内,限制在我们的思想活动所真正加以思索的历史的范围以内,我们就容易看出,这种历史和最亲历的及最当代的历史是完全等同的。"④

　　从历史的当代性这一原则出发,克罗齐区分了历史与编年史。他明确指出:"历史是活的编年史,编年史是死的历史;历史是当前的历史,编年史是过去的历史;历史主要是一种思想活动,编年史主要是一种意志活动。一切历史当其不再是思想而是用抽象的字句记录下来时,它就变成了编年史,尽管那些字句一度是具体的和有表现力的。甚至哲学史由看不懂的人去写去读时,也是编年史;甚至历史也会变成我们现在倾向于把它当作编年史去读的东西……"⑤克罗齐认为,历史是活生生的精神生命,编年史则是僵尸般的文献汇编。二者的区别不在于写作方式,而在于它们是两种不同的精神态度。一旦精神态度发生变化,二者是可以相互转化的。

　　克罗齐对历史认识当代性和主观性的强调体现了20世纪历史哲学中主观主义思潮的发展:历史哲学家试图回避对历史客观性的追求,只研究主体自身的性质和主体意识,以便超越主客观之间的矛盾。这无疑是20世纪西方历史哲学的新发展。对此,克罗齐有明确的认识:"在旧哲学里,形而上学为主(思辨为主),批判思想为辅,为次,而在新哲学中,批判思想为主,思辨为辅。"⑥

---

① 韩震:《西方历史哲学导论》,北京师范大学出版社2008年版,第414页。
② [意]克罗齐:《历史学的理论和实际》,傅任敢译,商务印书馆1982年版,第220页。
③ [意]克罗齐:《历史学的理论和实际》,傅任敢译,商务印书馆1982年版,第69页。
④ [意]克罗齐:《历史学的理论和实际》,傅任敢译,商务印书馆1982年版,第3页。
⑤ [意]克罗齐:《历史学的理论和实际》,傅任敢译,商务印书馆1982年版,第8页。
⑥ [意]克罗齐:《历史学的理论和实际》,傅任敢译,商务印书馆1982年版,第302页。

柯林武德的历史哲学与克罗齐历史哲学的旨趣是相同的,就是建立一种哲学的历史主义。柯林武德强调历史与思想的同一性,把克罗齐批判的历史哲学推向了深入,进一步突出了历史研究的主观性。

同狄尔泰、文德尔班和克罗齐等人一样,柯林武德也强调历史与自然科学的区别。柯林武德认为,历史与自然科学在研究对象、知识性质和研究方法等方面是不同的。历史的对象是事实,科学的对象则是抽象的形式;历史知识是具体的,只能在确定的时空范围内发挥效用,科学知识是一个抽象的共相世界,可以适用于所有时空条件;历史面对的是过去的事实,不能靠实验和观察加以证实,科学则可以通过实验和观察予以证实。

柯林武德强调思想在历史中的作用,认为"一切历史都是思想史"①。柯林武德认为:"历史的过程不是单纯事件的过程而是行动的过程,它有一个由思想的过程所构成的内在方面;而历史学家所要寻求的正是这些思想过程。"②历史学家必须去理解事件内部的思想,才能历史地解释事件。因为人只有具有某种思想,才会从事某种行动。思想在历史中所起的作用,与原因在科学中所起的作用一样。思想就是历史的原因。只有找到了历史行动的思想,才能真正理解历史事件。

由于历史研究的是行动背后的思想,所以历史只与"问题"相关,或只与某一问题相联系的个人行动和动机相关。在柯林武德看来,真正的历史不是研究时代,而是研究问题,人们无法知道整个时代的思想,他们只能了解因问题而引发的个人行动背后的思想。然而,历史事件是过去的行动,历史学家既不可能从经验上领会过去,也不可能通过记忆和回忆来再现过去,因此,"一切历史,都是在历史学家自己的心灵中重演过去的思想"③。

重演过去的思想就必须处理好过去的事实与现在的认识主体之间的关系。一方面,历史学家应该从一定的证据材料出发,但不能毫无思想地消极对待证据材料。柯林武德把由摘录和拼凑各种材料而建立的历史学称为"剪刀加糨糊的历史学"④。在他看来,这种历史学"实际上根本就不是历史

---

①　[英]柯林武德:《历史的观念》,何兆武、张文杰译,商务印书馆1997年版,第244页。

②　[英]柯林武德:《历史的观念》,何兆武、张文杰译,商务印书馆1997年版,第244页。

③　[英]柯林武德:《历史的观念》,何兆武、张文杰译,商务印书馆1997年版,第244页。

④　[英]柯林武德:《历史的观念》,何兆武、张文杰译,商务印书馆1997年版,第305页。

学,因为它并没有满足科学的必要条件"①,即它只涉及外在事实,而没有透过材料发现历史行动的思想。另一方面,重演历史并不是消极地屈从于别人的心灵,而是积极地批判。柯林武德明确指出:"历史学家不仅是重演过去的思想,而且是在他自己的知识结构之中重演它,因此在重演它时,也就批判了它,并形成了他自己对它的价值的判断。"②通过历史地理解过去的思想,我们就把它们合并到我们现在的思想中来了,从而促进我们自己思想的发展。

克罗齐和柯林武德历史哲学的主旨,就是从主观方面出发来重新界定历史学的性质及其功用。他们都批判了传统的历史哲学,对历史事实重新定位,强调了历史与精神或思想的同一性,突出了历史研究中主体的积极作用,因而发展了历史学的能动的、主观的方面。从历史哲学的发展来看,他们的努力的确开辟了一条新的途径,代表了历史哲学发展的新方向。③

总之,历史主义作为 18 世纪末兴起、19 世纪发展成熟的一种思潮,其构成是非常复杂的,并没有一个统一的、确切的定义。"历史主义"一词最早是德国人评介维柯的《新科学》时所用,④"历史主义"概念与"自然主义"相对,用来区别自然界与人类社会,强调历史世界(Welt als Geschichte)与自然世界(Welt als Natur)之不同,表示历史学与自然科学研究对象之间的差别。⑤ 巴勒克拉夫阐述了"历史主义"概念最初的含义:"历史主义观点的核心在于区别自然和精神,特别是区别所谓自然的世界和所谓历史的世界,即区别自然科学所研究的世界和历史学所研究的世界……一个是研究普遍规律,另一个是研究个别事实,这个根本差别决定各自要求不同的研究方

---

① [英]柯林武德:《历史的观念》,何兆武、张文杰译,商务印书馆 1997 年版,第292 页。

② [英]柯林武德:《历史的观念》,何兆武、张文杰译,商务印书馆 1997 年版,第244 页。

③ 王晴佳:《西方的历史观念》,华东师范大学出版社 2002 年版,第 192 页。

④ 吴承明:《论历史主义》,载《中国经济史研究》1993 年第 2 期。

⑤ Georg Lggers,*Geschichtswissenschaft im 20. Jahrhundert*,Vandenhoeck & Rupre-cht,1993,p.18.

法。"①以后，在不同的时期，"历史主义"概念增加了许多新的含义。②

　　在通常的意义上，历史主义既是一种世界观，又是一种方法论。作为一种世界观，历史主义强调人们只有在历史中，即在事物的发展过程中，才能认识事物的真相（Wirklichkeit）。所有人类社会的知识在本质上都应该通过历史的考察才能获得。曼德尔鲍姆（Mandelbaum）就明确指出："历史主义是这样一种信仰，它认为对任何事物性质的恰当理解和对其价值的恰当估量，只有通过考虑它在某一发展过程中的所处地位和所起作用才能得到。"③作为一种方法论，"历史主义"强调根据事物、事件、现象所借以产生的具体历史条件，从事物、事件、现象的发生和发展中对它们进行研究。历史主义者试图划分研究自然与研究历史的界限："人没有……自然，但有历史。"④他们不像18世纪的理性主义者那样，认为人类社会和自然界一样，存在着能为人类理性所认识的规律。相反，历史主义者认为人类不可能通过科学的逻辑方法认识人类自身，而必须通过人的理解（verstehen）认识人类社会。因此，在这样的意义上，"历史主义"是一种与自然科学研究方法相

----

　　① ［英］杰弗里·巴勒克拉夫：《当代史学主要趋势》，杨豫译，上海译文出版社1987年版，第19页。

　　② "历史主义"一词自从产生以后就没有确切的定义，具有多义性。历史主义最一般的含义是强调历史事件产生、发展过程中不断运动和变化的纷繁复杂性的理论。不同的学者在不同的意义上使用"历史主义"一词。费尔巴哈用历史主义一词表示历史相对主义，指全部观念和价值都是特定历史阶段，特定文明，甚至是一定民族或地域的集体的产物。因而这些价值和观念只对那些时代和文明，在更广泛的情况下，只对那些民族或地域有效。布拉尼斯区分了历史主义与自然主义，历史主义就是要对宇宙间一切实体从其历史发展过程来认识这样一种观点或思潮。黑格尔的历史主义指的是这样一种观念：人类的历史过程只不过是绝对理念自我展现的过程。克罗齐用历史主义指称绝对历史主义，一切实在都是历史，而一切知识都是历史的知识；哲学仅仅是历史学内部的一个组成部分，即作为具体思想之中的普遍成分而存在。马克思主义的历史主义是一种唯物辩证的历史主义，指的是从历史的联系和发展的基本观点去考察人类社会历史的一种原则和方法。卡尔·波普尔的历史主义指的是用理性来衡量历史的演变，强调历史的不断进步。因此，其内涵带有目的论的特征。而当代新历史主义主张用跨学科的历史视角去揭示、批判和质疑文本背后的意识形态，强调历史的文本性和文本的历史性，历史成为解构主导意识形态的独特工具。新历史主义并不是传统历史的改写，而是将历史性贯注到具体文化文本及其权力运作之中，去考察文本运作的历史性，在理论和方法论两方面均有所创新。

　　③ 曼德尔鲍姆在《哲学百科全书》（*The Encyclopedia of Philosophy*，Vol.Ⅳ，Macmillan Pub.Co & The Free Press，1967）中为Historicism所写的词条。

　　④ Jose Ortegay Gasset，*Geschichet als System*，Stuttgart，1943，p.68.

区别的人文社会学科方法论原则："历史主义的本质在于以一种个别化的方式取代对人类历史和人类力量的一般化的考察方式。这并不意味着历史主义完全排斥对人类生活的普遍合规律性和类型的探索。它甚至必须这样做，并且把这与它关于个性的意识融合在一起。"①

第二节　政治思想史研究方法的演进

一、政治思想史研究方法的最初形态：背景主义

政治思想史研究方法是伴随着历史研究方法在政治学领域中的运用而产生的。② 在 19 世纪，历史主义是占主导地位的思想潮流，历史研究方法日益成熟，被广泛运用于各个领域，政治学便是受影响最大的领域之一。在这一时期，美国政治学家基本上把政治学视为一门历史的学科。③ 他们认为历史学和政治学之间几乎没有什么差别；后者被视为前者的一个分支或一个部分。用理查德·詹森（Richard Jensen）的话来说，这一代政治学家的格言就是"历史是过去的政治，政治是现在的历史"④。因此，当时的政治学实际上是政治史，包括诸如政党史、外交史和政治思想史等内容。显然，历史方法盛行于政治学领域，成为政治思想史的研究方法，促进了作为政治学独立分支学科的政治思想史的产生。

作为政治学的一个组成部分，政治思想史是在 19 世纪中期才逐渐发展起来的。在这一时期，政治学家对政治与政治思想之间的确切关系在认识上有分歧，在一些实质性问题上侧重点也不同（例如法律、政治道德或国家等问题），但政治思想史被认为是追求普遍政治知识的基础，是富有理性的

---

① Meninecke, *Historism, The Rise of a New Historical Outlook*, translated by J. E. Anderson, Routledge & Kegan Paul, 1972, p. Ⅳ.

② 这里的政治思想等同于通常意义上的政治理论，被看作一种深入分析经典政治思想家本身著述的活动，其目的是要确定这些著述的确切含义并据此再现每本著作的政治观。［英］米勒、波格丹诺主编：《布莱克维尔政治学百科全书》，邓正来译，中国政法大学出版社 2002 年版，第 623 页。

③ ［英］艾伦·C.艾萨克：《政治学：范围与方法》，浙江人民出版社 1987 年版，第40页。

④ ［美］J.W.汤普森：《历史著作史》下卷，孙秉莹、谢德风译，商务印书馆 1992 年版，第 435 页。

政治行动的根据。① 一些政治学家开始运用历史主义方法去研究政治思想。罗伯特·布莱基(Robert Blakey)就认为:"政治真理,像所有其他真理一样,随着时间的推移而使自身发展。"②在政治思想史家看来,政治思想史应该追溯自希腊时代以来政治学演化的由来,发现政治学的基本原理,为认识政治现象和合理的政治决策提供根据。③ 政治思想史家强调历史方法是因为人们相信它是"政治的直接和真正的反映"④。在19世纪后期,政治思想史仍然被看作"政治学的历史"⑤,历史研究的目的"不是去复活过去知识的死尸……而是使今日生活更加有生气,帮助我们更加准确地观察生活中的问题"⑥。

在19世纪,由于政治思想史出现的时间还不长,政治思想史家的历史意识刚刚觉醒,对历史研究方法的自觉意识还不强,政治思想史研究所达到的实际水平还不高,因而,政治思想史及其研究方法都还处于发展的初期。当政治科学作为一门独立的学科在1903年形成时,政治思想史并没有被看作一种独立的领域,政治思想史还没有成为政治学一个独立的、成熟的分支学科。⑦

在19世纪末和20世纪初的美国政治科学中,"科学的"政治研究基本上是历史的、进化的和比较的研究(所遵奉的是黑格尔、孔德和斯宾塞的观点)。在诸如威廉·邓宁(W.A.Dunning)等人的著作中,政治理论在19世纪和20世纪相交时期成了对自古希腊至今的政治思想史的研究,其研究的

---

① [美]约翰·G.冈内尔:《政治理论:传统与阐释》,王小山译,浙江人民出版社1988年版,第18页。

② [美]约翰·G.冈内尔:《政治理论:传统与阐释》,王小山译,浙江人民出版社1988年版,第18页。

③ Robert Blakey,*The History of Political Literature*,Richard Bentley,1955,p.12.

④ Robert Blakey,*The History of Political Literature*,Richard Bentley,1955,p.6.

⑤ [美]约翰·G.冈内尔:《政治理论:传统与阐释》,王小山译,浙江人民出版社1988年版,第18页。

⑥ John Neville Figgis,*Studies of Political Thought From Gerson to Grotius*,1414-1625,Cambridge University Press,1907,p.3.

⑦ [英]米勒、波格丹诺主编:《布莱克维尔政治学百科全书》,邓正来译,中国政法大学出版社2002年版,第625页。

重点是民主思想的演变过程和对政治行为的科学理解。[①] 此后，政治思想史研究获得了迅速的发展，邓宁、麦基尔韦恩（C.H.Mcllwain）和萨拜因等人的政治思想史著作相继出版，他们的教科书和研究方法自 1900 年以来一直统治着政治思想史领域。到 30 年代，政治思想史著作形成了一个流行并且独特的派别。

邓宁在 20 世纪初的近二十年间出版了有影响的三卷本著作《政治学说史》（《古代和中世纪政治学说史》《政治学说史：从路德到孟德斯鸠》《政治学说史：从卢梭到斯宾塞》），"对本学术领域作为一门独特学科的建立，对后来支配该学科几十年的基本问题和观点的确立，都作出了卓越贡献"[②]。邓宁认为，政治思想不但包括政治著作，而且包括反映在国家法律制度中的操作思想和一个社会具有的政治意识。政治思想史就是"不断的改造，人类的政治意识通过这些改造活动而流传至今"[③]。邓宁强调历史方法的重要性，认为归纳的历史方法是政治学的关键，政治思想史是政治学的核心。邓宁主张通过分析自柏拉图至今的经典著作及其历史环境去追溯西方政治思想传统的发展由来。在邓宁看来，阐释政治思想的发展与政治现实是相联系的，阐释主要是为了表明自古希腊人开始的进化进程在现代西方的政治制度和政治学中达到了顶峰。因此，政治思想史的研究和经验与政治学的实践是互相补充的。强调历史研究方法是对遐想的补救办法，对政治思想的研究是对政治现象更深入的研究，它超越了静态形式主义的制度分析，抓住了社会活动的动力。[④]

在邓宁之后，也有很多学者研究政治思想史，强调历史方法的作用。威洛比（W.W.Willoughby）重视政治思想史的研究，认为政治思想的作用就是建立科学的政治学的概念和原则，而政治思想史就是这项计划的核心部分。

---

① ［英］米勒、波格丹诺主编：《布莱克维尔政治学百科全书》，邓正来译，中国政法大学出版社 2002 年版，第 625 页。

② ［美］约翰·G.冈内尔：《政治理论：传统与阐释》，王小山译，浙江人民出版社 1988 年版，第 19 页。

③ William A.Dunning, *A History of Political Theories：Ancient cnd Medieval*, Macmillan, 1902, p.8.

④ ［美］约翰·G.冈内尔：《政治理论：传统与阐释》，王小山译，浙江人民出版社 1988 年版，第 19 页。

历史方法的研究对科学理解十分重要,历史的方法不需要辩护。[①] 雷蒙德·格特尔(Raymond G.Gettell)于 1924 年出版了《政治思想史》,强调要追溯"与历史、制度和思想背景有关的政治思想发展的由来"[②]。格特尔认为,政治思想史的撰写创造了具有内在价值的知识,政治思想史提高了政治思想的精确性和明晰程度,强调它与现实政治的相关性,因为它为民主社会中的合理行动提供了基础。[③] 麦基尔韦恩则指出政治思想史是为了说明我们关于国家和政府的思想的发展,说明关于政治责任基本问题的思想的成长。这个进化过程始于古希腊,在那里我们找到了组成欧洲文化核心部分的那股思想之流的最初源头。[④]

1937 年,萨拜因首次出版《政治学说史》,该书"对近年来美国国内政治理论研究产生的深刻影响远远超过任何其他一部著作"[⑤]。《政治学说史》是运用传统的历史主义方法研究政治思想的经典之作,代表了 20 世纪上半期政治思想史研究的最高水平,是政治思想史研究方法趋于成熟的典型标志。

萨拜因把政治思想看成人类为了有意识地理解和解决其群体生活和组织(group life and organization)中的各种问题而作出的种种努力。因此,我们必须根据人类有效组织群居生活的背景并在这样一种境况中来理解政治思想。在这个意义上讲,政治思想"是一种知识传统,而且政治理论的历史也是由人们因时间的变化而对政治问题的看法的演化而构成的"[⑥]。在萨拜因看来,政治思想主要是"指对政治问题所做的那种'受过规训的'探究"(the disciplined investigation)[⑦]。因此,政治思想"乃是在一个特定的地区

[①]　Westel Woodbury Willoughby,*The Political Theories of the Ancient World*,Longmans,Green,1903,p.7.

[②]　Raymond G.Gettell,*History of Political Thought*,Oxford University Press,1924,p.5.

[③]　Raymond G.Gettell,*History of Political Thought*,Oxford University Press,1924,pp.17-19.

[④]　Charles H.Mcllwain,*The Growth of Political Thought in the West*,The Macmillan Company,1932,p.3、201、390-392.

[⑤]　David Easton,*The Political System:An Inquiry into the State of Political Science*,Alfred A. Knopf,1953,p.249.

[⑥]　[美]乔治·萨拜因:《政治学说史》,邓正来译,上海人民出版社 2008 年版,第 12 页。

[⑦]　[美]乔治·萨拜因:《政治学说史》,邓正来译,上海人民出版社 2008 年版,第 12 页。

(亦即我们今天称之为希腊的古希腊人居住地)并在一个较为具体的时间
(即在公元前 5 世纪期间)被创建起来的"①。萨拜因认为,政治思想传统不
是一种分析架构,而是一种具体历史现象,是对政治危机和社会危机的反
应,"政治理论隐藏在政治危机和社会危机的裂缝中间"②。因此,每一种政
治思想都和十分具体的形势有关,那么,重新复原这种形势,尽可能地回顾
产生这种思想的时间、地点和环境,始终是理解政治思想的重要因素。

之所以要从产生政治思想的背景去理解政治思想,不仅因为政治思想
同产生它的社会政治环境"始终是以一种精致且微妙的方式纠缠在一
起"③,是社会政治环境的产物,还因为政治思想"实是整个政治过程的一个
内在要素"④,增强了我们对当前的认识,"是人们指导行动的因素"⑤。萨拜
因明确指出他是从一种社会相对论(social relativism)的视角去撰写西方政
治思想的整个历史,⑥因为"一方面,政治理论始终是哲学和科学的一部分,
亦即将当下可获致的相关的思想文献和批判性文献应用于对政治的认识。
另一方面,政治理论又是一种对道德、经济、政治、宗教和法律等问题的探
究——而不论那些提出所需解决之问题的历史情势和制度情势究竟是由哪
些因素构成的"⑦。这就是说要理解一种政治思想就必须把它放在具体的社
会政治环境中去把握,把它看作对某种政治现实的反映。因此,这种从产生
政治思想的社会政治背景的视角去研究政治思想的方法可被称为背景
主义。⑧

综上所述,从 19 世纪中期至 20 世纪 30 年代末期,以邓宁、麦基尔韦恩
和萨拜因等人为代表的政治思想史家,尽管研究的侧重点各有不同,但他们

---

①　[美]乔治·萨拜因:《政治学说史》,邓正来译,上海人民出版社 2008 年版,第 12 页。
②　[美]乔治·萨拜因:《什么叫政治理论?》,载[美]詹姆斯·A.古尔德、文森特·V.瑟
斯比主编:《现代政治思想》,杨淮生译,商务印书馆 1985 年版,第 12 页。
③　[美]乔治·萨拜因:《政治学说史》,邓正来译,上海人民出版社 2008 年版,第 14 页。
④　[美]乔治·萨拜因:《政治学说史》,邓正来译,上海人民出版社 2008 年版,第 14 页。
⑤　[美]乔治·萨拜因:《什么叫政治理论?》,载[美]詹姆斯·A.古尔德、文森特·V.瑟
斯比主编:《现代政治思想》,杨淮生译,商务印书馆 1985 年版,第 19 页。
⑥　[美]乔治·萨拜因:《政治学说史》,邓正来译,上海人民出版社 2008 年版,第 7 页。
⑦　[美]乔治·萨拜因:《政治学说史》,邓正来译,上海人民出版社 2008 年版,第 7 页。
⑧　本书为了表述的方便,把萨拜因的注重政治思想背景的研究方法称为背景主义,不
过这种研究方法在本质上是一种传统的历史研究方法。因此,在本书中,背景主义与历史主
义是同一词。

所采用的研究方法具有一致性:"他们的基本倾向都是历史主义的。"①他们的著作贯穿着历史主义观念,即认为所有的政治思想"只能说它们是历史形势的产物"②。根据这种观点,政治思想史家唯一有意义的任务就是试图理解形成特殊政治思想的真实条件。任何政治理论"如果是远远超越自己时代的政治理想,那就是无益的"③。萨拜因概括了这种研究方法的主要特征:"如果我们想理解作为人类扩展部分的政治理论的性质,那么我们就必须根据政治理论发展的背景去理解它。"④因此,背景主义是从 19 世纪中期至 20 世纪 40 年代政治思想史研究方法最初的、典型的形态。

二、观念史研究方法:文本主义

在 20 世纪上半期,以洛夫乔伊和施特劳斯为代表的一些学者开始了观念史研究,他们提倡的观念史研究方法在 20 世纪 50 和 60 年代取代背景主义成为西方政治思想史领域占支配地位的研究方法。观念史研究方法把经典文本作为研究对象,注重对经典文本的理解,特别是一些伟大思想家的经典文本。⑤ 这种以经典文本为中心,注重解读经典文本的研究方法可称为

---

① [美]戴维·伊斯顿:《现代政治理论的衰落》,载[美]詹姆斯·A.古尔德、文森特·V.瑟斯比主编:《现代政治思想》,杨淮生译,商务印书馆 1985 年版,第 387 页。

② [美]戴维·伊斯顿:《现代政治理论的衰落》,载[美]詹姆斯·A.古尔德、文森特·V.瑟斯比主编:《现代政治思想》,杨淮生译,商务印书馆 1985 年版,第 387 页。

③ [美]戴维·伊斯顿:《现代政治理论的衰落》,载[美]詹姆斯·A.古尔德、文森特·V.瑟斯比主编:《现代政治思想》,杨淮生译,商务印书馆 1985 年版,第 387 页。

④ [美]乔治·萨拜因:《政治学说史》,邓正来译,上海人民出版社 2008 年版,第 18 页。

⑤ "文本"一词来自英文 text,也译为"本书"。这个词广泛应用于语言学、文体学、文学理论与批评中。但它含义丰富而不易界定,给实际运用和理解带来一定困难。对语言学家来说,文本指的是作品的可见可感的表层结构,是一系列语句串联而成的连贯序列。文本可能只是一个单句,例如谚语、格言、招牌等,但比较普遍的是由一系列句子组成。文本和段落的区别在于,文本构成了一个相对封闭、自足的系统。洛特曼指出,文本是外观的,即用一定的符号来表示;它是有限的,既有头又有尾;它有内部结构。罗兰·巴特(Roland Barthes)认为文本一方面是能指,即实际的语言符号以及由它们所组成的词、句子和段落章节,另一方面是所指,即固定的、确定的和单一的意思,为表达这种意思的正确性所限定。因此,在语言学的意义上,文本是指语言的实际运用形态,是根据一定的语言衔接和语义连贯规则而组成的整体语句或语句系统。文本最通常的含义是:"任何由书写所固定下来的任何话语。"保罗·利科:《解释学与人文科学》,陶远华、袁耀东译,河北人民出版社 1987 年版,第 148 页。本书所使用的文本指的是政治思想史上的经典作品本身。

文本主义。

在西方学术界，"思想史"在英语里有四种不同的表述方式：History of Ideas，Intellectual History，History of Concept 和 History of Thought，可依次译为"观念史""智力史""概念史""思想史"。"观念史"初创于美国，"智力史"源于法国的 histoire des mentalités（心态史）[1]，"概念史"是德语 Begriffsgeschichte 的翻译[2]。这三种用法，代表了英、美、法、德等国家不同的观念史探索角度。而与"思想史"直接对应的 History of Thought 反倒偏离真正意义上的观念史而更倾向于哲学史。[3] Intellectual History 主要是指心智、知识、精神等内容；History of Thought 更多地指"思想"（thought）这样的观念性内容。前者的外延更广，而后者稍窄。但实际上，它们之间有着内在的一致性，指的是一种超越现实实践层面的精神上的观念力量。[4]

观念史追踪人类各种观念的起源、发展、衍变和相互影响，观念史的任务是描述特定历史时期的思想观念，说明它们在不同时代的变异。它与哲学史的区别在于：哲学史关注诸如生活的目的、善与恶等一般思想的发展，

---

① 法国心态史的主将是年鉴学派的代表人物之一吕西安·费弗尔。费弗尔认为，心态史有助于重新发现往昔每一个思想体系的原义，理解它们的复杂性和生命变化，从而废除那些旨在界定往昔思维方式却使之蒙上迷雾的概念化标签。智力史家的主要任务是考察观念或意识形态与社会现实的关系。但在考察这类关系时，研究者必须摈弃"影响""决定论"之类的东西，尽可能采用其他更有效的方式。费弗尔严厉地批评将观念史抽象化的倾向。他认为，这种忽视具体事实的历史，不但把观念或思想体系从其赖以产生的环境中孤立了出来，而且全然忽视了它们与各种社会生活形式的具体关系。它所建构的是一个抽象世界，在那里，思想似乎不受任何限制，因为它并不依赖任何东西。与洛夫乔伊的观点相反，费弗尔特别重视思想史上的"山峰"，因为精英阶层比缺乏教育的阶层能更全面地使用时代所提供的智识装备。曹意强：《什么观念史？》，载《新美术》2003 年第 4 期。

② 德国概念史的特色是从语义学出发探索观念的生命史。它源于狄尔泰的精神史，二战后通过埃里希·罗特哈克尔等人创办的《概念史档案杂志》而得以复兴。从 60 年代后期起，德国学者开始编撰多卷的《历史中的基本概念：德国政治与社会语言历史原理辞典》和《法国政治和社会基本概念手册》。他们力求将概念与政府、社会和经济上的结构变化联系起来，从而决定什么群体、阶层或阶级在危机、冲突和革命发生前后运用或拒绝过什么概念。他们认为，只有把 terra、Land、dominium、Herrschaft 这类词语或概念放回到原初的历史时刻，观念史家才能理解它们的确切含义，才能准确地描述与之相应的社会制度。Melvin Richter，Begriffsgeschichte and the History of Ideas，*Journal of the History of Ideas*，Vol.48，Issue 2，1987，pp.247-263.

③ 曹意强：《什么是观念史？》，载《新美术》2003 年第 4 期。

④ 李宏图：《西方思想史研究方法的演进》，载《浙江学刊》2004 年第 1 期。

而观念史则关注对这类思想的变化性思考历程。其研究对象是 idea,据博厄斯(George Boas)统计,它至少有 25 个意思,其中最常见的两个意义源于希腊语:即"所知之物"(that which is known)与"所感知之物"(that which is perceived)。① 不同的思想家对它有不同的理解。柏拉图把它视作"概念"的同义词,用它指一种独立于人类心灵的外部存在。黑格尔断定它是一种创造性力量,马克思说它是上层建筑的组成部分,而伯克则认为它是直感经验。②

观念史原本是哲学史的一个支脉。亚里士多德在《形而上学》中对前人学说的评述,可算是西方观念史的开端。这种模式,直到文艺复兴时期才有所突破,逐渐扩大了它的范围,视"一切技艺与科学"为思想研究的对象。

观念史这一概念最早的起源可追溯到维科,他在《新科学》第二卷论述诗性玄学时,把 storiadell'umane idee(人类观念史)定为"本科学系定理的第三个主要方面",并明确提出了观念史的基本任务:"这种观念的历史,要提供各民族所用的应用科学以及现在学者们所钻研的各门思辨科学这两方面的粗略起源。"③该科学系定理的另一个主要方面是"哲学批判"。维科甚至说这种批判精神产生于观念史。特别重要的是,维科认识到观念有赖于语言媒介而存在,他发扬文艺复兴人文主义修辞学传统,从语言学的角度批评了前人的思想,这为观念史的未来发展奠定了一个重要的方法论基础。与维科一样,赫尔德也把语言当作观念的载体。

观念史的前期发展与哲学史不分家。我们难以在哲学史范畴之外,发现观念史特有的规范与方法,它甚至是一种非正式的研究传统。在 19 世纪

---

① "观念"一词是哲学史久为人知的一个词语,并且素来就是哲学的中心词汇之一,可以说整个一部西方哲学史就是一部观念史。从词源上来说,观念(idea)一词源自古希腊词 ειδοξ 和 ιδεα,与动词 idein(看)及 eidos(形式)同根,字根的意思是指目力所及事物的外在形象。后来,观念的意义在字根义上产生了延伸,即由表示外在形象转义为表示内在于事物的能被人所"看到"的形式和本质。这一延伸源自一个隐喻:如果用眼睛看世界得到的是世界的外部形象,而用心灵的眼睛去"看"得到的就是内部的结构和形式。在西方哲学史上最早使用"观念"(idea)一词的是柏拉图。柏拉图所使用的观念指的是一种独立于人的心灵的存在,强调的是心灵所见对象的外在的实体性,即在看待眼睛所见的对象和心灵所见对象之间,后者更具有实在性。柏拉图对观念的理解奠定了观念内涵的基调。李冬冰:《新观念新道路:启蒙语域下的洛克观念论研究》,安徽人民出版社 2007 年版,第 2~3 页。

② 曹意强:《什么是观念史?》,载《新美术》2003 年第 4 期。

③ [意]维柯:《新科学》,朱光潜译,商务印书馆 1989 年版,第 171~172 页。

末，真正的观念史研究才开始出现，代表人物是布克哈特、阿克顿、伏尔泰、狄尔泰和黑格尔等。^① 以布克哈特的著作《意大利文艺复兴时期的文化》为典型的文化史的诞生，使历史研究突破了哲学史和政治史的局限，从而为观念史的独立进一步创造了条件。文化史旨在探索宗教、神话与艺术等创造领域里的人类"精神"。文化史的诞生，给予观念史以新的促进。随之很快出现了下列特指智力史的术语：History of Thought（思想史）、History of Civilisation（文明史）、Mental Culture and Progress（文化心理与进步）、History of Morals（伦理史）、Spirit of Rationalism（理性主义精神）、Intellectual Development（智力发展）、History of Particular Ideas（特定的观念史）等。这后两种说法表明，我们如今所理解的观念史已基本成形。^② 阿克顿认为，历史研究的课题就是洞察和把握隐藏在历史背后的观念，观念有着自己的传统，从古至今以它们自己的方式在发展，在这一演进中，观念远远超过法律的地位。阿克顿明确指出："我们的任务是把握观念的演进，观念不是公共事件的结果而是原因。"^③伏尔泰确信人类心灵是历史研究的合适对象。他认为政治史是外在变化的故事，而人类的心智是随宗教、哲学、艺术与科学的各个发展阶段才进入现时状态的。他把人类在理性指导下的自我升华意识看作历史的本质内容。

狄尔泰被认为是世界近代观念史之先驱，他把观念史确立为历史研究的重要领域，并建立起了观念史研究的方法论。^④ 狄尔泰的精神科学（Geisteswissenschaften）对现代观念史的兴起具有最直接的影响。他把意识反应视为历史的重要事实，并认为我们对往昔的理解，始于探讨象征符号系统，终于发现其所承载的意义，因而一切文化史都是观念与意义的历史。"精神"观念的引进，是观念史从哲学史分离出来的一个关键步骤。从某种角度看，观念史等于精神史。此外，狄尔泰的移情理论和阐释学方法成为现代观念史或智力史的基本工具。

黑格尔更是把"精神"视为历史的生命动力。对他而言，思想史是依据

---

① Franklin L.Baumer，*Modern European Thought：Continuity and Change in Idea*，1600-1950，Macmillan Publishing Co.，Inc.1977，p.3.

② 曹意强：《观念史的历史、意义与方法》，载《新美术》2006 年第 6 期。

③ Franklin L.Baumer，*Modern European Thought：Continuity and Change in Idea*，1600-1950，Macmillan Publishing Co.，Inc.1977，p.2.

④ 李宏图：《西方思想史研究方法的演进》，载《浙江学刊》2004 年第 1 期。

观念而显现的文化事实和重要的生活形式，哲学是文化的观念化表现。而它们在各个时代、各个阶段和各个领域的显现皆受"时代精神"的支配。

这一时期的历史学家反对实证主义和科学决定论，认为观念在人类行为中起着相当重要的作用，观念体现和影响着人们的行为。历史学家们的这一看法直接促进了观念史研究的兴起。

从一个学科的角度来说，观念史形成自己明确的研究对象、研究主题和研究方法是在 20 世纪上半期。一大批历史学家、哲学家和社会学家投身观念史研究，使观念史研究成为一个重要的学术领域。梅尼克是观念史研究的重要代表人物，他扩展和深化了狄尔泰的研究方法，并把这种方法运用于政治思想史研究。与此同时，一批观念史家如伯哈德·格罗休伊森、费德里克·查保德、丹尼尔·莫奈特、保罗·哈泽德、赫伯特·巴特菲尔德和巴兹尔·威利等在欧洲出现，进一步促进了观念史研究。这一时期欧洲各国观念史的名称和研究状况有所不同。在法国，观念史（Historie des Idees）很难立足，并不存在观念史这样一个概念，更谈不上成为一个学科，有关内容常常被称为心态史、心理史学、社会观念史和社会文化史。在德国是思想史（Geistesgeschiechet）占支配地位，而在意大利，思想史（Storia intellectual）则没有出现。①

洛夫乔伊是现代"观念史的主要创始者"②，他致力于观念史研究，并把它发展成一个学科，使观念史有了自己的研究对象和方法。洛夫乔伊于1927 年创立了"观念史俱乐部"，后又创办了《观念史学刊》。1936 年，他出版了《存在巨链——对一个观念的历史研究》（*The Great Chain of Being*）③。此后，洛夫乔伊还发表了《观念的历史编纂学》（1938 年）、《现在的观点和过去的历史》（1939 年）、《历史观念史的反思》（1940 年）等论文，从方法论上阐述了观念史的研究。1959 年，洛夫乔伊领导创立了"国际观念史协会"（International Society for the History of Ideas），表明观念史研究已

---

① Dominick LaCapra and Srteven L.Kaplan(eds)，*Modern European Intellectual History：Reappraisals and New Perspectives*，Cornell University Press，1982，p.13.

② Preston King（ed），*The History of Ideas：An Introduction to Method*，Croom Helm，1983，p.8.

③ 《The Great Chain of Being—A Study of the History of an Idea》已被译成中文，名为《存在巨链——对一个观念的历史研究》，张传有、高秉江译，江西教育出版社 2002 年版。

成为西方思想史研究领域的主流。①

　　洛夫乔伊系统地阐述了他的研究对象:单元观念及承载这些单元观念的经典著作。洛夫乔伊所说的单元观念是指构成各种学说的基本单位,包括各种概念、范畴、假设,如政治思想史领域内的"自然权利""社会契约""权力分立"等。这些单元观念是人类思想的基本成分,是人类思想演进的关键环节,影响或者决定着人类思想的发展。观念史考察的就是各个单元观念出现、孕育、发展和组合进入各种思想系统的过程。观念本身似乎就获得了某种独立的生命力,只不过需要借助于思想家的思想母体,才能发育成熟。因而,观念史把单元观念及承载这些单元观念的文本作为自己的研究对象。洛夫乔伊指出:"我所说的观念史,指的是某种比哲学史更具体,但同时又更少受限制的东西。其区别主要在于它所关注的单元观念的特征。虽然,在很大程度上,它所处理的材料跟其他思想史各分支相同,并极大地有赖于它们先前的工作,但它以一种特殊的方法分化那种材料.将它的各部分组合成新的群集和关系,并从一个特殊目的的立场去看待它。可以说,它的初始程序与分析化学有些类似,尽管这个类比有其危险性。例如,在处理哲学学说的历史时,它切入那些明确的个体体系,并为它自身的目的,将它们分解成各个构成要素,即分解成我们所说的单元观念(unit-ideas)。"②

　　观念史所针对的并非"体系"或"主义"之类的东西,而是这些体系和主义中的基本成分,亦即洛夫乔伊所谓的"单元观念"。他相信,某种基本的"单元观念"存在于西方思想基础之中。"单元观念"是"永久的动态观念,在思想史上产生影响的观念"。早在 1905 年,洛夫乔伊便提出了"单元观念"的概念,而剖析这类观念成了他的方法论核心。不过,他并未对什么是"单元观念"给出明确的定义。他的"单元观念"具有各种形式,他在《存在巨链——对一个观念的历史研究》中所列举的几类,也许最近其意:明确或隐晦的假说,辩证的动机,对形而上学情念的易感性,早期西方思想史上所阐明的单个关键命题。

　　由于任何哲学家或学派的整个学说体系,几乎都是复杂而多元的综合体,因此,从任何思想体系或主义中,都可以分解出上述种和类型的"单元观

　　①　李宏图:《西方思想史研究方法的演进》,载《浙江学刊》2004 年第 1 期。
　　②　[美]洛夫乔伊:《存在巨链——对一个观念的历史研究》,张传有、高秉江译,江西教育出版社 2002 年版,第 2 页。

念"。这类体系,更带宗教运动而非科学假说色彩,没有内在一致性,不过是各种各样的单元观念的群集而已。洛夫乔伊认为,哲学家研究的是大的体系,而观念史家关注的则是其单元成分。大多数哲学体系的原创性,在于其模式(patterns),而非组成成分。由于构成思想复合体的"单元观念"的数量是屈指可数的,所以,许多哲学体系的新意,完全有赖于运用与组合这些体系中的古老成分的新颖性。

在洛夫乔伊看来,重视单元观念就是关注"观念成分的连续性",而非否定包容这些成分的模式。分析这类因素,有助于说明被研究的哲学家思想中的组成部分,而理解其思想中的这些要素,对于理解其整体思想至关重要。

洛夫乔伊之所以重视单元观念的连续性,是因为他相信这些单元观念具有自己的生命历史。洛夫乔伊明确指出:"观念史是对个别观念的整个生命史的研究。在这一探究中,研究者运用恰当的批评文献,追溯其中任何一个观念在历史场景上所扮演的许多角色,它所展示的不同方面,它与其他观念的交相辉映,冲突和联盟,以及不同的人们对它的反应。"[①]

当然,洛夫乔伊也认识到,论及观念的生命史并非说这些单元观念可以脱离提出这些观念的人物或表述它们的著作而存在。强调它们的生命史,有助于研究者从历史的观念去看待人类思想的发展。一旦观念史家确定了单元观念之后,其任务便是追溯它在不同时间、不同领域里的种种表现形式,以便揭示原初观念所经历的沉浮变迁。洛夫乔伊正是以这种方式,有效地勾画出了"伟大的存在巨链"这一西方重要观念的历史,追溯了构成"存在之链"的三个环节,即充裕(plenitude)、连续(continuity)和渐进(gradation)的观念。[②]

洛夫乔伊重视观念史的基本范畴,特别强调了跨学科研究的必要性。他罗列了 12 个方面,实际已涵盖如今盛行的交叉学科之主要内容,包括语言学"跨语境"研究:哲学史、科学史、某些民俗学和人种学方面、语义学、宗教信仰和神学教条的历史、文学史(亦即普遍流行的那类特殊民族或语言的文学史)、比较文学、艺术史和艺术趣味变化史、经济史和经济理论史、教育

---

① [美]洛夫乔伊:《观念史研究方法》,载《新美术》2003 年第 4 期。

② Daniel J. Wilson, *Lovejoy's The Great Chain of Being after Fifty Years*, JHI, Vol.48, Issue 2, 1987, pp.187-206.

史、政治和社会史、社会学的历史部分。①

洛夫乔伊反对以重要的思想家为主线撰写观念史的做法，这对以后的观念史研究产生了深刻的影响。他指出，思想史上的"山峰"固然重要，但"低谷"也不容忽视，事实上许多观念是经由次要的思想家和通俗作家的著作而延续、扩散其生命的。像神话故事的流传方式一样，精英圈子里产生的伟大哲学思想也会漫延到各种阶层的人群中去。在传播的远程中观念必然发生蜕变，甚至衍生出不合原义的新义。纯粹以伟大的思想家的观念讲述故事，难免歪曲观念史的真实。②

观念史研究的另一个重要代表人物是施特劳斯。施特劳斯主要是一位政治哲学家，③他明确表示，他研究政治哲学史不是出于对历史的好奇去探索古典问题，以便从学术上重新确定经典著作的含义，而是为了寻找化解当前西方危机与现代危机的出路。④ 施特劳斯认为，"我们时代的危机，西方的危机"要求我们研究政治哲学史，重新审视西方传统之内政治思想发展的进程，目的是要分清谬误与真理，重新建立过去的关于政治现象的知识，尤其是被遗忘和埋没了的关于美好的政治社会本质的知识。⑤

在施特劳斯看来，西方实际的政治和社会危机从根本上说是一场以政治哲学的衰落为特征的更为深刻的理论危机的结果，因而，西方的普遍危机

---

① ［美］洛夫乔伊：《观念史研究方法》，载《新美术》2003 年第 4 期。

② 曹意强：《什么是观念史？》，载《新美术》2003 年第 4 期。

③ 施特劳斯认为，应将政治哲学同一般的政治思想区别开来。就人们通常的理解而言，政治思想是对政治观念的反思或阐释，而政治观念是有关政治的基本法则或要素的印象、意见、幻想等。因此，可以说一切政治哲学都是政治思想，但不能说所有的政治思想都是政治哲学。政治思想不涉及意见与知识的区别，而政治哲学就是要用关于政治的基本法则或要素的知识取代关于它们的意见。政治哲学也不同于政治理论，通常所理解的政治理论指的是对政治状况的广泛反思，它可以导致广泛的政策建议。这样的反思最终诉诸为公众意见或舆论主体所认可的原则，也就是说，它们武断地假定了很值得怀疑和探究的原则。政治哲学亦不同于政治科学。施特劳斯认为，政治哲学同政治科学原本是一回事，都是指对人类事务的包罗万象的研究。然而，随着哲学与科学的分野，以及现代自然科学权威地位的确立和哲学作为科学之科学地位的丧失，哲学同科学的区别被引入了关于人类事务的研究，于是便有了非科学的政治哲学与非哲学的政治科学之分；而且以前属于政治哲学或政治科学的内容现在归入了经济学、社会学和社会心理学的名下。

④ Leo Strauss, *The City and Man*, Rand McNally, 1964, p.1.

⑤ ［美］约翰·G.冈内尔：《政治理论：传统与阐释》，王小山译，浙江人民出版社 1988 年版，第41～42 页。

就是"政治哲学这一特殊学科的危机"。① 所以，要解释和解决现代危机，就必须研究政治哲学传统，分析政治哲学衰落的原因，以探询应对危机之道。

施特劳斯把政治哲学看成一种"追问政治事务之自然（nature），追问最好或正义之政治秩序"的活动，②它企图用关于政治事务本质的知识取代关于政治事务本质的看法，尤其是用关于正义的政治秩序的知识取代关于政治事务本质的看法。③ 在施特劳斯看来，政治哲学由苏格拉底开创，经柏拉图和亚里士多德得到充分发展，在近代开始退化，到当代"陷入一种衰败状态"④。政治哲学陷入衰落是由实证主义和历史主义导致的，实证主义和历史主义导致了相对主义，认为一切价值观都有相对性，并最终导致虚无主义，拒绝承认任何一种价值观优于其他价值观。这就摧毁了政治哲学的思想基础，从而引发了现代政治哲学的危机。

施特劳斯也承认历史研究有其必要性，"对历史的研究在一个历史主义占统治地位的年代尤其有必要"⑤。由于现代的危机是政治哲学衰落的直接结果，通过历史研究，就能最好地理解和分析政治哲学衰落的原因和过程。一方面，对古典政治哲学进行历史研究，可以发现和理解现代政治哲学的前提及这些前提早期的和原始的意义，从中找到克服现代危机的理论基础。⑥ 古典政治哲学是真正的政治学，关于政治的普遍知识都包含在亚里士多德的著作之中。⑦ 在他的著作里，出现了"真正的政治哲学"，"唯一的政治真理"被发现了。⑧ 这是因为古典政治哲学是希腊文化危机的产物，危

---

① ［美］列奥·施特劳斯、约瑟夫·克罗波西：《政治哲学史》，李天然译，河北人民出版社 1993 年版，第 1043 页。

② ［美］施特劳斯：《政治哲学与历史》，载丁耘、陈新主编：《思想史研究》，广西师范大学出版社 2005 年版，第 179 页。

③ ［美］约翰·G.冈内尔：《政治理论：传统与阐释》，王小山译，浙江人民出版社 1988 年版，第42 页。

④ Leo Strauss, Introduction in Leo Strauss and Joseph Cropsey, eds., In: *History of Political Philosophy*, Rand McNally, 1963, p.17.

⑤ ［美］列奥·施特劳斯、约瑟夫·克罗波西：《政治哲学史》，李天然译，河北人民出版社 1993 年版，第 1047 页。

⑥ ［美］列奥·施特劳斯、约瑟夫·克罗波西：《政治哲学史》，李天然译，河北人民出版社 1993 年版，第 1045 页。

⑦ Leo Strauss, *The City and Man*, Rand McNally, 1964, p.10.

⑧ Leo Strauss, *What is Political Philosophy*? Free Press, 1959, pp.68-69.

机迫使人们去寻找政治现象的本质和最佳政治秩序。古典政治哲学家"以一种前所未有的清新和直接"方式理解政治，这是对政治的原初理解，一切后来的对政治的理解都是由此推导而来的。①

另一方面，对现代政治哲学进行历史研究，可以发现和分析政治哲学衰落的过程和根源。政治哲学史是传统逐步衰落的历史，是古典学说遭玷污的历史，它的关键分期在于古代与近代之间。② 施特劳斯认为，马基雅维利是"近代政治哲学之父"，是从马克思到当代政治科学期间一切现代政治思想和政治实践的前提条件的创立者。③ 马基雅维利使道德从属于政治，降低了政治生活的标准，实现了与古典政治哲学的分离。④ 施特劳斯把马基雅维利引发的革命定为"现代性的第一次浪潮"，这场革命在霍布斯和洛克那里得到巩固，霍布斯追求权力，洛克强调权利和个体的人，进一步排斥了人类的自然的终极目标。⑤ 现代性的第二次浪潮始于卢梭。⑥ 卢梭以公意为政治判断的标准，排斥了政治研究对自然法的诉求，确立了从历史而不是从自然中寻求标准的原则，从而促进了相对主义的发展。黑格尔和马克思都试图从历史进程中把握政治现象，把公正的政治秩序看成历史进程的必然产物，进一步推进了相对主义。现代性的第三次浪潮由尼采掀起，他为存在主义和激进的历史主义确立了思想基础。海德格尔以"存在与历史的同一性"把历史主义的发展推向终点，从而使现代性的三次浪潮在我们时代的危机中达到了顶点。经过这三个阶段的发展，现代性不断得到完善同时也酿成了严重危机。

但是，政治哲学研究从根本上不同于历史主义的历史研究，政治哲学研究与历史分析是两种根本不同的思想方式和研究方法。施特劳斯认为，"政

---

① Leo Strauss, *What is Political Philosophy*? Free Press, 1959, pp.27-54.

② ［美］约翰·G.冈内尔：《政治理论：传统与阐释》，王小山译，浙江人民出版社 1988 年版，第44 页。

③ Leo Strauss, *On Tyranny*, Fress Press, 1963, pp. 23, 110-111; *What is Political Philosophy*? Free Press, 1959, p.40.

④ Leo Strauss, *What is Political Philosophy*? Free Press, 1959, p. 41; *Thoughts Machiavelli*, Free Press, 1958, pp.9-13.

⑤ Leo Strauss, *What is Political Philosophy*? Free Press, 1959, pp.47-48.

⑥ Leo Strauss, *What is Political Philosophy*? Free Press, 1959, p.52.

治哲学不是一门历史学科"①,因为政治哲学研究在于追求超越历史的永恒的政治真理,本质上属于非历史的探索。而历史学"通常关注具体事务:具体的团体、具体的人、具体的功业、具体的'文明'、某一从起源迄今的文明'进程',等等","特别是,政治哲学从根本上不同于政治哲学自身的历史。追问政治事务之自然及作出解答,不可能被错误地当作是在追问某一哲学家或所有哲学家是如何提出、讨论或回答上述的这些哲学问题的"②。

这并不意味着政治哲学能够完全独立于历史,政治哲学研究与历史研究也存在着紧密的联系。因为"如果没有对在不同国家、不同时代中的政治制度与信仰的多样性的体验,那么,对何谓政治事务之自然的追问、对何谓最好的或正义的政治秩序的追问,就永无可能出现。且这些问题被提出之后,唯有历史知识才能防止将某个时代和某个国家的政治生活的具体特征误作政治事务的自然。对政治思想史和政治哲学史亦当如是观"③。但是,两者的区别是根本性的,历史研究无法替代政治哲学研究,"无论历史知识对政治哲学具有何等重要性,它也只是政治哲学的预备与辅助,它不可能成为政治哲学的组成部分"④。

施特劳斯着重分析了历史研究自身所具有的无法克服的局限性。历史主义主张放弃对普遍的、永恒的哲学问题的追问,实际上也就否定了普遍的、永恒的真理和价值的存在,"历史主义可以被认为是对政治哲学之可能性的质疑。至少它向整个政治哲学传统的共同前提(看来以前从未被质疑过)提出挑战"⑤。而且历史主义在当代思想中大行其道,产生了极其严重的负面后果。在历史主义看来,"一切本质性的东西,在本质上都是历史性

---

① [美]施特劳斯:《政治哲学与历史》,载丁耘、陈新主编:《思想史研究》,广西师范大学出版社 2005 年版,第 179 页。

② [美]施特劳斯:《政治哲学与历史》,载丁耘、陈新主编:《思想史研究》,广西师范大学出版社 2005 年版,第 179 页。

③ [美]施特劳斯:《政治哲学与历史》,载丁耘、陈新主编:《思想史研究》,广西师范大学出版社 2005 年版,第 179 页。

④ [美]施特劳斯:《政治哲学与历史》,载丁耘、陈新主编:《思想史研究》,广西师范大学出版社 2005 年版,第 179 页。

⑤ [美]施特劳斯:《政治哲学与历史》,载丁耘、陈新主编:《思想史研究》,广西师范大学出版社 2005 年版,第 179 页。

的"①。人类的一切思想和行动都是历史性的,"哲学本身及其普遍问题本身都是'历史条件'的产物,亦即与某一具体'历史'形态有着本质的关联"②。在历史主义思想的支配下,"当下社会生活的特定'趋向'及其历史起源问题,取代了对政治事务之自然的追问,什么是可能的或可欲的未来这一问题,取代了对何谓最好的或正义的政治秩序之追问。原来的唯一国家以及唯一正当的生活方式的问题为现代国家、现代政府、西方文明理想以及诸如此类的问题所替代。哲学问题转变成为历史问题,更准确地说,转变成为具有'未来主义'特征的历史问题"③。历史主义所关注的不是古典政治哲学所思考的那些永恒和普遍的事物,而是那些当下历史情景中特殊的和变化的东西,"历史主义在如下表述中体现出其最具共同性的形式:政治事务之自然、国家之自然、人之自然这样一些问题,为现代国家、现代政府、当前的政治处境、现代人、我们的社会、我们的文化、我们的文明等诸如此类的问题所取代"④。历史主义从根本上拒绝在古典政治哲学中视为理所当然的那些普遍的、永恒的问题。因此,在施特劳斯看来,"历史主义可以被认为是对政治哲学之可能性的质疑"⑤。

历史主义拒绝考虑"最好政体"这一政治价值论问题,消解了传统政治价值论及其理性基础,导致一种价值判断上的蒙昧主义或虚无主义,"历史主义的顶峰就是虚无主义"⑥。当代社会哲学家正是据此来衡量、评判和取舍事物的。在这种思想主题的规制之下,传统得不到应有的尊重,政治价值论得不到必要的发展,形而上学的整体得不到相应的显现,因而导致了现代性后果,引发出西方社会的危机。

---

① [德]迈尔:《隐匿的对话:施米特与施特劳斯》,朱雁冰、汪庆华等译,华夏出版社2002年版,第176页。

② [美]施特劳斯:《政治哲学与历史》,载丁耘、陈新主编:《思想史研究》,广西师范大学出版社2005年版,第182页。

③ [美]施特劳斯:《政治哲学与历史》,载丁耘、陈新主编:《思想史研究》,广西师范大学出版社2005年版,第181页。

④ [美]施特劳斯:《政治哲学与历史》,载丁耘、陈新主编:《思想史研究》,广西师范大学出版社2005年版,第181页。

⑤ [美]施特劳斯:《政治哲学与历史》,载丁耘、陈新主编:《思想史研究》,广西师范大学出版社2005年版,第179页。

⑥ [美]施特劳斯:《自然权利与历史》,彭刚译,生活·读书·新知三联书店2003年版,第19页。

正是基于对历史主义的深刻批判,施特劳斯主张进行"非历史主义的历史研究"①。一方面,进行政治哲学史的研究,对从苏格拉底到马克思的政治哲学产生、发展、退化和衰落的历史过程进行剖析,以便找出西方危机的根源;②另一方面,展开非历史主义的哲学研究,解读苏格拉底、柏拉图、色诺芬、马基雅维利、霍布斯、卢梭、尼采、海德格尔等哲学家的思想意图。通过解读这些被哲学史尘封的哲学家们的真实意图,施特劳斯试图找到可以对抗历史虚无主义的一些思想资源,恢复政治哲学,恢复过去政治哲学发现的、后来被遗忘和歪曲了的知识,以便找到超越历史的永恒政治真理。

因此,施特劳斯大力提倡研究政治哲学家的经典文本,主张以经典文本为中心,在哲学的抽象层面上对经典文本进行解读。从方法论的角度看,这是一种典型的文本中心主义的研究方法。如何阅读经典文本?施特劳斯给自己提出的目标是:要像经典作家本人所理解的那样去理解他们的作品。很显然,施特劳斯赞成"作者原意说",即主张以作者原意作为判断作品含义的准绳。但是,在《迫害与写作艺术》一文中,他又把作者原意区分为两个层面:(1)作者"说了些什么"以及"如何实际上理解到他所说的";(2)作者"自己所没有意识到的隐蔽的意义",即某种愿望、兴趣、偏见或历史环境的"无意识流露"。施特劳斯认为政治哲学是在迫害环境下产生的著述,强调必须透过平俗的论点,透过哲学家的公开断言和显而易见的前后矛盾去把握理论的隐秘含义。这实际上默许了两件对"原意说"构成威胁的见识:一是作品的意蕴不再完全由作者的意图确定,不等于作者的原意;二是作品意蕴中那部分作者没有意识到的内容,虽然还象征性地挂在作者的名下,但必须由解释者来确定。这就是承认了,解释者现在不仅可以达到与作者对其作品同样的理解,甚至理所当然地要比作者对其作品有更好的理解。强调作者所说和作者的自我理解,这对于一个古典主义者来说是正常的。但由于引入无意识意义的概念,在施特劳斯对经典本书的解读中,阐释者(读者)主体的能动作用和视野都大大伸展了。因此,他的政治哲学史阐释是很独特的,既可以像作者那样理解其作品,又可以超越作者而理解作者自己所没有意

<hr>

① 〔美〕列奥·施特劳斯、约瑟夫·克罗波西:《政治哲学史》,李天然译,河北人民出版社 1993 年版,第 1047 页。

② 〔美〕约翰·G.冈内尔:《政治理论:传统与阐释》,王小山译,浙江人民出版社 1988年版,第43页。

识到的"微言大义"，而后者是施特劳斯阐释的重点。施特劳斯不仅注意到了思想史的无意识层面，也肯定了先在的价值判断对文本阐释的积极贡献。他实际上独立地开辟了一片文本解读的新天地。

　　总之，洛夫乔伊和施特劳斯在研究主题和论证方法上表现出了同样的关注，形成了一个相对独立的研究派别。首先，研究主题都有历史倾向性，都注意到了思想的历时性特征。洛夫乔伊把思想史看成由"单元观念"构成的存在之链，施特劳斯把政治哲学史视为政治真理产生、发展、退化以致衰落的过程。因而，他们都看到了思想依历史情况而变化的方面。其次，在论证方法上，洛夫乔伊和施特劳斯都坚持非历史的哲学研究方法。洛夫乔伊和施特劳斯认为，人类生存处境的根本一致性使得过去的思想家所提出的问题具有超越具体历史处境的特性，任何人要在任何一个层次上分析社会，都不可避免会遇到这些问题，并且可以从思想家们对这些问题的论述中获得启发和教益。因此，他们重点关注的不是思想的历史发展和演变，而是着重阐发思想家对基本问题的论述，关注的是思想的连续性。洛夫乔伊注重的是"单元观念"的内在一致性，施特劳斯追求的是超越历史的永恒政治真理。显然，洛夫乔伊和施特劳斯都拒斥传统的历史研究方法，这种非历史的哲学研究方法在本质上是对历史研究方法的背离。

　　但是，文本主义毕竟在一定程度上克服了传统的历史研究方法过分注重思想的历史性而忽视思想的连续性的弊端，使政治思想史家看到了政治思想超历史的普遍性维度，从而使政治思想史可以在更广的范围内和在更高的层次上探讨人类政治生活的基本问题。在这个意义上可以说，以文本为中心的观念史研究方法更进一步推动了政治思想史的研究。虽然行为主义可能拒绝把政治思想史的研究当作它的基本内容，甚至可能把这种研究贬低为科学进步的障碍，但是，洛夫乔伊和施特劳斯的政治思想史仍然是政治学的一个分支，并在20世纪50年代和60年代在西方政治思想史领域占据了主导地位，这使政治思想传统作为现代政治学的历史和现代政治价值观的源泉而被继承下来。①

---

① ［美］约翰·G.冈内尔：《政治理论：传统与阐释》，王小山译，浙江人民出版社1988年版，第26页。

第三章 历史语境主义方法论的
产生及内容

斯金纳在吸取拉斯莱特、波考克和邓恩方法论主张的基础上创立了历史语境主义方法。历史语境主义方法论复杂庞大,内容丰富,但其最核心的观点和理论原则主要有两个方面:一是历史语境分析,把作者意图作为确定文本意涵的最高标准,把历史语境作为把握作者意图的必要条件;二是修辞分析,把文本的修辞特性作为理解文本意涵的独特视角,以揭示文本容易被忽视的意涵。本书重点即在分析斯金纳历史语境主义方法的核心内容。

第一节 从西莱到斯金纳:历史
语境主义方法论的产生

历史语境主义的创立不是一蹴而就的,它的诞生具有宽厚深远的背景与渊源。历史语境主义奠基于剑桥大学以历史理解政治的传统,波考克等人思想史研究的语言转向开启了方法论变革的序幕,斯金纳在融合语言分析与修辞分析的基础上创立了历史语境主义,实现了政治思想史研究的方法论革命。

一、奠基:剑桥大学"用历史理解政治"的研究传统

剑桥学派缘起于剑桥大学源远流长的政治思想史教学与研究传统。这一传统可以追溯到约翰·罗伯特·西莱于 1875 年在剑桥大学设立的"历史荣誉学位课程"(historical tripos)。[①] 以用历史理解政治的标准来看,这才是剑桥学派的真正起点。在 1875 年"历史荣誉学位课程"设立之后的一个世纪里,剑桥大学没有政治系,政治理论的研究是在历史系,因此,剑桥大学政治学教学内容的安排突出了政治思想史的特殊地位。作为剑桥大学本科

---

① James Alexander, The Cambridge School, c. 1875-c. 1975, *History of Political Thought*, Vol. XXXVII, No.2, Summer 2016, p.361.

项目，"历史荣誉学位课程"最初的内容是政治哲学原理与普通法理学，1885年课程内容改为政治科学（political science），1897年政治科学细分为归纳政治学和演绎政治学，随后更名为政治科学 A 和政治科学 B。1931年政治科学 A 更名为政治思想史，政治科学 B 更名为现代国家理论。1975年，政治思想史扩展成两种课程，即1700年前的政治思想史和1700年后的政治思想史，而现代国家理论则更名为政治哲学。1997年，政治哲学被重组后并入政治思想史课程之中。从内容来看，"历史荣誉学位课程"中政治思想史的分量越来越大（三门政治学课程中的两个半），政治哲学从占一半比例下降到只能与1700年后的思想史共享一个课程。而政治科学课程在1931年被移除，后来才在社会与政治科学荣誉学位课程中被恢复。

　　从1875年至1975年，剑桥大学的政治学教学是由下列学者们负责的（按出生顺序排列）：约翰·罗伯特·西莱、阿克顿、奥斯卡·布朗宁、亨利·西奇威克、威廉·坎宁安、B.E.哈蒙德、F.W.梅特兰、托马斯·索内利、J.B.伯里、G.L.迪金森、G.E.格林、J.N.菲吉斯、欧内斯特·巴克、R.V.劳伦斯、哈罗德·坦佩利、F.A.辛普森、C.K.韦伯斯特、F.E.艾德考克、C.N.S.伍尔夫、H.F.罗素·史密斯、J.R.M.巴特勒、E.J.帕桑、保罗·韦拉科特、大卫·诺尔斯、迈克尔·波斯坦、赫伯特·巴特菲尔德、丹尼斯·布罗根、H.O.埃文内特、迈克尔·奥克肖特、查尔斯·斯迈思、R.J.怀特、克里斯托弗·莫里斯、沃尔特·乌尔曼、W.B.加利、摩西·芬利、大卫·汤姆森、彼得·拉斯莱特、诺埃尔·安南、亚瑟·希伯特、邓肯·福布斯、J.R.波尔、J.G.A.波克、C.W.帕金、莫里斯·考林、卡吉尔·汤普森、菲利普·艾布拉姆斯、W.G.鲁西曼、约翰·伯罗、大卫·卢斯科姆、J.H.戈尔特霍普、昆廷·斯金纳、约翰·邓恩、约翰·巴伯、罗伊·波特和理查德·塔克。在上述历史学家中，西莱、西奇威克、阿克顿、梅特兰、菲吉斯、巴克、奥克肖特、巴特菲尔德、考林、斯金纳和邓恩等人对理解历史与政治之间的关系作出决定性或独创性的贡献。①

　　在1875年以来的一个世纪里，正是由于"历史荣誉学位课程"的连续性和对政治思想史的持续关注，剑桥历史学家形成了政治思想史研究的方法论共识，即历史与政治应该联系在一起，政治学研究不能脱离历史，政治思

---

① 　James Alexander，The Cambridge School，c. 1875-c. 1975，*History of Political Thought*，Vol.XXXVII，No.2，Summer 2016，p.363.

想史应该深深扎根于历史。[①] 尽管对历史、哲学和政治之间关系的关注在19 世纪末的牛津、哈佛、柏林和其他地方亦很普遍,但只有剑桥大学的"历史荣誉学位课程"形成了历史学家在历史和政治相互关系问题上有顺序地在长达 100 年的时段内持续以历史视角理解政治的研究传统。剑桥的类似轮作的知识生产与传承机制使得历史视域成为剑桥政治研究的方法论原则,在政治学研究的各个分支学科得到坚守与贯彻。[②] 因此,从 1875 年至20 世纪 60 年代末,剑桥学派的先驱们在基于用历史理解政治的共识上,发展出了四个政治研究的传统,分别是政治科学、政治思想史、政治哲学和政治神学。四个传统是剑桥历史学家对政治的四种不同理解方式,这是运用历史研究政治的结果。[③]

第一个传统是政治科学。政治科学是约翰·罗伯特·西莱的遗产。西莱是"历史荣誉学位课程"设立时现代史钦定讲座教授,是政治科学传统的开创者,直到 1895 年去世。西莱认为历史应该被理解为类似自然科学的实验研究,应将历史视为政治研究的基础。[④] 他宣称没有政治科学,历史就是"被截断的"和"不完整的"——除了"浪漫、好奇、诗意"——没有历史,政治科学是"空洞的"和"毫无根据的"。[⑤] 他认为"历史学家和政治哲学家应该没有区别"。[⑥] 在理解真实的现代国家时,历史是"达致目的的一种手段"[⑦]。在西莱的政治科学中,国家而不是社会始终是中心议题。他声称真实国家应当"贴近历史",为了避免"思辨性"推理,构建"没有想象的国家"不能使用"先验方法",不能提前将理论应用于国家的事实,只能根据历史上的"明显

---

① 〔英〕昆廷·斯金纳:《国家与自由:斯金纳访华讲演录》,北京大学出版社 2018 年版,第 158 页。

② James Alexander,The Cambridge School,c. 1875-c. 1975,*History of Political Thought*,Vol.XXXVII.,No.2,Summer 2016,p.364.

③ James Alexander,The Cambridge School,c. 1875-c. 1975,*History of Political Thought*,Vol.XXXVII,No.2,Summer 2016,p.363.

④ J.R. Seeley,The Teaching of Politics(1869),In:Gustav Adolf Rein,*Sir John Robert Seeley:A Study of the Historian*,trans. John Herkless(Wolfeboro NH,1987),pp.101-18,pp.104,105-116.

⑤ J.R. Seeley,*Introduction to Political Science*,Macmillan and Co.,1896,p.4.

⑥ J.R. Seeley,*Introduction to Political Science* ,Macmillan and Co.,1896,p.362.

⑦ James Alexander,The Cambridge School,c. 1875-c. 1975,*History of Political Thought*,Vol. XXXVII,No.2,Summer 2016,p.364.

事实"进行推理,以消除"误解和错觉"。[①] 既然政治学注重归纳,那么它的目的并不是"混淆应然与实然",而是"向我们展示什么是正确的",或者"找到完美或理想的国家"。[②] 尽管柏拉图、亚里士多德、霍布斯、洛克和孟德斯鸠主要追寻理想国家,但这不是推测而是科学——历史科学中的比较研究方法。[③] 西莱开启的研究传统影响巨大而深远,从 19 世纪晚期一直延续到 20 世纪初期,以至于剑桥大学在 1920 年代拒绝了一笔用于设立社会学教席的资金,只同意将其用于设立政治科学讲席,因为政治科学可以"被解读为关于政治的广阔研究"。[④] 但是,西莱去世后,没有人再为国家研究辩护,最终在阿克顿的影响下,历史学家回归政治思想史。尽管西莱的政治科学概念明显有缺陷,但它在剑桥确立了一种研究准则,即政治学研究不仅是当代研究,还赋予历史研究一种本来就没有的优势,并且它鼓励后来的剑桥历史学家反思如何正确地理解两者之间的关系——历史的、哲学的或神学的。没有西莱的政治科学概念,就不可能在"历史荣誉学位课程"中教授政治思想史和政治哲学;正是在其他传统得以确立并在 1931 年成功地将政治科学从"历史荣誉学位课程"赶出之后不久,人们又重新认识到政治科学的价值,尝试捍卫不同的政治科学概念。[⑤]

正是由于西莱的巨大影响,社会学在剑桥从未受到重视。直到 20 世纪 30 年代局面才稍稍改观,波斯坦试图鼓励将历史和社会学结合起来,以便使历史与现在更加相关。他声称历史学家并没有像一个世纪前那样公开、全面地面对当代政治学或哲学论辩的挑战,并认为他们可以通过将历史的"事实"与社会学的"普遍规律"联系起来做到这一点。[⑥]

---

① J.R. Seeley, *Introduction to Political Science*, Macmillan and Co., 1896, pp.362-363.

② J.R. Seeley, *Introduction to Political Science*, Macmillan and Co., 1896, pp.37-38.

③ James Alexander, The Cambridge School, c.1875-c.1975, *History of Political Thought*, Vol.XXXVII, No.2, Summer 2016, p.365.

④ Martin Bulmer, Sociology and Political Science at Cambridge in the 1920s: An Opportunity Missed and an Opportunity Taken, *Cambridge Review*, 27 April 1981, pp.456-459.

⑤ James Alexander, The Cambridge School, c.1875-c.1975, *History of Political Thought*, Vol.XXXVII, No.2, Summer 2016, p.365.

⑥ Michael Postan, *Fact and Relevance: Essays on Historical Method*, Cambridge University Press, 1971, pp.131-56.

第二个传统是政治思想史。政治思想史传统开始于历史学家们对于西莱政治科学传统的敌视,因为西莱认为历史是次要的,是政治研究的工具。大多数历史学家不认同西莱对历史从属地位的看法。J.B.伯里认为历史是一门"科学,不能少,也不能多"①。梅特兰的观点获得了更广泛的认同,他说政治学"要么是历史要么是骗局"。1931 年,巴特菲尔德出版《辉格党式的历史阐释》,亦是对历史学术地位的经典辩护。在历史学家对历史学术地位的辩护过程中,反对政治科学的历史学家诸如普罗特洛、沃德、克雷顿、梅特兰、坎宁安和其他人赞成将政治科学从"历史荣誉学位课程"中完全删除。② 之所以没有移除,原因是西莱的继任者阿克顿,作为瑞吉斯现代史教授,坚持认为历史的完整性不能没有政治思想史的存在。

阿克顿认为,"对思想史,特别是政治思想史核心要素的了解,是行动的历史所必需的"③。过去的著作不应该仅仅因为与现代的关注相关而被研究,而是因为它们传达了一种对过去所持有的更好的观念,例如那些把中世纪与现代区分开来的思想。④ 菲吉斯赞同阿克顿的观点,声称历史不再像西莱所想的那样是事实的宝库:它是思想连续性和不连续性的档案。⑤ 历史证明了不存在"不变的"的政治体系,不存在一套"永恒的原则"和"普遍的国家理论"。旧的政治理论不应被理解为"纯粹荒谬的命题的集合",而应被理解为在过去具有"价值"的理论,这些理论失去价值不是因为它们"荒谬",而是因为它们的"工作已经完成"。⑥ 然而,像西莱一样,菲吉斯认为历史是相关的,"我的愿望不是要复活过去知识的死尸,而是要使今天的生活更加生动,并帮助我们以更准确的视角复原其问题"⑦。菲吉斯宣称,历史可能

① J.B. Bury,*The Science of History*,Cambridge University Press,1903,p.42.

② James Alexander, The Cambridge School,c. 1875-c. 1975, *History of Political Thought*,Vol.XXXVII,No.2,Summer 2016,p.369.

③ Cambridge University Reporter,27 (1896-7),pp.505-508.

④ Compare Lord Acton,Selected Writings of Lord Acton,ed.J.Rufus Fears (Indianapolis,1985),Vol.II,pp.383-384,and J.N.Figgis,Studies in Political Thought from Gerson to Grotius,Cambridge University Press,2nd edn.,1916,pp.2-3.

⑤ James Alexander, The Cambridge School,c. 1875-c. 1975, *History of Political Thought*,Vol.XXXVII,No.2,Summer 2016,p.369.

⑥ J.N.Figgis,*The Divine Right of Kings*,Cambridge University Press,2nd edn.,1914,pp.153-263.

⑦ Figgis,*Political Thought From Gerson to Grotius*,Harper & Brthers,1960,pp.2-3.

是有价值的,与西莱的看法相比,这种说法是一个弱化历史的主张。西莱希望历史的相关性可以得到无条件的认可,而菲吉斯只能假设性地予以肯定。① 梅特兰认为,"历史认知的敏锐"是有助于改进"政治理论"的。② 历史学家不应该把现代的"国家概念"强加在"不贴切的材料"上。梅特兰在自己的研究中对中世纪社会(合伙制)、大学(公司制)和基诺森切夫(社团)等概念的讨论,在某种程度上就是对西莱习惯从国家的角度看待所有政治机构的观点的抗议。③

鉴于菲吉斯、巴克、阿德科克、伍尔夫、罗素·史密斯、伊文内特、莫里斯、乌尔曼、芬利、拉斯莱特、福布斯、波考克、帕金、卡吉尔·汤普森、艾布拉姆斯、伯罗、卢斯科姆、斯金纳、邓恩和塔克等历史学家在教学和写作方面的卓越贡献,政治思想史很快被确立为历史学的一个重要分支。大部分历史学家的作品都是剑桥思想史轮作知识的一部分,对任何可能与当代有关的东西都保持了足够的谦逊和谨慎。也许只有菲吉斯、乌尔曼、波考克和斯金纳更注重近代之前长时段或思想的重要转变,甚至波考克极不寻常的《马基雅维利时刻》也不太关注 16 世纪之前和 18 世纪之后的时代。④ 哲学家们展示出深邃悠长的历史意识。奥克肖特以有别于菲吉斯的另一种方式写作,即把他的分类强加在一部可以追溯到 20 世纪,也可以追溯到 12 世纪的历史上。在剑桥哲学家中,只有巴克可以说有真正的历史哲学:一种从古代城邦时代到中世纪国际都市到现代国家的政治理解变迁的意识。⑤ 尽管巴克和奥克肖特涉猎广泛,但都没有写过像西奇威克的《欧洲政体的发展》那样

---

① James Alexander, The Cambridge School, c. 1875-c. 1975, *History of Political Thought*, Vol. XXXVII, No. 2, Summer 2016, p.369.

② For Maitland's acknowledgement that the sort of history written by Figgis interested him more than any other, see his letter to A. W. Ward, 15 August 1904, In: The Letters of Frederic William Maitland, ed. P. N. R. Zutshi, Macmillan and Co., 1995, Vol. II, p.293.

③ Frederick Maitland, *"Introduction" to Otto Gierke, Political Theories of the Middle Age*, Cambridge University Press, 1900, p.viii.

④ James Alexander, The Cambridge School, c. 1875-c. 1975, *History of Political Thought*, Vol. XXXVII, No. 2, Summer 2016, p.370.

⑤ See, for instance, the comments in the introduction of The Politics of Aristotle, trans. Ernest Barker, Oxford University Press, 1946, pp.lix-lx.

完整阐述欧洲政体演变历程的书。① 唯一一个尝试如此广泛研究的历史学家是波考克，其《野蛮主义与宗教》颇为出色。

正是这种肯定历史价值的本体论的建立，使政治思想史家们在不否认历史与政治紧密相连的同时，否认了西莱关于历史是政治科学工具的观点，为一大批剑桥学派政治思想史家奠定了方法论基础。波考克、邓恩、斯金纳的方法论主张在某种意义上只不过是试图重述梅特兰和菲吉斯关于需要对政治思想进行历史理解的观念，这将对现代政治理解作出一些决定性的贡献，同时又不损害其本身作为好历史的价值。②

第三个传统是政治哲学。政治哲学是对政治进行更高层次思考的传统，在西奇威克、巴克和奥克肖特的著作中传承了近一个世纪。③ 政治哲学传统开始于西奇威克，他帮助西莱创立了"历史荣誉学位课程"，并使政治哲学成为其中必不可少的组成部分。他并没有完全否认历史的作用，认为"历史"和"哲学"之间的"对立"不仅是古老的，而且是过时的，应当将"对人类信仰的历史研究"与"对所研究学说的合法性的普遍怀疑"联系起来。④ 西奇威克声称，要理解"政治的目的"，即什么是政治应该做的，政治哲学才是最关键的，因为构建完整的政治学需要政治哲学。因此，有必要从历史之外的"其他地方"来考虑政治的目的。这不可能是任何简单意义上的历史："每个时代都有自己的问题，解决这些问题只能从对以前时代的研究中获得可疑

---

① Oakeshott's lectures later given at the LSE indicate some of his range. See Michael Oakeshott, Lectures in the History of Political Thought, ed. Luke O'Sullivan, Imprint Academic, 2006.

② Pocock, Dunn and Skinner tended to ignore the earlier part of their own tradition, attributing influence to nothing further back than Forbes, Laslett and, at a slight remove, since he had died in 1943 and worked in Oxford, Collingwood. See J. G. A. Pocock, *Quentin Skinner: The History of Politics and the Politics of History*, Common Knowledge, 10 (2004), pp.535-538; Dunn, *The History of Political Theory*, In: J. Ounn, the History of Political Theory and Other Essays, Cambridge University Press, 1996, p. 20; Quentin Skinner, *A Reply to My Critics*, Meaning and Context, ed. Tully, p.233.

③ James Alexander, The Cambridge School, c. 1875-c. 1975, *History of Political Thought*, Vol.XXXVII, No.2, Summer 2016, p.374.

④ James Alexander, The Cambridge School, c. 1875-c. 1975, *History of Political Thought*, Vol.XXXVII, No.2, Summer 2016, p.374.

和间接的帮助。"①西奇威克把"政治曾经是怎样的"、"现在是怎样的"研究与"政治应该怎样的"研究区分开来，把政治思想史作为前者的一个方面，把政治哲学作为后者目标的达成。他的著作《欧洲政体的发展》是根据西莱的政治科学概念撰写的，该书大胆地讨论了亚里士多德、柏拉图、霍布斯、洛克、孟德斯鸠和卢梭的理论，因为政治思想史"就处理文明社会的现象而言是政治科学这门学科的必要组成部分"。② 然而，西奇威克在《政治的要素》中宣称，对政治的研究"主要不是历史的"，因为历史不能"成为我们决定政治制度中好与坏、对与错的最终目的和标准"。③ 西奇威克的目的不是产生任何"全新的历史方法"，而是哲学活动，即"通过仔细的思考，使我们或多或少熟悉的思想更加清晰和一致"。④

作为西奇威克的崇拜者，巴克声称"历史和政治理论之间有着明显的亲和力"。⑤ 政治理论的本质是"人类作为一个道德存在而向自己提出的，与其他道德存在相联系的目的"。⑥ 因此，政治理论研究具有思辨性、公理性和系统性，涉及"社会和思想的连续永恒性"。⑦ 政治理论问题是一个"常数"，它决定了"政治社会生活的最终目的或终极价值"。⑧ 巴克承认政治思想史的重要性，但是认为这种重要性是工具性而不是目的性的。他评论说，要成为一个说得过去的政治理论家，就必须"深入了解大量的政治观念的历史"，但他补充说，政治理论只有在"作为手段而不是目的来研究政治思想史"的情况下，才能从政治思想史的研究中受益，"了解所有的政治理论而非

---

① Henry Sidgwick，The Historical Method，*Mind*，11（1386），pp.203-219，esp，pp.213-216，218-219.The indented quotation is from p.218.

② Henry Sidgwick，*The Development of European Polity*，Macmillan and Co.，1903，p.344.

③ Henry Sidgwick，*The Elements of Politics*，Macmillan and Co.，2nd edn.，1896，p.7.

④ Henry Sidgwick，*The Elements of Politics*，Macmillan and Co.2nd edn.，1896，p.1.

⑤ Ernest Barker，The Study of Political Science，In：*Church，State and Study：Essays*，Macmillan and Co.，1930，pp.193-216，at p.198.

⑥ Ernest Barker，The Study of Political Science，In：*Church，State and Study：Essays*，Macmillan and Co.，1930，pp.193-216，at p.210.

⑦ Ernest Barker，The Study of Political Science，In：*Church，State and Study：Essays*，Macmillan and Co.，1930，pp.193-216，at p.200.

⑧ Ernest Barker，The Study of Political Science，In：*Church，State and Study：Essays*，Macmillan and Co.，1930，pp.193-216，at p.211.

践行一种政治理论是可能的,但也许不是很有用;如果聚焦于一点并且以之作为一种原创思想的工具,知识少了,可能会有更多的智慧。一些投机性学科的危险在于,他们可能会被自己过去的历史所扼杀"。①

像西奇威克和巴克一样,奥克肖特区分了历史与哲学。一方面,他非常警惕历史的危险性,即历史把学生抛到了一个有着不同历史理解的次要领域,而没有使他能够获得自己的理解。另一方面,他认为只有哲学才直接获得理解。他认为有必要区分事物的"起源"和"有效性":对事物起源的研究是历史的,而对其有效性的研究是哲学的。人们不能做政治科学家所说的必须做的事,甚至不能做一些历史学家后来要做的事,即"通过研究原因来阐明理由"。② 这意味着历史只是体验世界的一种方式,当然不是一种完整的方式。"历史的过去"必须与"实际的过去"区分开来。如果一个历史学家认为过去教会了他一些东西,那他就错了,因为这样的过去不是已经发生的历史的过去,而是一些实际应用的过去。③ 因此,奥克肖特对政治思想史家试图将历史与哲学混淆在一起,或者将历史与实践混淆在一起的做法,进行了尖锐批判。④ 但是奥克肖特的政治哲学是根植于历史意义的哲学。在《论人类行为》中,奥克肖特试图勾勒出吸收历史认识并表达历史的敏感性的哲学。显然,在《论人类行为》中,奥克肖特书写的是一种具有历史意识的政治哲学,就像柯林武德在《新利维坦》(1942 年)、阿伦特在《人的境况》(1962 年)和登特列夫在《国家概念》(1967 年)中写的那样。⑤ 当奥克肖特

---

① Ernest Barker,The Study of Political Science,In:*Church*,*State and Study*:*Essays*, Macmillan and Co.,1930,pp.193-216,at p.204.

② Michael Oakeshott,The Cambridge School of Political Science(1924),In: *Michael Oakeshott*,*What is History? and other Essays*, Harper & Brthers, 2004,pp.45-66,at p.58.

③ Michael Oakeshott,*Experience and Its Modes*,Cambridge University Press,1933, pp.103-105.

④ Michael Oakeshott, review of Skinner's The Foundation of Modern Political Thought,In:*Historical Journal*, 23 (1980),pp.449-453.Oakeshott observed that Skinner confused the"analytical components of a concept and the devious and often logically irrelevant historical circumstances which mediated its emergence".Compare Dunn's similar criticism that Skinner had not considered the question of whether an account of the "historical circum-stances" in which the modern conception of the state arose had any effect on the "theoretical security and stability" of those conceptions.See The Listener,15 March 1979,pp.389-390.

⑤ James Alexander,The Cambridge School,c.1875-c.1975,*History of Political Thought*,Vol.XXXVII,No.2,Summer 2016,p.377.

1949 年离开剑桥时,尽管其影响在福布斯、波考克和考林身上还有所保留,但政治哲学传统在 20 世纪中旬迅速向政治思想史传统投降。

第四个传统是政治神学。尽管在剑桥学派用历史理解政治的大传统中,许多历史学家试图从宗教的角度来理解历史与政治,政治神学仍然只是剑桥学派中的一项无名传统。菲吉斯、乌尔曼、诺尔斯、伊文内特和卡吉尔·汤普森在撰写政治思想史时没有隐瞒对基督教的各种承诺;坎宁安、辛普森和斯迈思阐述了坚定的基督教视域的历史与政治;西莱、巴克和奥克肖特分别表达了一种淡淡的、柔和的和衰落的基督教。从西莱到斯金纳,每个人都认识到,现代政治是从帝国与牧师的古老融合和中世纪冲突中产生的,但只有阿克顿、巴特菲尔德和考林试图证明基督教对于一个关注政治和历史的"历史荣誉学位课程"的重要性。[①]

即使是在诺尔斯和乌尔曼的作品中,政治思想史也倾向于使宗教保持沉默,或将其推回到中世纪。在政治哲学中,神学具有一定的影响力,即使只是在神学概念的世俗等价物中也是如此。西奇威克、巴克和奥克肖特在将哲学与历史区分开来时,都暗示存在一个非世俗的王国。这种观点在奥克肖特身上表现得最为突出。他写道:"政治哲学是对政治与永恒之间关系的思考。政治的目的被认为是一个被观察到需要拯救的人的拯救……我们知道,政治是一种二流的人类活动,既不是艺术,也不是科学,它既腐蚀灵魂,又使心灵疲劳,从事这种活动的人要么是那些离开幻想无法生活的人,要么是那些害怕被他人统治而不惜付出生命来阻止的人。如果一种政治哲学认为政治对人类的恩赐本身就是拯救的恩赐,那么这种哲学如果还没有因夸大和错误而被定罪的话,就会立刻受到怀疑。当我们对伟大的政治哲学进行这种探究时,我们发现,每一种哲学都有自己的传统,它们都认为政治有助于实现它自己无法实现的目标;政治上的成就是一种实际的善,因此,不是与构成整体善的拯救分离开来,而是与低于拯救本身的善相分离。"[②]奥克肖特当然是以世俗的、最低限度的要求来解释它,就好像救赎只是一个人待着一样。他会同意几乎所有其他政治学家、政治思想史家和政

---

① James Alexander, The Cambridge School, c. 1875-c. 1975, *History of Political Thought*, Vol.XXXVII, No.2, Summer 2016, p.378.

② Michael Oakeshott,"*Introduction*" to Thomas Hobbes, Leviathan Or the Matter, *Form and Power of a Commonwealth Ecclesiasticall and Civil*, Basil Blackwell, 1957, pp.lxiv-lxv.

治哲学家的假设,正如朗西曼所说,"信仰的来源在逻辑上与它的有效性无关"。① 只有政治神学家认为,信仰的来源与它的有效性高度相关。有些人,比如阿克顿和巴特菲尔德,神学信仰被历史的正直诚实所束缚;另外一些人,比如坎宁安和斯迈思,信仰坚定纯粹。② 只有在考林那里,凭借笃信及深奥,将独特的神学传统带到 20 世纪后期。③

在政治思想史家们对历史的本体论探索中,政治神学的痕迹也非常明显。阿克顿同意西莱关于历史与政治密切相关的判断,但认为历史的"统一性"不在于它为政治科学提供事实,而在于它是一部追踪"观念运动"的"连续叙事"。④ "历史是哲学的源泉,如果不是哲学的替代品的话。"⑤由于历史是一个观念问题,而不是制度问题,历史学家必须是一个"批评家",而不是一个"编撰者"。⑥ 对阿克顿而言,历史既不是科学的奴仆,也不是科学本身,而是一种"解放",在这种解放中,历史学家可以"凌驾于"历史之上,观察"神圣秩序的智慧",这种智慧不在于"完美",而在于世界的改善。⑦ 这种政治神学与政治哲学有一种逻辑上的相似,都强调一种永恒的存在。政治哲学的永恒存在是一种抽象存在,政治神学的永恒存在则与一种作为标准判断其他历史事件的历史事件紧密相连。如果历史是"一种连续的叙事",那么历史学家持有这种态度就难以避免,而这种态度将不仅仅是一种历史态度。正如他所说:"现代历史对我们的触动如此之深,它生死攸关,我们一定会在其中找到自己的出路,并将借此反躬自省。历史学家先辈们,在知识和

---

① Runciman,*Social Science and Political Theory*,Cambridge University Press,1963, p.166.

② William Cunningham,*The Common Weal:Six Lectures of Political Philosophy*, Cambridge University Press,1917.For Smyth see footnote 88 below.

③ James Alexander,The Cambridge School,c.1875-c.1975,*History of Political Thought*,Vol.XXXVII,No.2,Summer 2016,p.379.

④ Lord Acton,The Study of History(1895),In:*Lectures on Modern History*,Macmillan and Co.,1960,pp.17-18.

⑤ Lord Acton,The Study of History(1895),In:*Lectures on Modern History*,Macmillan and Co.,1960,pp.35-36.

⑥ Lord Acton,The Study of History(1895),In:*Lectures on Modern History*,Macmillan and Co.,1960,p.30.

⑦ Lord Acton,The Study of History(1895),In:*Lectures on Modern History*,Macmillan and Co.,1960,p.27.

才能上都是我们无法企及的,但他们不能成为我们的极限。我们有能力比他们更严格、更无私、更公正;我们有能力从不加掩饰的真实记录中学习,以悔恨的眼光看待过去,以希冀美好事物的确信来看待未来;牢记这一点,如果我们在历史中降低了标准,我们就不能在教会或国家中维护它。"①

　　在《辉格党式的历史阐释》中,巴特菲尔德认为,历史是书写当下的。其著名论点是,"尽管经历了这么多的变迁",但现在并非出自过去而是"这些变迁的结果"。② 由于历史学家的"唯一绝对"就是"改变",因此历史学家很难在历史中找到意义。③ 巴特菲尔德认识到,哲学家们会对历史的"浪费、重复和琐碎"感到不耐烦,但他坚持认为,历史学家是一个"观察者",他处理的是"有形的、具体的、特殊的事务",他"不太关心哲学或抽象推理",他致力于观察"偶然与意外之间的原则"。④ 巴特菲尔德认为的观点影响了考林、拉斯莱特、福布斯、波考克、斯金纳,甚至影响了 1940 年代以后在剑桥书写历史的每一个人。但讽刺的是,这一论点与阿克顿的学说相似,它所指的东西跨越了历史,尽管有所不同。当阿克顿看到历史学家以一种裁断的姿态站在他自己过去的立场上,就像上帝曾经的裁断一样,因此裁断是历史学家的责任,巴特菲尔德把它看作他的诱惑,因为历史学家除了"部分裁断"之外,永远不能表达任何东西。⑤ 因此,他反对阿克顿,建议历史学家以仁慈之心对待历史事件。但他同意历史学家必须找到"差异背后的统一点,并将所有生命视为一张生命之网的一部分"。⑥ 其他任何东西,都是"删节的"历史,对历史理解毫无帮助。历史学家唯一能证明的"可靠的因果关系"是:正

①　Lord Acton,The Study of History(1895),In: *Lectures on Modern History*,Macmillan and Co.,1960,p.41.

②　Herbert Butterfield,*The Whig Interpretation of History*,Macmillan and Co.,1931,p.41.

③　Herbert Butterfield,*The Whig Interpretation of History*,Macmillan and Co.,1931,p.82.

④　Herbert Butterfield,*The Whig Interpretation of History*,Macmillan and Co.,1931,p.66.

⑤　Herbert Butterfield,*The Whig Interpretation of History*,Macmillan and Co.,1931,p.2.

⑥　Herbert Butterfield,*The Whig Interpretation of History*,Macmillan and Co.,1931,p.3.

是"整个过去"导致了"复杂的现在"。① 但由于历史学家无法解释整个过去，最终的结论是，正如他在《基督教与历史》中所说，一个人应该"虔信基督，其余概不负责"。②

阿克顿和巴特菲尔德指出，神学历史观可以证明持续的裁断和裁断的持续缺乏都具有合理性。考林认为这是一种局限，并认为一种政治神学需要放弃对历史客观性的信仰。他认同斯迈思的观点：历史事件只能从历史事件中发现的"终极意义"来理解。与哲学家们将历史与抽象的永恒作对比不同，斯迈思说历史需要上帝的干预。历史不依赖于进步与进化，而依赖于"启示"与"末世论"。历史学家在书写历史时应该"缺乏自信"，因为历史是上帝的，而不是人类的；如果有人问，基督在十字架上的死怎么能被视为比"超越时代启蒙人类的可以接受的失败"更重要的东西，答案只能是信靠。历史的作用是"确认并实现这一信仰：而不是强制推行它"。③ 在其他一切事物中，都有任意性；甚至信仰也是一种无法直接为自己辩护的任意性。因此，历史主要是经由否定实现其目的。④

考林的早期著作《政治科学的性质与限度》试图像斯迈思那样谈论上帝与政治的相关性。它认为社会学没有"明确的主题"，政治学确实有自己的主题，但是对于主题（政府结构）与它应该揭示的内容（政治活动的性质）之间的关系是错误的，只有历史才能理解其"主题"与它试图解释的世界的本质之间的关系——一个"其精神对周围环境不满意，思想受到欺骗并且人们为世界的困境而苦苦挣扎的世界"。⑤ 考林认为《政治思想史》并不"比其他类型的历史著作更能揭示一般政治活动的性质"，并反对文艺复兴以来欧洲的困难源于"哲学谬误"的说法。⑥ 社会是"一系列延伸到所有世代的行为

---

① Herbert Butterfield, *The Whig Interpretation of History*, Macmillan and Co., 1931, p.19.

② Herbert Butterfield, *Christianity and History*, Macmillan and Co., 1949, p.146.

③ Charles Smyth, The Divine Purpose in History, *Cambridge Review*, 21 February 1941, pp.285-287.

④ James Alexander, The Cambridge School, c.1875～c.1975, *History of Political Thought*, Vol.XXXVII, No.2, Summer 2016.p.381.

⑤ Cowling, *The Nature and Limits of Political Science*, Cambridge University Press, 1963, p.53.

⑥ Cowling, *The Nature and Limits of Political Science*, Cambridge University Press, 1963, pp.44-52.

的结果,这些行为显然是任意意志的结果,这些行为可能不那么理性,因为它们是毫无争议和不可辩驳的偏见的产物"。① 对仅仅存在于"哲学和历史之中"的政治解释而言,作为一门科学的政治科学是"不可能"实现之事。②此外,除了理解人们在面对绝对准确的但在绝对不可知的哲学语境中对上帝的审判时所承诺的原因和口号的任意性和相对性之外,没有什么可以"从哲学解释中推断出来"。③ 在《政治科学的性质与限度》中,"上帝"的含义与奥克肖特所指是相同的:一种永恒的、抽象的、与人类对立的东西。但是在《宗教和公共学说》(1980 年)中,它指的是基督教的上帝。因此,在考林这里,政治科学、政治思想史与政治哲学以及其他所有东西,都被理解为是关于基督教的政治和宗教应该思考什么的明确教义的揭示。正是在这种情况下,考林在其中许多人之中评论了西莱、西奇威克、阿克顿、梅特兰、菲吉斯、斯迈思、巴特菲尔德、奥克肖特和斯金纳。关键是,考林认为,所有形式的政治理解都是同样武断的,有些比其他形式更武断。没有肯定的结论,只有否定的结论,即使是政治哲学,作为政治反思的最高形式,其理论高度可能也还是不足的。

在剑桥,神学传统涉及承认历史是一个统一体,历史学家理解历史的能力是有限的,历史与当代政治或宗教的相关性在于历史学家对与基督受难有关的历史所作的任何判断。根据与一个历史事件的关系来判断所有历史事件似乎有些奇怪,但回顾起来,我们可以看到,为什么从更崇高的角度来批判政治哲学,与从政治哲学的角度来批判政治思想史,以及从政治思想史的角度批判政治科学一样必要。政治神学传统重申了西奇威克、巴克、奥克肖特和邓恩对政治科学、政治思想史和政治哲学所表达的怀疑,但这是一种立场而不是否定,并且是一种绝对的预设。基督教起源于最微妙的历史学家和哲学家似乎结束的地方,这一事实表明,它有一些话要说,甚至是世俗的。④

① Cowling, *The Nature and Limits of Political Science*, Cambridge University Press,1963,p.211.

② Cowling, *The Nature and Limits of Political Science*, Cambridge University Press,1963,p.209.

③ Cowling, *The Nature and Limits of Political Science*, Cambridge University Press,1963,p.136.

④ James Alexander, The Cambridge School, c. 1875 ~ c. 1975, *History of Political Thought*, Vol.XXXVII,No.2, Summer 2016,p.383.

总之，剑桥通过政治科学、政治思想史、政治哲学与政治神学四个传统将政治和历史紧紧地联系起来。政治科学认为历史为政治学的相邻学科提供了素材，而政治学则能够确立规律。政治思想史认为历史太过复杂，不可能产生永恒的规律，政治要历史地研究，而且政治理论本身要历史地研究。政治哲学不相信一切均可以还原为历史，并试图表明政治思想史服从于试图在哲学中确立政治的永恒目的。反过来，政治神学关注的是永恒与时间之间过于抽象的区别，并认为没有一种抽象的永恒能像关注一个历史事件本身所产生的目的那样重要。需要注意的是，一直以来，四个传统都在关注事件。政治科学希望所有的事件都是可以成为规律例证的事实；政治思想史认为所有的事件都同等重要和同样不同；政治哲学认为事件是次要的，而不是短暂的；政治神学认为所有的事件都与历史上的一个绝对事件有关。[1]

剑桥学派不仅仅是一个政治思想史学派，只有当政治科学家、政治哲学家或政治神学家共同解释原因时，政治思想史才是重要的。[2] 从整体上看，至少有一个世纪，剑桥学派似乎难以刻画其思想谱系。但是，它的根源是西莱的核心观念，即历史和政治必须相互联系起来理解，它的变化取决于对它们之间关系的看法。剑桥的每个历史学家都认为，出于某种原因，把历史和政治相互联系起来理解不仅是历史研究的正当理由，对政治理解也有一定的用处。1885年，西莱的支持者布朗宁宣称，"历史荣誉学位课程"应该是"历史政治荣誉学位课程"。[3] 不可否认的是，剑桥学派从根本上一直致力于将历史与政治结合在一起，不管怎样，也无论后果如何。1876年，西奇威克评论说："自从柏拉图主义时代以来，剑桥的历史上没有哲学学派，或哲学派别，也几乎没有哲学小圈子。"[4]尽管剑桥一个多世纪以来，既没有一个教

---

[1]　James Alexander, The Cambridge School, c. 1875 ~ c. 1975, *History of Political Thought*, Vol. XXXVII, No. 2, Summer 2016. p. 383.

[2]　Raymond Geuss, the most active recent member of the school, although coming from an originally different background, taught in the Philosophy Department not the Historical Faculty. See his comments in Quentin Skinner et al., Political Philosophy: The View from Cambridge, In: *The Journal of Political Philosophy*, 10 (2002), pp. 1-19. It is perhaps also significant that John Dunn taught in the Social and Political Sciences Faculty. I would also like to mention the late Istvan Hont who was perhaps the only member of the "School"—a term he rejected—who was interested in long Cambridge traditions of the sort discussed here.

[3]　Oscar Browning, *Cambridge Review*, 4 February 1885, pp. 178-180.

[4]　Henry Sidgwick, Philosophy at Cambridge, *Mind*, 1 (1876), pp. 235-46, at p. 245.

派，也没有一个小圈子，但具有一个学派特有的四个不同传统，所有这些传统都承认，即政治不与历史相联系就不值得理解，而且，除了政治事件和政治制度本身的历史之外，还需要某种更高层次的反思，这种反思在不同时期以政治学、政治思想史、政治哲学和政治神学的面相出现。①

在剑桥四个传统一百多年的发展和斗争史中，政治思想史传统最终取得了支配地位，从而使得用历史理解政治的研究路径通过思想史形式得以传承。这种局面很大程度是由传统的英式讲席教授制度形成的。虽然西莱有一套独特的政治科学观念，他的继任者阿克顿强调了思想史的重要性，从而为 20 世纪 60 年代剑桥学派的繁荣奠定了基础。

由于西莱一派的政治科学传统对社会学的排斥，使得政治科学传统不得不在外系寻找新的出路，形成了独立于"历史荣誉学位课程"的"社会与政治科学荣誉学位课程"，从而与西莱一派强调历史作用的政治科学分道扬镳。政治哲学传统本来能够顺利延续自己的研究路径，尤其是通过西奇威克的崇拜者巴克担任政治科学教授讲席扩大了自己的影响力，却因为巴克

---

①　It is relevant to say that between 1991 and 1994, while an undergraduate reading the Historical Tripos at Cambridge, I attended lectures by John Dunn, Quentin Skinner and Richard Tuck. I was supervised by Maurice Cowling in the History of Political Thought from 1750, and by David Runciman in Political Philosophy. Through Cowling I had been put onto Collingwood and Oakeshott, which complicated my version of the sense which many historians had at the time in Cambridge that it was necessary to understand what Dunn, Skinner and Tuck were up to. In 1994-5 I took part in seminars for the MPhil in Political Thought and Intellectual History, and for it wrote an essay on Skinner, which had the distinction of being marked by Skinner himself. Around this time, while at Trinity, I spoke informally to Peter Laslett, Garry Runciman, Alan Cromartie, Ian Harris, and later, while at King's, to Istvan Hont, Michael Sonenscher and others. After completing a PhD thesis on a subject distant enough to be uncomplicated by the School (nineteenth century rather than seventeenth), I began seriously to look into the history of the relation of politics to history in Cambridge, conducting interviews with Dunn (in the Gibb's Building), Skinner (in his Regius Professor's office in the Stirling History Faculty) and Cowling (over the telephone), consulting the pages of the Cambridge Reporter and the Cambridge Review, and reading everyone from Seeley onwards. I spoke on this subject at a conference in Japan in 2005 at which John Pocock, Raymond Geuss, Hont and Dunn were present. Indebtedness is great. It was Cowling who originally intimated that Cambridge was more than what it had become since the 1960s. But this article should nonetheless be considered written out of a debt to the entire tradition.

的继任者奥克肖特离开剑桥而衰落。虽然政治神学传统对政治哲学与政治思想史研究产生了很大影响,却因为一直没有正式的教席而慢慢消失在历史的长河当中。

二、变革:拉斯莱特、波考克、邓恩政治思想史研究的语言转向

从 20 世纪 60 年代开始,以剑桥大学的政治思想史家波考克为先导,斯金纳和邓恩继之,对当时在政治思想史领域占主导地位的观念史研究方法进行了批判,指出其方法论的非历史主义本质。他们在为历史主义辩护的同时,提出了新的方法论主张:把语言分析引入政治思想史研究,置经典文本于特定语境之中,对其展开历史研究。这就开启了西方政治思想史方法论新一轮变革的序幕。由于在治学对象和研究方法上的共同关怀,以及与剑桥大学的深厚渊源,他们在学术界被称为剑桥学派。剑桥大学也因此发展成为新的政治思想史研究的重要阵地。剑桥学派以其鲜明的方法论特色,在西方政治思想史领域独树一帜,并从 20 世纪 70 年代以来成为西方政治思想史研究领域的主流派别。

拉斯莱特是对剑桥学派研究方法的形成产生过重要影响的政治思想史家。1956 年至 1968 年,他编辑《哲学、政治和社会》系列丛书,始终坚持以历史方法研究政治思想,反对非历史的哲学研究方法。拉斯莱特一直关注政治哲学研究模式,他认为在语言哲学和行为主义的冲击之下,为重大政治难题提供答案的那种经典的政治哲学"死亡了":"在我们国家的思想生活中有这样一个假定:在我们当中应该有我们称之为政治哲学家的人存在。哲学家本身是对哲学变化敏感的人,他们在尽可能宽阔的概括层次上来关注政治和社会的关系……在我们的三百多年的历史中,这样用英语写作的人物层出不穷,从 17 世纪初到 20 世纪,从霍布斯到鲍桑葵。可今天,我们似乎不再拥有他们了。"[①]拉斯莱特在 1958 年指出,"在整个世界范围内,就其规模而言,剑桥没有政治学教师,没有社会学教师,哲学家的数量是最少的"。[②] 他宣称,正如西莱可能所做的那样,"卢梭的公意、黑格尔的民族精

---

① [芬兰]凯瑞·帕罗内:《昆廷·斯金纳思想研究》,李宏图、胡传胜译,华东师范大学出版社 2005 年版,第 12 页。

② Peter Laslett,Cambridge and the Social Sciences,*Cambridge Opinion*,10 October 1958,pp.5-8.

神、鲍桑葵真实而明显的意志和基尔克团体的真实人格"是"隐喻的""理想的""怀疑的"。在这种政治哲学被"搁置"之前,任何"可行的政治理论"都不会发展出来。① 他明确宣布:"目前,不管怎么说,政治哲学已经终结。"② 而以韦尔登为代表的分析政治哲学又承担不起复兴政治哲学的重任,这就为历史学家打开了空间。③ 因此,拉斯莱特提出"把历史学研究方法作为研究政治思想的一种后哲学的选择"④。

　　拉斯莱特在研究洛克《政府论》的过程中提出了研究政治思想史的方法论纲领。一是把历史语境作为理解文本的条件。拉斯莱特把柯林武德关于历史语境可以作为理解差异的条件的观点运用于洛克文本的解读中,将历史语境和洛克的"影响"加以对照,回到"洛克自己想要被读作的文本"中。⑤ 二是把复原作者意图作为理解文本的一个途径。这在文本解读的方法上是一种创新,因为意图在战后的文学批评和哲学中,被认为是一个与文本解读不相关的因素。⑥ 在拉斯莱特看来,引入意图有助于理解洛克写作《政府论》的目的:介入当时的政治争论。这就为历史学家提供了理解洛克《政府论》的新方法:它不是一本政治哲学著作,而应被视为政治行动的著作。斯金纳对拉斯莱特的文本解读方法给予了高度认可,他说:"拉斯莱特试图在《政府论》指出,洛克的《政府论》确实阐述了一种思考政治的特定方式,但是为了理解这个文本,你必须认识到,这个文本是从一个非常激进的立场介入一场具体政治危机,即我们是否能够将一位王位继承人从王位上排除出去这个问题,而英国人当时正打算这样做。洛克的立场很鲜明。他说,是的,我们可以这么做。他具体说明了,在任何情况下,这种做法是正当的。让我觉得兴奋的是,在拉斯莱特的研究中,一部重要文本被赋予一个语境。如果

---

① *Philosophy*, *Politics and Society*, ed.Peter Laslett,Blackwell,1956,pp.159-160.

② [芬兰]凯瑞·帕罗内:《昆廷·斯金纳思想研究》,李宏图、胡传胜译,华东师范大学出版社 2005 年版,第 12 页。

③ 韦尔登是英国分析政治哲学家,主张对政治思想采取哲学分析的方法进行研究,代表作为《政治学词典》(*Vocabulary of Politics*)。

④ [芬兰]凯瑞·帕罗内:《昆廷·斯金纳思想研究》,李宏图、胡传胜译,华东师范大学出版社 2005 年版,第 14 页。

⑤ [芬兰]凯瑞·帕罗内:《昆廷·斯金纳思想研究》,李宏图、胡传胜译,华东师范大学出版社 2005 年版,第 14~15 页。

⑥ [芬兰]凯瑞·帕罗内:《昆廷·斯金纳思想研究》,李宏图、胡传胜译,华东师范大学出版社 2005 年版,第 15 页。

我必须选一部作品,促使我下定主意,我们可以在理论上进一步阐释此种处理文本的方式,那就是拉斯莱特的这篇'导论'。"①

拉斯莱特根据语境解读文本的方法本质上是历史方法,"我们的首要目标必须是一个谦逊的历史学家的工作,建立洛克自己想要它被读作的文本,把它置于历史的语境中——洛克自身的语境,然后去展示它自己的所想、所写和产生了历史影响的洛克之间的关联"②。这种解读方法就修正了对洛克《政府论》的传统看法,使洛克《政府论》有了一个新的定位:它是对菲尔默(Filmer)出版《父权论》及对 1680—1683 年"排斥法案"危机(exclusion crisis)的回应。"《政府论》实际上是一种对革命到来的呼吁,而不是对革命的合理性所作的辩护。"③拉斯莱特由此得出新的结论:"从我们讨论的角度看,《政府论》作为对政治和文化氛围的一种回应,起源于 1679—1680 年的秋冬,整整比我们传统所认为的著书时间早了 10 年。它是一篇关于'排斥法案'危机的檄文(exclusion tract),而不是一本革命的手册。"④

拉斯莱特的研究方法对斯金纳产生了很大的影响。斯金纳承认"我已经深受其著作的基础性研究方法的影响,认为它是先验决定的,能够同样运用于霍布斯的研究,并着手尝试这种研究"⑤。遗憾的是拉斯莱特没有从理论上证成历史语境主义方法,而且他后来再没有从事思想史研究。拉斯莱特的方法论主张后来被斯金纳所吸收并加以改造,使之成为历史语境主义方法论的组成部分。

波考克是剑桥学派的重要成员,出版了《古代政治与封建法》《政治、语言与时间》《造就马基雅维利的历史时机》《美德、商业与历史》等著作。⑥ 波考克的学术贡献是多样的,主要在政治理论、政治思想史、史学以及史学方

---

① [英]昆廷·斯金纳:《国家与自由:斯金纳访华讲演录》,北京大学出版社 2018 年版,第 167 页。

② [芬兰]凯瑞·帕罗内:《昆廷·斯金纳思想研究》,李宏图、胡传胜译,华东师范大学出版社 2005 年版,第 14 页。

③ [芬兰]凯瑞·帕罗内:《昆廷·斯金纳思想研究》,李宏图、胡传胜译,华东师范大学出版社 2005 年版,第 14 页。

④ [芬兰]凯瑞·帕罗内:《昆廷·斯金纳思想研究》,李宏图、胡传胜译,华东师范大学出版社 2005 年版,第 14 页。

⑤ [芬兰]凯瑞·帕罗内:《昆廷·斯金纳思想研究》,李宏图、胡传胜译,华东师范大学出版社 2005 年版,第 14 页。

⑥ 张执中:《从哲学方法到历史方法》,载《世界历史》1990 年第 6 期。

法论等几个领域。在政治思想史研究的方法论方面，波考克作出突出贡献。他同拉斯莱特一样，倡导方法论革新，致力于对政治思想史研究方法的改造。波考克着重研究政治语言，开启了剑桥学派政治思想史研究的语言转向，"在政治思想史领域造成了方法论上的大变革"①。

波考克对观念史研究的非历史主义特点持批评态度，因为观念史家把政治思想史变成基本观念的历史，并被归结为一种单一的、发生在高度抽象层次的历史。"共同观念"被当作历史延续性的表现，差异则被看成历史变化或发展。② 这样，观念史家就把从柏拉图到马克思期间的主要著作作为一个特别的哲学传统的内容从哲学角度进行分析，而不是把它们看作一个更广泛的思想史的一部分。③ 波考克认为，"这些系统在思想上的共性应该构成历史秩序的连续性，而它们之间的差异则构成历史秩序中变革的过程；但是历史学家的方法还没有建立起这个秩序"④。在多数情况下，研究对象根本不是历史现象，而是哲学家建构起来的对象，因此，对它们进行真正的历史研究是根本不可能的。

这种研究政治思想史的方法显然是非历史主义的。首先，思想家变成了一个个孤立个体，被从他们所属的具体社会中分离出来，好像他们身处一切时代，在对一切时代的人发议论；他们的作品也被置于其特殊历史环境之外，并被当作思想家个人意识状态的记录，而不是某种社会活动或历史事件的体现。其次，传统历史学家往往以哲学的方法去分析政治作品，把它们放在一种作者与过去都可能未曾达到的抽象层次去研究，强加给它们一种它们实际上并未获得的逻辑连贯性。这样做，从哲学的角度看是无可非议的，但从历史的角度看很成问题。因为，当历史学家以这种方式去研究政治作品时，他所关心的与其说是作品在过去曾经经历的，不如说是他自己在现在所能找到的东西。他因为热衷于找出作品中最大理论连贯性，往往添加给作者一些明确的意图，或把作者说成在做一些在其历史条件下不可能做的事。最后，把所有作品都当作政治哲学来对待，就是忽视这样一个事实，即政治思想实际上可以在许多层次发生（从实际鼓励到哲学思辨）。也就是

① 张执中：《从哲学方法到历史方法》，载《世界历史》1990年第6期。
② 张执中：《从哲学方法到历史方法》，载《世界历史》1990年第6期。
③ ［美］约翰·G.冈内尔：《政治理论：传统与阐释》，王小山译，浙江人民出版社1988年版，第102～103页。
④ J.G.A.Pocock，Politicas，*Languages and Time*，Atheneum，1971，p.9.

说,政治讨论可以为哲学性的,也可以为雄辩性的。因为他提出的问题(更不用说解答)不是真正历史的问题,诸如这一作品如何在历史中发生,如何置身于历史;或作者为什么要写它,以及为什么以这种方式去写它;等等。①因此,波考克认为,不能简单地把经典著作作为哲学去对待,应该找到一种方法"把政治思想现象当作历史现象来研究——由于历史的内容是发生的事情——甚至可以把它作为历史事件研究:作为受其环境制约的发生的事件来研究"②。

观念史研究方法的根本问题在于用哲学解释取代历史解释。但是,哲学解释不能替代历史解释,不应当把对政治思想的哲学解释与历史解释等同或混淆。哲学解释采取理性重建的方式将观念之间的关系形式化,把复杂多样的政治思想归整为诸多哲学体系;而历史解释则采取历史重建的方式置作者于特定语境之中,复原作者的意图。两种解释的步骤及其所要回答的问题有着根本性的差别。③不过,历史学家也需要借鉴哲学解释的方法,"哲学分析是一种推动力,它促使历史学家寻找自己特有的方法"④。波考克认为,实证主义哲学和语言哲学的兴起使传统政治哲学的正当性受到质疑,却给历史学家探索新的方法提供了契机。

波考克把历史分析和语言分析结合起来。在波考克看来,语言分析可以克服观念史家纯粹哲学式研究的弊端,使政治思想研究在语言层面上重新获得其历史维度。因为"'语言'是历史的结果,它就是历史本身"。⑤首先,通过语言探索能够取得历史性的效果,能够带来有关语言使用的历史性陈述;其次,这种活动可以被视为一种历史行动者(historical agent),它引起了语言意识以及语言使用本身的历史的变迁。因此,"1956年左右,对许多人来说,语言分析摧毁了政治哲学,然而,正是语言分析推动了系统化思想的历史(传统意义上的'哲学')向一种语言的使用并日趋完善的历史(新的

① 张执中:《从哲学方法到历史方法》,载《世界历史》1990年第6期。
② J.G.A.Pocock,*Politicas,Languages and Time*,Atheneum,1971,p.11.
③ [英]J.G.A.波考克:《语言及其含义——政治思想研究的转向》,载丁耘主编:《什么是思想史?》,上海人民出版社2006年版,第68~69页。
④ [英]J.G.A.波考克:《语言及其含义——政治思想研究的转向》,载丁耘主编:《什么是思想史?》,上海人民出版社2006年版,第70页。
⑤ [英]J.G.A.波考克:《语言及其含义——政治思想研究的转向》,载丁耘主编:《什么是思想史?》,上海人民出版社2006年版,第71页。

意义上的'哲学')转化,从而使政治思想史获得了解放"①。这"意味着一种真正独立的方法的出现,这一方法提供了一种途径,它将政治思想视为严格意义上的历史现象,而且由于历史涉及正在发生的事情,所以政治思想现象甚至被视为历史事件:因为事物是在特定语境下发生的,后者往往决定着事件的性质"②。

对政治思想进行语言分析之所以可能,是因为政治系统与语言系统有着紧密的联系。波考克把政治思想界定为"对政治语言的探索和完善"③。政治语言既有语言学的一面,又有政治的一面。政治语言从其是政治和政治思想得以清晰表达的载体的意义上说是一种语言现象,从其行使权威、发挥政治功效的意义上说是一种政治现象。④ 因而政治语言兼有政治的和思想的双重效应,这就在语言系统与政治系统之间建立起了关联。⑤

从语言学的深度考察历史就是把政治思想看成一种体现于政治作品中的社会活动和历史事件,把政治思想家看成历史行动者。历史行动者在特定的环境中开展历史活动,不可能孤立于他所处的环境。他是在一定的历史情景中,通过特定历史条件下可获得的交流手段进行演说、写作等活动。通过说与写,他实际上是在以言行事。⑥ 历史行动者正是以这种方式参与政治论辩和政治活动。在这个意义上,"政治思想可以被认为是社会行为的一个方面,是人们对彼此以及他们对社会制度的行为方式"⑦。因而,政治思想史就是要研究发生在一定历史环境之中的历史行动者的言语行动,正

① ［英］J.G.A.波考克:《语言及其含义——政治思想研究的转向》,载丁耘主编:《什么是思想史?》,上海人民出版社 2006 年版,第 71 页。
② ［英］J.G.A.波考克:《语言及其含义——政治思想研究的转向》,载丁耘主编:《什么是思想史?》,上海人民出版社 2006 年版,第 70 页。
③ ［英］J.G.A.波考克:《语言及其含义——政治思想研究的转向》,载丁耘主编:《什么是思想史?》,上海人民出版社 2006 年版,第 73 页。
④ ［英］J.G.A.波考克:《语言及其含义——政治思想研究的转向》,载丁耘主编:《什么是思想史?》,上海人民出版社 2006 年版,第 77～79 页。
⑤ ［英］J.G.A.波考克:《语言及其含义——政治思想研究的转向》,载丁耘主编:《什么是思想史?》,上海人民出版社 2006 年版,第 73 页。
⑥ 张执中:《从哲学方法到历史方法》,载《世界历史》1990 年第 6 期。
⑦ ［芬兰］凯瑞·帕罗内:《昆廷·斯金纳思想研究》,李宏图、胡传胜译,华东师范大学出版社 2005 年版,第 15 页。

如波考克所说："研究某一思想家就是考察他借助语言的所作所为。"①

波考克阐述了对政治思想进行语言分析的方法。从语言学的角度考察政治思想，首先要重建作者的原意。第一，作者受制于一些深藏的观念与语言结构，可能察觉不到它们的存在。而历史学家有必要去发掘隐藏的、并非一目了然的东西。他可以揭示历史人物思想中没有直接表达甚至不为他自己所意识的层次上的含义。第二，政治语言包含多种意涵，远远多于作者原意。任何一种含义都是历史实际，都是历史研究的适当对象。其次，对于历史学家来说，更重要的是考察作者"在做什么"，而不是作者想要做什么。既然政治思想家是历史行动者，历史学家必须考察他通过他的作品在过去所进行的活动。在波考克看来，与哲学家的"理性的重构物"不同，"历史学家感兴趣的是当人们在有兴趣战斗、耕作或做任何其他事情时对政治的理解，也就是说，感兴趣的是他们作为个体在社会中的所作所为，他们的行为可以通过历史重建的方式进行研究，以显示他们生活于其中的世界是什么样子的、在这个世界中他们又为什么如此行事"②。

要揭示特定言说的"意涵"，就必须将其放在某种语言结构和多元语境中考察。一个社会的语言风格是多样的，政治语言本质上是多义的，所发挥的效力是多重的。因此，政治"言语所承载的含义和暗示极端繁复，即便言语使用和探索已相当完善，其所发挥的政治和语言学功效，以及通过强化讨论和批判性分析以图实现的言语所处的话语氛围，都变得空前错综复杂。所谓政治'思想'的历史正是在这种意义上来说的"③。而且，"政治言说所蕴含的政治行动并非一种，有着多种逻辑状态、多个抽象层次、多种参照语境、多重话语氛围。著作家可能并不愿意自己的陈述被放在任何这样的语境中解释，但他却无法阻止他的读者将其置于任何一个或所有这些语境中考察；而且随着时间的推移，人们的概念世界也在不断发生变化，因此某一

---

① ［英］J.G.A.波考克：《语言及其含义——政治思想研究的转向》，载丁耘主编：《什么是思想史？》，上海人民出版社 2006 年版，第 83 页。

② ［芬兰］凯瑞·帕罗内：《昆廷·斯金纳思想研究》，李宏图、胡传胜译，华东师范大学出版社 2005 年版，第 16 页。

③ ［英］J.G.A.波考克：《语言及其含义——政治思想研究的转向》，载丁耘主编：《什么是思想史？》，上海人民出版社 2006 年版，第 84 页。

陈述很可能被放在其作者根本无意或无法想象的语境中理解"①。在波考克看来,要追踪政治语言的历史,就必须通过语言的运用分离出这段历史所发生的语境或氛围,将政治言语的意涵层次置于同时代的语言结构中,对政治言语重新定位,这样才能对作品作出极富启发意义的解释。

波考克吸收了拉斯莱特关于语境分析的观点,并把语境分析与语言分析结合起来,形成了以语言分析为核心的政治思想史研究方法,这样他就超越了拉斯莱特。波考克把语言分析引入政治思想史研究,实现了政治思想史研究的语言转向,从而奠定了剑桥学派政治思想史研究的方法论基础。波考克独特的方法论主张极大地启发了斯金纳,斯金纳正是沿着波考克开辟的方法论路径进行政治思想史研究并将之升华,历史语境主义才得以形成。

邓恩是剑桥学派的重要成员。受拉斯莱特和波考克的影响,邓恩在政治思想史研究中注重历史分析和语言分析。首先,邓恩强调了对政治思想进行历史研究的重要性。他认为,观念史研究方法是非历史主义的。这类历史经常是人们在当代虚构的并强加于过去的抽象事物的历史,而不是对过去事实上存在过的"任何活动的历史方法的描述"②。但是,历史分析和哲学分析不是对立的。两者之间有区别,而且"历史精确性"和"哲学上的细微差别"十分重要,"只有把它们放在一起分析才能得到它们"③。因此,哲学的分析和历史的分析之间有互补性,不能把两者截然分开,"从哲学上对古人思想所做的充分论述与对这些思想的历史描述之间的关系很微妙"。④历史总是根据当前的哲学利益和角度而写,但是从哲学角度对过去的思想进行任何有意义的描述或分析的前提条件是从历史角度充分理解它,"它的历史客观性在于它对我们的哲学偏见充分的、真正的免疫力"⑤。邓恩认为,如果政治科学有未来,它必须认识到政治已经失去了神学的根基,它处于一种不令人满意的哲学状态(尤其是因为西方哲学的继承是有限的),只

①　[英]J.G.A.波考克:《语言及其含义——政治思想研究的转向》,载丁耘主编:《什么是思想史?》,上海人民出版社2006年版,第84页。
②　John Dunn,The Identity of the History of Ideas,*Philosophy*43,1968,pp.87-88.
③　John Dunn,The Identity of the History of Ideas,*Philosophy*43,1968,pp.85-86.
④　John Dunn,The Identity of the History of Ideas,*Philosophy*43,1968,p.86.
⑤　John Dunn,The Identity of the History of Ideas,*Philosophy*43,1968,p.99.

有当它认识到整个政治理解是历史性地建构而成的，它才具有当代意义。[①] 政治学研究是具有相关性的，是哲学上的一个重要问题，因此必须历史地加以理解，因为"试图理解政治"没有"明确的界限"，"没有无争议的核心内容"，并且是"从难以接近且难以控制的裂痕中取胜的斗争的一部分，这些裂痕是抓住人类世界面临的可能性和危险的材料，因为我们仍然必须面对这些材料"。[②] 如果没有什么是永恒的真理，那么政治学只有转向政治思想史，才能避免确定性或虔诚的肤浅。[③] 其次，邓恩认为只有在语言环境中才能历史地理解过去的思想。在邓恩看来，如果人们要真正从历史角度理解过去的思想，就必须把过去的思想作为一种社会活动和语言活动来研究，因为"人们只有在知道一个人正在做的事情之后才能理解他的意思"[④]。正是在这个意义上，政治思想史应该是描述性和规范性命题的历史，是"倡导这些命题的人们所从事的活动"的历史。[⑤] 这些命题由一些想通过陈述这些命题而说出并且作出某些事情的人们表达出来。他们参与的特殊语言活动从属于更为广泛的社会和政治范畴。因此，了解过去的思想要求我们"回到人们创造的语言环境中去"，"阐释的困难在于接近环境"和在历史中把握言说者的意图和经历。[⑥]

斯金纳承认在建构思想史方法的过程中受到了邓恩的较大启发与影响。斯金纳说："邓恩是我在剑桥的同代人，我们都是 1959 年入学，1962 年毕业。我对他非常了解。我受到了他的较大影响。他很快意识到，我和他有关如何教授思想史和如何书写思想史的那些问题的背后掩藏着许多重要的认识论问题，许多有关意涵理论的重要问题。我想，正是在邓恩的部分影

---

① For Dunn's doubts about political philosophy, see John Dunn, The Future of Political Philosophy in the West, In: J. Dunn, *Rethinking Modern Political Theory: Essays 1979-1983*, Cambridge University Press, 1985, pp.171-189.

② James Alexander, The Cambridge School, c. 1875-c. 1975, *History of Political Thought*, Vol.XXXVII. No.2, Summer 2016.p.368.

③ John Dunn, 'The History of Political Theory', In: J. Dunn, *The History of Political Theory and Other Essays*, Cambridge University Press, 1996, pp.26-27 and 30.

④ John Dunn, The Identity of the History of Ideas, *Philosophy* 43, 1968, p.93.

⑤ John Dunn, The Identity of the History of Ideas, *Philosophy* 43, 1968, p.92.

⑥ John Dunn, The Identity of the History of Ideas, *Philosophy* 43, 1968, p.98.

响下,我才开始着手处理这些问题。"①

综上所述,从波考克到邓恩,剑桥学派在政治思想的历史研究方面形成了基本的方法论主张,强调把政治思想置于其产生的语言环境中来理解。这样就把历史分析和语言分析结合起来了,从而克服了观念史非历史的研究方法的弊端,预示了政治思想史研究方法的新的变革。但是,无论是波考克还是邓恩都未能真正地完成这种变革,他们的方法论主张都还没有系统化。这一理论任务是由斯金纳来完成的。

三、反思与建构:斯金纳对观念史方法论谬误的系统批判

斯金纳承认施特劳斯学派在解读文本方面的杰出贡献,"任何研习思想史的人都无疑在一点上受益于施特劳斯,即他认为西方哲学家们存在一系列经典文本,我们都应该熟读,并且他始终坚持认为这些文本应该得到非常仔细的研究,这当然是正确的"。② 不过,斯金纳强调,施特劳斯学派观念史方法的最大问题是将文本作为作者信念的表达,而忽略了文本的历史语境。历史语境主义首先是针对观念史研究方法的非历史主义倾向提出来的。对于观念史方法论的非历史特性,斯金纳进行了详尽批判。③ 斯金纳认为,如果政治思想的研究者把主要注意力放在经典文本所包含的"普遍观念"上,就会忽视政治思想的历史维度,不可能实现对政治思想历史的理解。因此,斯金纳明确指出:"我对传统的'拘泥书本'的方法感到不满意的一点是:虽然这种方法的倡导者往往自称是撰写政治理论史的,但他们很少能提供给

---

① 〔英〕昆廷·斯金纳:《国家与自由:斯金纳访华讲演录》,北京大学出版社 2018 年版,第 167 页。

② 〔英〕昆廷·斯金纳:《国家与自由:斯金纳访华讲演录》,北京大学出版社 2018 年版,第 200 页。

③ 斯金纳所使用的"观念史"概念对应的术语是 Intellectual History 和 History of Ideas。在英语学界,这两个术语的内涵及其所涉及的研究对象有一定差别,不过大多数学者基本上将两者等同。就斯金纳而言,他所使用的 Intellectual History 比 History of Ideas 要宽泛得多,不但包括历史上出现过的各种哲学体系,而且包括普通人的信仰、情感、理想、成见、价值观等,但斯金纳更经常使用的是 History of Ideas。由于斯金纳经常把两者当作同一词使用,很难对此作出区分,因此本书把 Intellectual History 和 History of Ideas 的对应术语都称作"观念史"。

我们真正的历史。"①文本主义的研究方法"将某个人的期望投射到过去作者的著作中",②从而缔造了很多"神话",产生了很多谬误。

一是"学说的神话"(the mythology of doctrines)。"学说的神话"指的是思想史家在从事研究时往往期望着,每一位经典作家必然在构成某一主题的每一个论题上形成了某种学说体系。③斯金纳认为,"学说的神话"的实质是研究者对作者意图妄作揣测,把自己的意图强加于文本之上。在思想史实践中,"学说的神话"体现为两种形式。第一种是思想史家将经典作家"某些零星的或即兴的论述转化成他们在某一预期的主题上的所谓'学说'"④。这种神话形式进一步导致两种历史性谬误:一种是关注某一位或一批思想家的思想传记。这种思想传记的一个最大危险就是容易犯时代误置(anachronism)的毛病,研究者力图在经典文本中发现所期待的学说。⑤另一种是关注某些"单元观念"本身发展的"形形色色的观念的历史"⑥。在斯金纳看来,洛夫乔伊的"观念史"就是此种"学说的神话"的典型形式。观念史研究的出发点是"确立有关某一学说的理想类型⑦,无论这种理想类型

---

① [英]昆廷·斯金纳:《近代政治思想的基础》,奚瑞森、亚方译,商务印书馆2002年版,第4页。

② [芬兰]凯瑞·帕罗内:《昆廷·斯金纳思想研究》,李宏图、胡传胜译,华东师范大学出版社2005年版,第22页。

③ [英]昆廷·斯金纳:《观念史中的意涵与理解》,载丁耘、陈新主编:《思想史的元问题》,广西师范大学出版社2005年版,第43页。

④ [英]昆廷·斯金纳:《观念史中的意涵与理解》,载丁耘、陈新主编:《思想史的元问题》,广西师范大学出版社2005年版,第43页。

⑤ [英]昆廷·斯金纳:《观念史中的意涵与理解》,载丁耘、陈新主编:《思想史的元问题》,广西师范大学出版社2005年版,第43～45页。

⑥ [英]昆廷·斯金纳:《观念史中的意涵与理解》,载丁耘、陈新主编:《思想史的元问题》,广西师范大学出版社2005年版,第43页。

⑦ "理想类型"概念是马克思·韦伯创立出来的,后来政治学家在博弈论、模型建立、模拟及一般发展的理论中运用了这一概念。理想类型是以极端的或纯粹的形式阐述事物特性的一种概念,以至于在现实世界中纵然能发现这种概念所指的事物,也是很少的。尽管如此,理想类型还是反映出现实的某些方面,而且通常把它当作判断、解释或调查现实的基础。像其他类型一样,理想类型也是一种抽象。理想类型的运用势必把模型与经验的现实分开,但是它还可以作为一种工具来运用,即确立一个现实系统或事件与理想类型到底有多远的距离。作为一种启发式设计,它还可以提出新的研究途径。[美]杰克·普拉诺:《政治学分析辞典》,中国社会科学出版社1986年版,第72～73页。

是有关平等、进步、国家理性、社会契约、存在巨链、权力分立还是其他什么"①。观念史方法的危险在于将观念实体化（reifications），观念被作为历史上所固有的。结果，观念史被描述成一个不断成长的有机体，主体消失了，代之以观念自身的发展。② 这种神话形式造成了两种历史谬误：一种是以理想类型为标准对经典作家进行褒贬，观念史成了观念不断接近理想类型的过程。③ 另一种是"是否可以说某一'观念单元'在某一时间'确实出现了'，它是否在某一著作家的作品中'确实存在'"④。

第二种"学说的神话"是某一经典作家"要是未能就某一设定的主题提出一种得到认可的学说，那么他便被批评为不称职"⑤。斯金纳认为，施特劳斯的思想史研究是这种学说神话的"鬼神学版本"⑥，研究者强调有关道德和政治理论的历史研究应当关注某些永恒的或至少传统的"真正标准"。⑦ 这种"学说的神话"体现为两种形式：第一种是"将某些在史学家们看来适合于某一主题的学说赋予经典理论家，而经典理论家们实际上并未对之进行讨论"⑧。这种形式的危险在于在一种平淡的历史研究的面具的掩护下，思想史家将自己的偏见强加于那些经典作家身上。第二种更为明显的神话形式则在于思想史家"依据一种先验的假定对经典著作家提出批评，说某某经典作家本应通过他们的著作为他们的领域作出最为系统的贡

---

① ［英］昆廷·斯金纳：《观念史中的意涵与理解》，载丁耘、陈新主编：《思想史的元问题》，广西师范大学出版社 2005 年版，第 46 页。

② ［英］昆廷·斯金纳：《观念史中的意涵与理解》，载丁耘、陈新主编：《思想史的元问题》，广西师范大学出版社 2005 年版，第 46～47 页。

③ ［英］昆廷·斯金纳：《观念史中的意涵与理解》，载丁耘、陈新主编：《思想史的元问题》，广西师范大学出版社 2005 年版，第 47 页。

④ ［英］昆廷·斯金纳：《观念史中的意涵与理解》，载丁耘、陈新主编：《思想史的元问题》，广西师范大学出版社 2005 年版，第 48 页。

⑤ ［英］昆廷·斯金纳：《观念史中的意涵与理解》，载丁耘、陈新主编：《思想史的元问题》，广西师范大学出版社 2005 年版，第 49 页。

⑥ ［英］昆廷·斯金纳：《观念史中的意涵与理解》，载丁耘、陈新主编：《思想史的元问题》，广西师范大学出版社 2005 年版，第 49 页。

⑦ Leo Strauss, *What is Political Philosophy?* Free Press, 1959, p.12.

⑧ ［英］昆廷·斯金纳：《观念史中的意涵与理解》，载丁耘、陈新主编：《思想史的元问题》，广西师范大学出版社 2005 年版，第 50 页。

献"①。结果，经典作家因未能达到思想史家的期待而备受责难。

二是"连贯性的神话"（the mythology of coherence）。"连贯性的神话"指的是研究者总是倾向于把经典文本视作一个融会贯通的整体，是一个总体上封闭的、完整的思想体系。比较典型的做法是从经典文本中找到片言只语的信息或某个概念，以之作为贯通全部文本的基础，以实现一种综合性的解释，获得一种"对某一著作家理论体系的连贯性认识"②。这种"连贯性的神话"经常会导致一种历史谬误：缺乏连贯的体系便成了经典作家的罪过。在思想史实践中，"连贯性的神话"会造成两种形而上学倾向：首先，为了发掘出最大限度的连贯性，思想史家忽略经典作家本人有关自己行为意图的陈述，甚至将所有那些不利于他们思想体系连贯性的著述忽略不计。③其次，研究者认为经典文本不可能存在和容纳任何实质性的内在矛盾。在研究经典文本遇到矛盾时，研究者并不去思考作者的思想是否前后一致，而是想该如何解释文本表面的矛盾之处。这样的思考方式使观念史家去建构并不存在的连贯性思想体系，从而误入了旨在"解决自相矛盾"的经院式歧途。④

斯金纳把施特劳斯解读文本的方法当作是这种形而上学式神话的典型样式。在施特劳斯看来，经典文本之所以会有矛盾，乃在于迫害的威胁及其对我们表述自己思想可能造成的影响。⑤ 在一切"迫害的时代"，我们有必要将自己不大正统的信仰隐藏在自己所出版的著作的"字里行间"。这样一来，经典文本中的矛盾和混乱之处就往往隐藏着作者的深意，称职的研究者通过认真研读可以最终消解掉那些矛盾，显现作者的真义。⑥ 斯金纳认为，此种对于连贯性的辩护所遇到的困难在于两个先验的假设：首先，思想的原创性意味着颠覆性，指引着研究者在经典文本的字里行间寻找思想的真义；

---

① ［英］昆廷·斯金纳：《观念史中的意涵与理解》，载丁耘、陈新主编：《思想史的元问题》，广西师范大学出版社 2005 年版，第 52 页。

② J.W.N.Watkins, *Hobbes's System of Ideas*, Hutchinson, 1965, p.10.

③ ［英］昆廷·斯金纳：《观念史中的意涵与理解》，载丁耘、陈新主编：《思想史的元问题》，广西师范大学出版社 2005 年版，第 55 页。

④ ［英］昆廷·斯金纳：《观念史中的意涵与理解》，载丁耘、陈新主编：《思想史的元问题》，广西师范大学出版社 2005 年版，第 57 页。

⑤ Leo Strauss, *Persecution and the Art of Writing*, Free Press, 1952. pp.24-25, 30, 32.

⑥ ［英］昆廷·斯金纳：《观念史中的意涵与理解》，载丁耘、陈新主编：《思想史的元问题》，广西师范大学出版社 2005 年版，第 58 页。

其次,任何以解读言外之意为基础的诠释都无懈可击,因为"洞穿"不到作者言外之意的人是没有思想的读者,而能够"洞穿"言外之意的人即值得信赖的和聪明的。斯金纳认为,这些假设既不合情理又没有经过论证,却被视作理所当然的事情。[①]　因此,"尽管有这样明确的辩护,那种愣是要为某一著作家思想找到某种'内在的连贯性'的做法,最多也只能导致一种对著作家们实际所想的带有神话色彩的描述"[②]。此外,斯金纳也强烈批评施特劳斯学派所谓"隐秘写作"的说法。他注意到,施特劳斯专注于这样一个观念,伟大的经典是写给精英的,而且含有一个隐微的信息,这个信息只提供给精英而不是别人。如果没有领悟到这个隐微的信息,我们就不能理解这个文本。"然而,怎样才能确定一个特定的文本是否含有一个隐微的信息呢?施特劳斯在他那本精彩绝伦的小书——《迫害和写作艺术》中给出了答案。在政治迫害的年代,写作必须采取他所谓的间接策略,你不能说你的想法,你必须采用间接表达的方式。那么,我如何确定任何给定的文本具有这种特质呢?如果它是在迫害的年代写作的,它就具有这种特质。那么,什么是迫害的年代?什么样的年代会有这种特质的写作?我可以理解间接写作的社会环境,但我不认为这是一个接近西方思想经典的有益方式。尽管施特劳斯并不同意,大多数站在经典之列的作家都明显是无畏地表达自己想法的人。霍布斯、斯宾诺莎、卢梭、马克思或者任何与社会高度对立的作家。那些完全不是间接写作的人,对自己的写作和事业有着难以置信的热情。像斯宾诺莎这样的人,是对不存在隐微的信息相当有力的证明。施特劳斯奇怪地误解了很多哲学作家的心理。所以我向来不能同意秘密写作,并且从来没有发现它作为一个一般的说法是令人信服的,我从来没有觉得它可以帮助我们理解经典。"[③]

三是"预见的神话"(the mythology of prolepsis)。"预见的神话"指的是把研究者眼中政治思想史片段所具有的历史意义等同于那一片段本身所具有的意义,"它将观察者自己声称的在某一特定历史时期发现的意义与这

---

① 　[英]昆廷·斯金纳:《观念史中的意涵与理解》,载丁耘、陈新主编:《思想史的元问题》,广西师范大学出版社 2005 年版,第 58 页。

② 　[英]昆廷·斯金纳:《观念史中的意涵与理解》,载丁耘、陈新主编:《思想史的元问题》,广西师范大学出版社 2005 年版,第 59 页。

③ 　[英]昆廷·斯金纳:《国家与自由:斯金纳访华讲演录》,北京大学出版社 2018 年版,第 204~205 页。

一历史时期自身的意涵之间的非对称性生硬地合并在一起"①。这种"预见的神话"所存在的危险在于当研究者对某一特定经典文本进行描述时,研究者可能通过一种历史缩减(historical shortening)过程对文本所试图揭示的意涵作出错误的叙述。② 因为,它把"一种有关某一著作历史意义的真确描述与那种在原则上并不属实的有关原作者行为的描述彼此混淆"③。

"预见的神话"带有两种典型的偏狭(parochialism):第一种就是研究者带有误导性地大谈早期著作的所谓"影响",认为在后的作者总是在指涉先前的作者(或继承或反驳)。其实,这种"影响"并非没有解释力,然而不可脱离充分或至少必要的条件来侈谈"影响"。④ 斯金纳以某一更早的著作家 A 的"影响"解释著作家 B 为例来说明使用"影响"概念的条件。这样的条件至少包括:1.人们知道 B 研读过 A 的著作;2.除了 A、B,不可能在任何其他著作家那里找到相关的学说;3.B 不可能在没有受到其他任何作者的影响的情况下自己提出相关的学说。以这种条件来考察"预见的神话",这样的神话式解释便很容易被揭穿。⑤ 第二种偏狭是研究者"在描述某一著作的意义(sense)时常常会在无意识间误用他们的视角"⑥。这种偏狭会导致一种危险:思想史家将某一论证概念化,使那些本来不相干的成分成为一种带有误导的熟悉性(a misleading familiarity),从而曲解经典著作本来的历史意义。⑦ 当研究者把某种概念作为解释经典文本的预先的范式时,就会从经典文本中发现某种牵强附会的理论,从而产生偏狭的神话式解释。

① [英]昆廷·斯金纳:《观念史中的意涵与理解》,载丁耘、陈新主编:《思想史的元问题》,广西师范大学出版社 2005 年版,第 60 页。
② [英]昆廷·斯金纳:《观念史中的意涵与理解》,载丁耘、陈新主编:《思想史的元问题》,广西师范大学出版社 2005 年版,第 61 页。
③ [英]昆廷·斯金纳:《观念史中的意涵与理解》,载丁耘、陈新主编:《思想史的元问题》,广西师范大学出版社 2005 年版,第 60 页。
④ [英]昆廷·斯金纳:《观念史中的意涵与理解》,载丁耘、陈新主编:《思想史的元问题》,广西师范大学出版社 2005 年版,第 62 页。
⑤ [英]昆廷·斯金纳:《观念史中的意涵与理解》,载丁耘、陈新主编:《思想史的元问题》,广西师范大学出版社 2005 年版,第 62 页。
⑥ [英]昆廷·斯金纳:《观念史中的意涵与理解》,载丁耘、陈新主编:《思想史的元问题》,广西师范大学出版社 2005 年版,第 64 页。
⑦ [英]昆廷·斯金纳:《观念史中的意涵与理解》,载丁耘、陈新主编:《思想史的元问题》,广西师范大学出版社 2005 年版,第 64 页。

"预见的神话"是一种目的论式解释模式,研究者以在后的思维模式来解读和评判在先的思想片段,把自己所理解的文本意义强加于文本之上,从而忽视了文本本身的意义。其实,研究者既要探索前一种意义,又要确定后一种意义,不能将二者混同。

斯金纳剖析了观念史研究方法的内在缺陷。首先,观念史家假定观念必然存在"基本意涵",而且这种"基本意涵"保持不变。实际上,这种假定是错误的,因为观念的意涵必然随着时代和语境的不同而变化。[①] 其次,观念史家把观念史看成观念自我发展的历史,这就使观念与其言说主体失去了关联。主体隐没了,只有观念在场。从这样的历史中,"我们无法获知某一特定观念曾经在某一思想家的思想中发挥着怎样的作用。无论这种作用是大还是小,我们也无从知道这一观念在其出现时的思想环境中是处于中心还是边缘。我们也许知道某一表述在不同时期旨在回应不同的问题,但我们不可能有望知道(再次引用柯林武德的观点)该表述究竟要回应什么样的问题,是什么原因促使人们继续使用这一表述"[②]。最后,观念史研究方法将观念从其形成语境中抽象出来,将其看成超越具体历史处境的永恒智慧。这一方法既无从考察观念的产生语境又无从考察经典作家在表述其观念时的行为,从而抛弃了理解观念的历史维度,难以真正理解观念。[③]

总之,从原则上看,传统的方法无法使我们对思想史上的文本形成充分的理解。[④] 之所以如此,其根源在于观念史研究方法的非历史特性使文本与其产生的历史语境相脱离。因此,要真正理解文本所表述的思想,就必须恢复文本的历史维度,置文本于其产生的历史语境之中。斯金纳对历史研究方法的倡导,标志着政治思想研究中历史方法的再次崛起。

---

① 〔英〕昆廷·斯金纳:《观念史中的意涵与理解》,载丁耘、陈新主编:《思想史的元问题》,广西师范大学出版社 2005 年版,第 74 页。

② 〔英〕昆廷·斯金纳:《观念史中的意涵与理解》,载丁耘、陈新主编:《思想史的元问题》,广西师范大学出版社 2005 年版,第 74 页。

③ 〔英〕昆廷·斯金纳:《观念史中的意涵与理解》,载丁耘、陈新主编:《思想史的元问题》,广西师范大学出版社 2005 年版,第 74 页。

④ 〔英〕昆廷·斯金纳:《观念史中的意涵与理解》,载丁耘、陈新主编:《思想史的元问题》,广西师范大学出版社 2005 年版,第 67 页。

第二节　历史语境主义方法的基本内容

一、历史语境主义理解政治思想的基本视角

作为研究政治思想的方法,历史语境主义有自己理解政治思想的独特视角,从而形成了区别于其他研究方法的方法论特征。斯金纳对此作了十分清楚的阐述:我将"捍卫我对阅读和解释历史文本的一个特定的观点,我认为,如果我们希望以合适的历史方法来写观念史的话,我们需要将我们所要研究的文本放在一种思想的语境和话语的框架中,以便于我们识别那些文本的作者在写这些文本时想做什么。用较为流行的话来说,我强调文本的语言行动并将之放在语境中来考察。我的意图当然不是去完成进入考察已经逝去久远的思想家的思想这样一个不可能的任务;我只是运用历史研究最为通常的技术去理解概念,追溯他们的差异,恢复他们的信仰以及尽可能地以思想家自己的方式来理解他们"①。通过这段话,结合前面关于历史语境主义产生的背景,以及斯金纳对于施特劳斯的批评,就不难看出历史语境主义方法的视角:历史语境、言语行动和政治修辞。

首先,历史语境视角是斯金纳理解政治思想最基本的出发点。政治思想家采取什么方法、视角解释政治现象的发生,总是与其关于政治现象的发生原因、一般起源的立场(本体论预设)有关的。这种立场形成了政治思想家解释政治现象的基本出发点。由于理论预设不同,政治思想家对于政治现象的解释就会千差万别。对于同一个政治现象,有的偏重于从经济方面理解(比如马克思),有的偏重于从文化上阐释(比如阿尔蒙德)。出现这种情况,一般来说是由于政治思想家相信,经济因素或文化因素是造成某种政治现象发生的根本原因,或是导致某种政治现象发生的主要原因或变量。既然如此,当政治思想家遇到类似政治现象的时候,自然地就会偏重于从这个角度、抓住这个主要变量去对这种政治现象作出发生学解释。斯金纳对政治思想的解释也是如此。从前面的讨论,尤其是从斯金纳对施特劳斯的批评中可以看出,斯金纳对"政治思想"这一现象的基本解释模式主要承袭

① Quentin Skinner, *Vision of Politics*, Vol. I, Cambridge University Press, 2002, General Preface, p. VII.

了历史主义的方法论原则。也就是说，他倾向于相信，一定思想家的思想总是特定历史条件、历史环境的产物，而不是或者主要不是如施特劳斯所说是由观念自身产生的。因此，对于政治思想发生的根本原因，应该到政治思想家所处的具体历史条件中去寻找（尽管这种"历史条件"不是马克思主义的经济关系意义上的）。因而研究政治思想的根本方法就是，从作者当时所处的历史条件出发，用斯金纳自己的话来讲就是"以合适的历史方法来写观念史"①。

与以往的历史主义方法有所不同的是，斯金纳的"合适的历史方法"既非马克思主义的唯物主义，也非一般的背景主义，而是"把文本放在一种思想的语境和话语的框架中"②。而正如后面我们还将详细讨论的那样，所谓"思想的语境和话语的框架"主要是指思想的历史语境，即思想赖以产生的比较一般的社会和知识语境。从导论对语境定义的讨论可以看出，语境的范围非常广泛，万事万物均可纳入语境。虽然斯金纳没有对语境进行过明确的界定，但从斯金纳对"语境"一词实际运用的情况来看，斯金纳所说的语境主要是指政治思想家参与政治论辩所遵循的政治意识形态惯例。斯金纳把意识形态看成政治行动者为描述政治行动而采用的规范词汇。惯例是指支配行为的那些先验存在的、相互认可的语言类型。③ 这样，斯金纳所说的政治思想的历史语境主要指的是那些支配政治行为的政治语言类型。因此，斯金纳所说的"合适的历史方法"主要是指把政治思想置于其赖以产生的支配当时政治行为的政治语言的论述框架之中，对政治思想予以定位，以便准确地理解政治思想。在这一方法之中，政治意识形态惯例是一个非常重要的因素，斯金纳不但把它看成历史语境的主要成分，而且是联系语境与政治思想意涵的有效手段。④

很显然，斯金纳的历史方法本质上是一种语言分析方法，影响政治思想

---

① Quentin Skinner, *Vision of Politics*, Vol. Ⅰ, Cambridge University Press, 2002, General Preface, p.Ⅶ.

② Quentin Skinner, *Vision of Politics*, Vol. Ⅰ, Cambridge University Press, 2002, General Preface, p.Ⅶ.

③ Quentin Skinner, Conventions and the Understanding of Speech-acts, Blackwell Publishing for The Philosophical Quarterly 20, 1970, p.133.

④ Quentin Skinner, Some Problems in the Analysis of Political Thought and Action, *Political Theory*, Vol.2, No.3, Sage Publications, Inc.1974, p.284.

的主要历史因素是支配政治行为的政治意识形态惯例,它通常表现为支配政治行为的政治话语。这实际上是把对政治思想的历史分析转变成了对政治语言的历史分析,也就是把政治思想史转变成了政治意识形态史。这就把语言分析与历史分析密切结合在一起,彼此难以分离。这是斯金纳历史方法的重要特色。它既区别于马克思主义的唯物主义,也区别于一般的背景主义。这种区别主要有两个方面:一是从历史分析的知识论基础看,斯金纳的历史方法是语言分析方法,而马克思主义的唯物主义和背景主义都属于传统的意识分析方法。作为"语言学转向"的产物,语言分析方法借助于现代语言学与语言哲学的分析工具,可以克服意识分析内在的模糊性,使历史分析借助语言分析工具达致历史学的准确性。可见,语言分析方法与历史方法的结合,使传统的历史方法具有更强的说服力与解释力,从而获得了新的生机与活力。二是从历史分析的内容看,斯金纳的历史方法主要分析表现为政治意识形态惯例的政治话语,这就把不属于政治话语论述框架的其他内容排除在历史分析的范围之外,使历史分析有了明确的范围和清晰的边界。同时,斯金纳把政治意识形态惯例看成把握政治思想意涵的重要历史因素,这与马克思的历史唯物主义把经济因素当作支配政治思想的决定性因素的观点不同,与背景主义把具体的社会政治背景(道德、经济、政治、宗教、法律等)作为影响政治思想的主要历史因素的看法也有差异。此外,斯金纳的历史方法借由语义的歧义性、多样性,语言意义的流动性,能充分体现政治思想的历史特性,更有利于展示政治思想的多元性,从而排除政治思想史研究中的独断论、决定论。

其次,言语行动视角是历史语境分析的核心。以往的思想史研究者常常把思想家的"思想"当作孤立、静止的对象看待。而斯金纳借鉴科林武德和维特根斯坦、奥斯汀的方法论主张,不再把思想家的"思想"加以静态的、孤立的理解,不再局限于静态地理解思想家所表达出来的、保留在文本上的"观念",不再纯粹地研究思想家的思想成品,而是从"以言行事"的视角,考察思想家进行思想的"意图",把思想家"思想的过程"理解为一种具有特定意图的政治实践行为。也就是说,他强调不仅要从文本,而且更要从思想家的意图去了解思想。这就提出了一个理解政治思想的新方法。传统的观念史方法仅仅静态地研究政治思想经典文本。斯金纳则认为仅仅研究文本是不够的,还必须把握作者写作文本的意图。而且作者写作文本的意图对于理解政治思想的意涵更为重要和关键,它是理解文本意涵的最高标准。斯金纳的文本诠释方法紧紧围绕如何把握作者写作文本的意图这个核心展开,因此,言语行动视角是历史语境主义方法的内在灵魂。

最后,修辞视角是历史语境分析的深化。修辞并非外在于语言,而是语言的固有属性。从这一意义上说,任何语言都具有在特定语言环境中使语言表达方式恰切语境的修辞特性。因此,分析政治语言,就不能漠视政治语言的修辞特征。从古希腊开始,思想家就开始关注修辞。但是,思想家对修辞作用的认识始终存在分歧。在西方,自柏拉图以来的大多数政治思想家把修辞与理性、修辞与真理对立起来,把修辞看成发现真理的障碍,主张剔除语言中的修辞成分以揭示真理。以至于到了近代,修辞陷入衰落,基本上没有进入政治思想家的视野。而斯金纳则重新评价修辞的作用,不仅不再把修辞与理性相对立,还承认修辞具有发挥和昭彰理性的作用。这样,斯金纳就一改政治思想家忽视甚至拒斥修辞的传统,转而关注政治思想的修辞特色。这就为斯金纳理解政治思想提供了一个全新的视角。在斯金纳看来,政治思想是特定时代修辞文化的产物,它充满"修辞密码"。政治思想的语言表达方式、论证方式都是其修辞特性的表现。要真正准确地理解政治思想,那就必须把政治思想置于其所处的修辞文化的传统之中,揭示政治思想的修辞学特征。如果忽略政治思想的修辞视角,就可能导致对政治思想的"过分简单化的解释"①。对修辞视角的关注使斯金纳对政治思想的分析从语言层面深入修辞层面,这实际上是对语言分析方法的进一步拓展,是对语境分析方法的一种深化,有助于揭示政治思想容易被忽视的意涵。

总之,斯金纳基于自己对政治思想的理解,采用历史语境、言语行动、政治修辞三个视角来解释政治思想,形成了历史语境主义方法。在三个视角中,言语行动渗透在历史语境和修辞视角之中,同它们结合在一起。因此,本书在分析历史语境主义方法时,主要从历史语境和政治修辞两个视角展开。

二、历史语境分析

斯金纳抱着倡导政治思想研究的历史方法的愿望,在对观念史研究方法进行系统反思和深刻批判的基础上提出:要历史地理解政治思想,就必须

---

① ［英］昆廷·斯金纳:《霍布斯哲学思想中的理性与修辞》,王加丰、郑崧译,华东师范大学出版社 2005 年版,第 15 页。

把政治思想史上的经典文本置于其赖以产生的历史语境中加以考察。这种从历史语境角度来理解政治思想经典文本的内涵及其意义的研究方法就是历史语境主义。具体而言，政治思想史家"不去专门研究主要的理论家，即经典作家，而是集中探讨产生他们作品的比较一般的社会和知识源泉"①。这就是说，要充分理解政治思想史上的经典文本，必须从产生经典文本的社会和知识背景入手，将经典文本放在其所处的历史语境中来研究，"考察经典文本赖以产生的社会条件或知识语境"②。

历史语境主义的提出受到了以维特根斯坦和奥斯汀为代表的日常语言哲学的深刻影响。维特根斯坦的语言游戏理论和奥斯汀、斯特劳森（P.F. Strawson）和塞尔等人的言语行动理论为历史语境主义提供了哲学方法论。斯金纳对此有明确的阐述："维特根斯坦引导我们思考语言的运用，依我看是奥斯汀有效地采纳了这个提议并加以实施。结果是对这件事情的惊人的、精确的剖析：谈论语言可被用于的、范围广阔的用法，因而谈论使用语言能够做的事情的范围，究竟有何意义。"③维特根斯坦在其《哲学研究》中强调我们不应当孤立地对待"语词（words）的意涵"，我们应将注意力集中在具体语言游戏（language-games）和特定生活模式中更为一般的语词的使用方面。④ 奥斯汀在其《如何以言行事》（*How to do Things with Words*）一书中强调说话就是做事。在斯金纳看来，维特根斯坦和奥斯汀的这些洞见为政治思想史家提供了一种非常有价值的解释学，他们的方法以某种特定的方式有助于我们理解言说（utterances）、诠释文本（texts）。⑤ 具体而言，"假如我们希望理解任何正式的言说，我们需要掌握某些东西，以超越用以表述这些言说所用术语（terms）的意义（sense）及所指（reference）。借用奥斯汀的程式就是，我们需要想方设法复原主体于言说（saying）过程中的行为

① ［英］昆廷·斯金纳：《近代政治思想的基础》，奚瑞森、亚方译，商务印书馆 2002 年版，第 3 页。

② ［英］昆廷·斯金纳：《观念史中的意涵与理解》，载丁耘、陈新主编：《思想史的元问题》，广西师范大学出版社 2005 年版，第 40 页。

③ ［芬兰］凯瑞·帕罗内：《昆廷·斯金纳思想研究》，李宏图、胡传胜译，华东师范大学出版社 2005 年版，第 30 页。

④ Ludwig Wittgenstein, *Philosophical Investigations*, trans. G. E. M. Anacombe, 2nd edn, Basil Blackwell, 1958, paras.138-139, 197-199, 241, pp.53-54, 80-81, 88.

⑤ ［英］昆廷·斯金纳：《言语行动的诠释与理解》，载丁耘主编：《什么是思想史》，上海人民出版社 2006 年版，第 137 页。

(doing)，从而按照所用术语的本来意义和所指理解作者在发表某种言说时的意图。"①。

维特根斯坦语言游戏理论的方法论意义在于创造性地提出了语言的两个维度：意义维度和行动维度。② 这就为理解语言的意涵确立了一个崭新的分析路径。而奥斯汀则将维特根斯坦对语言运用的分析推向深入，他的言语行动理论找到了将这两个维度剥离出来的途径。③ 在奥斯汀看来，要理解言说的意涵，我们首先需要考察语词和句子所揭示的意义维度。但更重要的是，我们还需要进一步把握任何（有着特定意涵的）言说在特定的时刻发表所蕴含的特定的分量（force）。④ 亦即特定言说者凭借言说所施行的言语行为及其所产生的效果。这就突出了言语行为对理解言说意涵的重要性，从而提出了通过言语行为把握言说意涵的方法。

斯金纳把维特根斯坦和奥斯汀创立的方法论原则运用于政治思想研究，提出了历史语境主义方法。在他看来，思想史研究有两种方法，或者说语言有两种维度。第一种是被描写为意涵的维度，研究语词和句子的意义和指称。第二种是语言行动的维度，研究说话者在运用语词和句子时所能行动的范围。传统的解释学特别重视第一种，而斯金纳则关注第二种。如果概括斯金纳的研究方法的话，用维特根斯坦的话来说，语言即行动。⑤ 因而，从文本诠释的角度来看，诠释经典文本就有两大任务：一是需要理解作者言说的意涵，即理解文本的意思是什么；二是要揭示文本的意图（intention），即理解作者如何介入论战性的道德和政治论辩。要对文本获得一种"历史的理解"，两大任务均不可或缺。⑥ 具体而言，理解文本的前提在于掌

---

① ［英］昆廷·斯金纳：《言语行动的诠释与理解》，载丁耘主编：《什么是思想史》，上海人民出版社 2006 年版，第 137 页。

② ［英］昆廷·斯金纳：《言语行动的诠释与理解》，载丁耘主编：《什么是思想史》，上海人民出版社 2006 年版，第 137 页。

③ ［英］昆廷·斯金纳：《言语行动的诠释与理解》，载丁耘主编：《什么是思想史》，上海人民出版社 2006 年版，第 137 页。

④ J.L.Austin, *How to do Things with Words*, ed.J.O.Urmson and Martina Sbisa, 2nd edn.with corrections, Oxford University Press, 1980, p.99.

⑤ Quentin Skinner, *Vision of Politics*, Vol. I, Cambridge University Press, 2002, pp.3-4.

⑥ ［英］昆廷·斯金纳：《观念史中的意涵与理解》，载丁耘、陈新主编：《思想史的元问题》，广西师范大学出版社 2005 年版，第 71 页。

握文本的字面意涵。① 但由于语言的歧义性与修辞性，文本的意涵并不等于文本的字面意涵。理解文本的字面意涵仍然不能把握文本的真实意涵，这就需要了解文本作者在写作文本时打算做什么。在斯金纳看来，"文本作者不只是在陈述自己的信念，而同时也是在介入当时的政治辩论，一种讽刺的、包含敌意的、蔑视性的介入"②。正如斯金纳所说，就一切正式的论断而言，"仅仅研究一位作者的言论并不足以帮助我们理解其中的意涵。要理解某一论断，我们不仅需要掌握作者言说的意涵，而且同时要把握这一言说的意欲效应（intended force）。也就是说，我们不仅要了解人们的言说（saying），而且要知道他们在言说时的行为（doing）"③。而任何言语行为都带有明确的意图，不理解作者的意图，就难以理解言语行为的性质，从而不可能真正准确地理解文本的意涵。因而对斯金纳来说，理解作者的意图是更为重要的诠释任务，"为了理解一个文本，我们至少必须理解考察对象的意图，以及与之相伴随的意欲的沟通行动（intended act of communication）"④。显然，斯金纳想关注的并非作者的信念而是作者在做什么（what he is doing），"即他在引用、提醒、质疑、讽刺、反驳等。因此，在解释文本时，最富有成果的方法不是专注于作者确认了什么信念，而是把作者看成在介入不断进行的社会辩论之中。从更学术的角度来说，我认为解释的词汇不应当只是传统的有关意义（meaning）词汇，而是至少也要以同样的程度关注语言的第二个维度（即行动）。因此我想做的不是解释文本的意义，而是揭示它的意图（intention）。我想把这一主张应用于所有的哲学文本，不管它们有多么抽象，我都想问一问，这个文本是想做什么，是一种怎样的介入，它与当时的思想现实是一种怎样的关系"⑤。

与法国怀疑主义者比如德里达把意图理解为心智事件不同，斯金纳认

---

① ［英］昆廷·斯金纳：《观念史中的意涵与理解》，载丁耘、陈新主编：《思想史的元问题》，广西师范大学出版社 2005 年版，第 76 页。

② ［英］昆廷·斯金纳：《国家与自由：斯金纳访华讲演录》，北京大学出版社 2018 年版，第 6 页。

③ ［英］昆廷·斯金纳：《观念史中的意涵与理解》，载丁耘、陈新主编：《思想史的元问题》，广西师范大学出版社 2005 年版，第 71 页。

④ ［英］昆廷·斯金纳：《观念史中的意涵与理解》，载丁耘、陈新主编：《思想史的元问题》，广西师范大学出版社 2005 年版，第 76 页。

⑤ ［英］昆廷·斯金纳：《国家与自由：斯金纳访华讲演录》，北京大学出版社 2018 年版，第 6 页。

为意图并非一种私人性的心智活动,因为它们完全是警告、批评、讽刺等公共性社会行为。① 因此,斯金纳声称,"我讨论的意图不是与意义相关,而是与行动(action)相关。不考虑意图,我们是没有办法理解行动的。行动之所以是行动,是因为它包含了意图。例如道别与警告都是一种身体动作,但却是不同的行动,因为它们包含不同的意图"。② 所有的文本无论它们多么抽象,都是一种论战性的介入,都是在参与当时存在的辩论。由于所有文本都是一种朝向公共领域的社会行动,那么我们最终得到的不是某个个别作者的文本,而是话语(discourse),要理解其中一个文本就必须同时理解其他所有文本,即揭示特定作者的真实意图,就必须考察文本所处的语言文化背景。③ 因为语言文化背景"可以帮助我们确定某位作者原则上可能传达出的某些习惯上可得到辨认的意涵"④。语境本身就成为判断不相一致的意图归属是否可以接受的标准。⑤ 语境作为确定作者意图的可能范围,是"一种终极模式的框架,以帮助确定在那样一种社会中,什么样的意义可以被常规性认识,对有的人来说,有意与之沟通从原则上说是可以的"⑥。这样,历史语境分析就成为解读经典文本的新的方法论模式,是"把握经典言说的必要条件"⑦。正是在这个意义上,斯金纳的方法被标示为历史语境主义。因此,历史语境主义成为斯金纳诠释政治思想经典文本一以贯之的方法论原则。

从文本诠释的角度看,历史语境分析方法大体上包括以下两个方面的内容:

---

① 〔英〕昆廷·斯金纳:《国家与自由:斯金纳访华讲演录》,北京大学出版社 2018 年版,第 7 页。

② 〔英〕昆廷·斯金纳:《国家与自由:斯金纳访华讲演录》,北京大学出版社 2018 年版,第 8 页。

③ 〔英〕昆廷·斯金纳:《观念史中的意涵与理解》,载丁耘、陈新主编:《思想史的元问题》,广西师范大学出版社 2005 年版,第 76 页。

④ 〔英〕昆廷·斯金纳:《观念史中的意涵与理解》,载丁耘、陈新主编:《思想史的元问题》,广西师范大学出版社 2005 年版,第 76～77 页。

⑤ 〔英〕昆廷·斯金纳:《观念史中的意涵与理解》,载丁耘、陈新主编:《思想史的元问题》,广西师范大学出版社 2005 年版,第 77 页。

⑥ 〔芬兰〕凯瑞·帕罗内:《昆廷·斯金纳思想研究》,李宏图、胡传胜译,华东师范大学出版社 2005 年版,第 39 页。

⑦ 〔英〕昆廷·斯金纳:《观念史中的意涵与理解》,载丁耘、陈新主编:《思想史的元问题》,广西师范大学出版社 2005 年版,第 77 页。

1.在文本内在的语言语境中揭示作者言说的字面意涵,是理解文本的前提。

作者言说的意涵首先体现为文本在语义学层面上的含义,它包括语词和句子的意涵、文本的意涵两个层次,关注的是作者说了什么。要理解文本就必须把握作者说了什么,"理解文本的前提在于掌握文本试图传达的意涵"①。文本的原文本身就有一种明确的、可以从自身得知的意义,即文字意义。因此,语词和句子的意涵可以通过语言语境,借助于惯常的语言知识来确定。在这个意义上,语词和句子的意涵就是文本的字面意涵。借助语法分析和考证等手段,可以实现对文本语法的理解,即对作品的形式或语言表述方式的理解。

理解文本的字面意涵是理解文本的基础和前提,但是,仅仅理解文本的字面意涵并不能实现对文本历史的理解,仍然难以准确地理解作品的内容。在斯金纳看来,观念史研究方法的错误就在于把文本的意涵等同于文本的字面意涵。它将经典文本视为一种自足的考察对象,将注意力集中于经典作家就每一种规范学说都说了些什么,进而力图恢复经典著作的意涵和意义,不仅失当,而且在许多时候会在该经典作家的意图或意思上造成明显的误导。②

首先,我们用以表达我们观念的术语的意涵会随着时间的推移而不断变化,这就使得那种有关经典作家就某一观念的言论的描述可能会对理解文本的意涵产生误导。③ 斯金纳以贝克莱(Berkeley)的非唯物论(doctrine of immaterialism)为例予以说明。巴克斯特(Andrew Baxer)和雷德(Thomas Reid)在《百科全书》(Encyclop-édie)中认为贝克莱的非唯物论是"自我中心主义"(egoism),这时,"自我中心主义"的意思接近于当代的唯我论(solipsism)。而在当代人看来,巴克斯特和雷德的"自我中心主义"很可

---

① [英]昆廷·斯金纳:《观念史中的意涵与理解》,载丁耘、陈新主编:《思想史的元问题》,广西师范大学出版社 2005 年版,第 76 页。

② [英]昆廷·斯金纳:《观念史中的意涵与理解》,载丁耘、陈新主编:《思想史的元问题》,广西师范大学出版社 2005 年版,第 67 页。

③ [英]昆廷·斯金纳:《观念史中的意涵与理解》,载丁耘、陈新主编:《思想史的元问题》,广西师范大学出版社 2005 年版,第 68 页。

能指的是"霍布斯主义"。①

　　其次,经典作家常常故意采用一套拐弯抹角的修辞策略,这会对理解经典作家的意图产生误导作用。② 经典作家采用修辞策略会导致两方面的问题:一方面,修辞策略特别是反讽(irony)的运用,使言说(what is said)与意思(what is meant)相分离。③ 以反讽口吻言说的人,其言说往往带有特定的意涵,"言说者似乎在实施一种以言行事行动"④。也就是说,反讽这样的问题涉及的并非意涵,而是以言行事行动。在此种情形下,我们对文本的理解似乎必须依赖于我们复原作者言说时的意思或意图。⑤ 这样就使得我们即使反复地阅读经典文本,也无法仅仅通过经典作家的言论理解其意涵。⑥ 另一方面,经典作家使用修辞策略,还常常导致更进一步且无法索解的难题:作者的言说与作者的真实意图之间的不一致。作者的真实意图隐藏在作者的言说背后,这常常产生两种互相冲突的解释:一种解释相信文本真正如其所说,可以从字面上理解作者的言说;另一种解释则相信作者使用修辞策略隐藏了自己的真实意图,作者的言说被认为是障眼法,作者言不由衷。⑦ 这种解释的矛盾如果不加以消解,就不可能理解文本的意涵。实际上,存在许多超越文本本身的信息,对这些信息进行分析,可以揭示作者的真实意图,从而使作者的言说成为展示作者真实意图的手段。因此,仅仅通过借助文本的字面意涵不可能真正理解文本。⑧

---

　　① 〔英〕昆廷・斯金纳:《观念史中的意涵与理解》,载丁耘、陈新主编:《思想史的元问题》,广西师范大学出版社 2005 年版,第 68 页。

　　② 〔英〕昆廷・斯金纳:《观念史中的意涵与理解》,载丁耘、陈新主编:《思想史的元问题》,广西师范大学出版社 2005 年版,第 68 页。

　　③ 〔英〕昆廷・斯金纳:《观念史中的意涵与理解》,载丁耘、陈新主编:《思想史的元问题》,广西师范大学出版社 2005 年版,第 68 页。

　　④ 〔英〕昆廷・斯金纳:《言语行动的诠释与理解》,载丁耘主编:《什么是思想史》,上海人民出版社 2006 年版,第 147 页。

　　⑤ 〔英〕昆廷・斯金纳:《言语行动的诠释与理解》,载丁耘主编:《什么是思想史》,上海人民出版社 2006 年版,第 146 页。

　　⑥ 〔英〕昆廷・斯金纳:《观念史中的意涵与理解》,载丁耘、陈新主编:《思想史的元问题》,广西师范大学出版社 2005 年版,第 69 页。

　　⑦ 〔英〕昆廷・斯金纳:《观念史中的意涵与理解》,载丁耘、陈新主编:《思想史的元问题》,广西师范大学出版社 2005 年版,第 69～72 页。

　　⑧ 〔英〕昆廷・斯金纳:《观念史中的意涵与理解》,载丁耘、陈新主编:《思想史的元问题》,广西师范大学出版社 2005 年版,第 71 页。

2.在文本外在的历史语境中复原作者以言行事的意图,是理解文本的关键。

为了克服观念史方法仅仅从意义维度理解文本字面意涵的缺陷,斯金纳引入了言语行动理论,把言语行动作为诠释文本最重要的维度。从言语行动的角度来看,把握文本作者在写作文本时打算做什么的意图是理解文本意涵的核心和关键。而作者的写作意图虽然体现在文本之中,但是作者的真实意图只能依赖文本的历史语境才能最终确定。这样,在言语行动的维度上,文本被语境化,历史语境成为把握作者真实意图的必要条件。对文本的语境分析实现了语言分析与历史分析的结合,这无疑是对文本诠释方法的新发展。

如何理解言语行动及其对文本阐释的作用是斯金纳必须解决的首要问题。斯金纳吸取了维特根斯坦和奥斯汀等人对言语行动的解释并加以发展,从而使言语行动成为理解文本最为重要的维度。

斯金纳对言语行动的分析显然受到了日常语言哲学的深刻影响。言语行动概念缘起于维特根斯坦"意义即使用"的观念,但言语行动理论是由奥斯汀创立并予以系统阐释的。维特根斯坦认为语言并没有固定不变的意义,语言的意义在于使用。这就突破了把语言意义仅仅理解为其含义和指称的观念,从而为我们理解语词的"意涵"提供了一个崭新的思路。但维特根斯坦并没有进一步分析"如何使用语言"这一至关重要的问题。奥斯汀沿着这一思路进行了探究。为了更深入地分析语词的"意涵",奥斯汀引入了"言语行为"这一术语,以强调从语言的行动维度来把握"语言的使用"(the use of language)的准确涵义。为此,奥斯汀把言语行为区分为以言表意、以言行事和以言取效三种类型。在他看来,为了理解言说者的意涵,我们不仅需要了解语词的字面意涵,还需要了解言说者在发表言说时的行为以及言说者在施行这一行为时可能进一步带来的某些(言语表达效力方面的)后果。显然,奥斯汀对言语行为的分类及其解释是对语言意义分析的一种深化。

斯金纳赞同奥斯汀对言语行为的分析,并对言语行动的含义及其作用提出了自己的看法。在他看来,奥斯汀所说的"以言取效"这一术语"指涉的是一种语言资源,而以言行事行动指的是主体在沟通过程中利用这一资源的能力"①。奥斯汀的主旨在于揭示人们沟通过程中"语言的使用",他强调的重点在于:为了以言行事(do things with words),言说者可以借助以言行事效应这一维度。② 也就是说,言语行动有其最清楚、最明白的意涵。③ 这种言语行动指向的是有关语言的一种事实:即任何认真的言说者在言说(saying something)的同时也在行事(doing something),行事是通过言说实现的。④ 发表的任何正式言说不仅具有特定意涵,也具有特定的以言行事效应。理解以言行事效应这一因素,实际上等同于理解言说者在发表言说时的行为。⑤ 而理解以言行事效应的最佳途径就是理解我们在言说时通常使用的大量动词。这些动词的功用就在于使我们避免遭人误解,明确我们对于自己在言说过程中的行为:我在警示你,我在命令你(或者:我正在发布命令,我只是建议/暗示/告诉你某事)。⑥ 听话者在特定的语境下完全可以明白说话者的言语行为,并在理解的基础上可能采取不同的应对手段。不同的应对方式所表明的是听话者对说话者言语行为的不同理解。不管以何种方式应对,都证明听话者已经理解了说话者言说的意涵。由此可见,对言语意涵的理解既离不开以言表意行为,也离不开以言行事行为和以言行效行为,三种行为类型是密切结合在一起的。要理解言语的意涵就必须理解言说者以言说所施行的言语行为,否则,根本不可能理解言说的意涵。因此,斯金纳把言语行动看成文本诠释最重要的维度。在他看来,在诠释文本时,如果我们忽略文本作者的行为,不重视文本作者通过文本展开的沟通行动,就会导致文本诠释方面的问题,无法准确理解文本的意涵。从这一意义

---

① [英]昆廷·斯金纳:《言语行动的诠释与理解》,载丁耘主编:《什么是思想史》,上海人民出版社2006年版,第144页。
② [英]昆廷·斯金纳:《言语行动的诠释与理解》,载丁耘主编:《什么是思想史》,上海人民出版社2006年版,第138页。
③ Quentin Skinner,Social Meaning and the Explanation of Social Action,In:*Vision of Politics*,Vol I,Cambridge University Press,2002,p.133.
④ [英]昆廷·斯金纳:《言语行动的诠释与理解》,载丁耘主编:《什么是思想史》,上海人民出版社2006年版,第140页。
⑤ Quentin Skinner,Social Meaning and the Explanation of Social Action,In:*Vision of Politics*,Vol I,Cambridge University Press,2002,p.133.
⑥ [英]昆廷·斯金纳:《言语行动的诠释与理解》,载丁耘主编:《什么是思想史》,上海人民出版社2006年版,第140页。

上说,我们理解文本的程度部分取决于我们复原文本作者行为的程度。①

斯金纳在接受奥斯汀言语行动理论的同时,也指出了奥斯汀言语行动理论所存在的局限。在斯金纳看来,虽然奥斯汀对言语行为作了分类,但是由于他未能清晰界定以言行事行动这一概念,导致其很少论及以言行事行动与以言行事效应之间关系的性质。② 这就缺少了一个把二者联系起来的中介,从而难以理解言语行为本身的性质。显然,从文本诠释的角度看,仅仅对言语行为进行分类还不足于准确地理解言语的意涵。

为了克服奥斯汀言语行动理论所存在的缺陷,斯金纳把言说者的意图这一因素引入对以言行事行动这一概念的解释中,以便准确地把握以言行事行动的性质。斯金纳引入意图因素来解释言语行为的性质明显是受到了塞尔关于言语行为与意图相互关系的观念的影响。③ 塞尔认为人的意图是人类行为的本质,任何行为都具有目的和意图,不带有意图的人类行为根本不存在。对人的目的、意图的解释就是对人类行为的解释。就言语行为和意图的关系来看,任何以言行事行为都必然表达某种相应的意图,意图是言语行为的真诚条件。人通过自己的意图把那些使意图得到满足的条件转移给了相应的对象,从而把自己的意图加给了意图的对象身上。人类通过意图,从而通过言语行为使自己与他人、人类和外部世界联系在了一起。④ 因此,意图成为解释言语行为性质的关键因素。

斯金纳运用塞尔关于意图与言语行为关系的观念来解释言语行为的性质。在斯金纳看来,任何以言行事行动都是行动主体有目的、有意图的行为。只有准确地领会行动主体的意图,才能把握以言行事行动的性质,从而理解特定言说的意涵。离开了行动主体的意图,以言行事行动难以理解也不可能存在。因此,言说者的意图是理解以言行事行为和以言取效行为之

---

① [英]昆廷·斯金纳:《言语行动的诠释与理解》,载丁耘主编:《什么是思想史》,上海人民出版社 2006 年版,第 141 页。

② [英]昆廷·斯金纳:《言语行动的诠释与理解》,载丁耘主编:《什么是思想史》,上海人民出版社 2006 年版,第 138 页。

③ 塞尔所说的意图指的是一个人的某些精神状态指向自身之外的外部世界的特性。例如,愿望、担心、信念等。如果我有一个愿望,那么它就表现为我精神状态上愿意做某事或希望某事发生;如果我有一个担心,那么它就表现为我精神状态上不愿意做某事或害怕某事发生;如果我有一个信念,那么它就表现为精神状态上我相信某种东西等。参见王健平:《语言哲学》,中共中央党校出版社 2003 年版,第 236～237 页。

④ 王健平:《语言哲学》,中共中央党校出版社 2003 年版,第 236～238 页。

间关系的关键环节。斯金纳对此作了明确的阐述,他指出:"通常来说,以某种以言行事效应发表言论就是在实施某种行动,从事某种有目的的、自发的行为。也就是说,对于一切自发的行动来说,正是相关主体的意图构成了语言的以言行事维度与实施以言行事行动之间的纽带。"[①]这意味着,为了复原特定言说所隐含的以言行事效应,进而揭示主体在言说过程中所实施的以言行事行动的性质,我们需要理解某一特定时刻所作出的特定言说"本应被接受"的方式。[②] 而特定言说以何种方式被言说对象所接受充分体现了言说主体的行动意图。因此,我们需要认真对待以言行事行为的行动特性,考察成功实施这些行动所需要的各种意图。[③]

　　既然把言语行为与言说者的意图纳入考察视野,那么如何看待言说者的意图与言说效应、以言行事行动之间的关系呢? 对比,斯金纳作了进一步讨论。首先,在许多情况下,成功实施以言行事行动仅仅指示某一事件,而不是一种作为行动成功实施结果的真正的新的事态。在这个问题上,斯金纳与奥斯汀的观点有所不同。奥斯汀曾指出,一种言语行动能否成功,取决于行动主体能否确保言语行动得到"领会"。其基本观念是:任何言语行动必须能够用呈现为那种"带来 P"的程式这样的公式表达。[④] "带来 P"指的是言语行动一定会产生某种结果。作为结果的"P"常常体现为某种显而易见的新的终极事态(end-state),它不仅表现为行动的结果,也可以作为行动成功实施的标记。为了言语行动得以实施,必须有某些东西使听者耳目一新。即使无法左右听者的意志,至少应当能够改变听者的理解状态(state of understanding)。而斯金纳认为,奥斯汀的这种分析是有漏洞的。[⑤] 这是因为"带来 P"的程式仅仅是通过一种被动转换(passive transformation)进行陈述的,还需要为"P"赋予一种价值。在斯金纳看来,存在许多种用以表

①　[英]昆廷·斯金纳:《言语行动的诠释与理解》,载丁耘主编:《什么是思想史》,上海人民出版社 2006 年版,第 139 页。

②　[英]昆廷·斯金纳:《言语行动的诠释与理解》,载丁耘主编:《什么是思想史》,上海人民出版社 2006 年版,第 139 页。

③　Quentin Skinner, Conventions and the Understanding of Speech Acts, *Philosophical Quarterly* 20,1970,pp.118-138.

④　Anthony Kenny, *Action*, *Emotion and Will*, Routledge Kegan Paul, 1963, pp.171-186.

⑤　[英]昆廷·斯金纳:《言语行动的诠释与理解》,载丁耘主编:《什么是思想史》,上海人民出版社 2006 年版,第 142 页。

述行动的措辞,我们可望赋予"P"的唯一价值(行动所导致的事态)在于:它是该行动所导致的事态。也就是说,成功实施以言行事行动就在于提示某一事件,并不强求非得要语言传达对象处于某种"全新"的终极状态。例如:要使某人得到警示,只要提示他处于危险之中就够了;要褒奖某人,只要以一种恰如其分的崇敬口吻谈论他就行了;要告知某人,也只要传达一种恰当的要求就行。因此,言说效应体现了言说者的意图,言说本身就是言说者的意图所在,否则言说背后的意图便一片空白。①

其次,言说者的意图决定相应的以言行事行动。假如无意间实施了某种以言行事行动,那也只是意味着无意间实施了这种行动。实施以言行事行动,必然伴随着某种行动的形式和意欲的行动效应,作为一种行动,其背后的意图错综复杂。之所以会在无意间实施某种以言行事行动,是因为在特定情境下发表某种言说必然要被认为是在提示某种行动。在这种情境下,行动者被认为已经说出或即将说出,并带有某种以言行事效应。即便行动者没有任何行动意图,进而未能实施相应的以言行事行动,情况亦复如此。②

我们所实施的以言行事行动依我们的意图而定,而言说的以言行事效应则主要取决于言说的意涵(meaning)。以言行事效应的界限明显来自言说意涵的界限,"任何言说意欲效应的最为显著的决定因素就是言说本身的意涵……毫无疑问的是,言说的意涵规限着它们所能承载的以言行事效应的幅度,因此也就将某些以言行事行动实施的可能性排除在外"③。当然,在实施某种以言行事行动的过程中,言说者的言论可能同时无意间带有更加广泛的以言行事效应。这是因为自然语言的丰富性,使得绝大多数言论都带有无意间以言行事效应的某些成分。但这与所谓意外的以言行事行动毫无关联。④ 从语言哲学的角度看,意图与意涵之间的逻辑关系是明晰的:

---

① 〔英〕昆廷·斯金纳:《言语行动的诠释与理解》,载丁耘主编:《什么是思想史》,上海人民出版社2006年版,第142页。

② 〔英〕昆廷·斯金纳:《言语行动的诠释与理解》,载丁耘主编:《什么是思想史》,上海人民出版社2006年版,第144页。

③ 〔英〕昆廷·斯金纳:《言语行动的诠释与理解》,载丁耘主编:《什么是思想史》,上海人民出版社2006年版,第149~150页。

④ 〔英〕昆廷·斯金纳:《言语行动的诠释与理解》,载丁耘主编:《什么是思想史》,上海人民出版社2006年版,第144页。

理解言说的以言行事效应等同于理解言说者的以言行事行动,而理解由言说者实施的以言行事行动等同于理解言说者发表言说时的最初意图。①

维特根斯坦和奥斯汀所阐述的言语行动理论对于阐释文本的意义在于找到了一种陈述办法,进而引起我们注意某位言说者时刻都试图利用的语言的行动维度和资源,这一维度和资源正是理解任何正式言说的基础。②在文本的意涵与理解方面存在两个问题:第一个问题是文本的意思是什么,第二个问题是作者的意思是什么。假如我们要理解文本,必须回答这两个紧密相关的问题。虽然文本的意涵是理解文本的前提,但斯金纳首先关心的并非意涵,而是以言行事行动的实施,即言说者发表某种言说的意思或意图(而不管言说本身的意涵是什么)。③很清楚,文本言说本身就是言说者的意图所在,这并不等于说一种文本的意涵可以等同于作者的意图,任何复杂文本的意涵容量经常远远超过作者的意图。但是任何文本通常都包含作者意欲表达的意图,这种意图仅仅是文本作者通过文本所表达的意图。复原这种意图无疑是理解作者意思必不可少的一个前提条件。④

斯金纳对"作者的意图"以及其重要性的理解与赫希(E.D.Hirsch)和彼得·朱尔(Peter Juhl)等意图论者是不同的。一方面,斯金纳把复原作者的意图看作诠释者各种任务中的一个,作者的意图并非理解言说或文本的唯一甚或最佳指南。⑤作者不可能全部理解自己的意图,或者作者在对意图的理解上可能自欺欺人,或者作者没有能力陈述自己的意图。⑥斯金纳并没有宣称作者在其意图问题上应被视为"最终的权威",因为对意

①　Quentin Skinner, Motives, Intentions and Interpretation, In: *Vision of Politics*, Vol. I, Cambridge University Press, 2002, p.98.

②　[英]昆廷·斯金纳:《言语行动的诠释与理解》,载丁耘主编:《什么是思想史》,上海人民出版社 2006 年版,第 140 页。

③　[英]昆廷·斯金纳:《言语行动的诠释与理解》,载丁耘主编:《什么是思想史》,上海人民出版社 2006 年版,第 146 页。

④　[英]昆廷·斯金纳:《言语行动的诠释与理解》,载丁耘主编:《什么是思想史》,上海人民出版社 2006 年版,第 149 页。

⑤　[英]昆廷·斯金纳:《言语行动的诠释与理解》,载丁耘主编:《什么是思想史》,上海人民出版社 2006 年版,第 145 页。

⑥　Quentin Skinner, Motives, Intentions and Interpretation, In: *Vision of Politics*, Vol. I, Cambridge University Press, 2002, p.101.

图的解释总归是假设。① 斯金纳承认,"任何复杂文本的意涵容量经常超乎即便是最谨慎和富于想象的作者力所能及的范围之外。在这一方面,保罗·利科(Paul Ricoeur)谈到'盈余意涵'(surplus meaning),对此我完全赞同"②。而赫希和朱尔等人则把复原作者的意图当作诠释者的全部任务。③

另一方面,斯金纳把作者的意图界定为作者以言行事的意图,而赫希和朱尔等人则把作者的意图视为作者内在的心理上的意志。赫希和朱尔等人认为,作者的意图性(authorial intentionality)即作者的决定性意志(determining will)是理解文本的基础,要正确阐释文本,必须复原作者的意图。④ 意图论者把作者的意图归结为作者的意志,因此,作者的意图呈现为作者内在的、模糊的心理状态。作者的意图从根本上说是心理上的,这是一种典型的心理分析方法。斯金纳受到维特根斯坦和奥斯汀关于意图观点的影响,他们认为所有意图都是公共的和主体间性的。⑤ 因此,斯金纳诉诸语言的明晰性,以取代意图论者道德哲学模糊的表述方式。⑥ 在斯金纳看来,我们不可能通过作者头脑内的东西来复原他们的精神状态。这种意图作为作者内在的精神过程面临着不可避免的不确定性,它们是不可知的,因而也是不可能获得的。它们是一种无人到达的"私人存在"。而维特根斯坦和奥斯汀的言语行动理论为解释作者意图提供了新的理论依据。他们认为言语就是行动,而且言语的意涵只有在具体的运用中才得以确定,同样一个语句在不同的语境中可以有不同,甚至完全相反的意涵。因此,解释作者意图的重心应从言说者的内心意向转到言语行为方面上来。只有把言语行动理论应用

---

① 〔芬兰〕凯瑞·帕罗内:《昆廷·斯金纳思想研究》,李宏图、胡传胜译,华东师范大学出版社 2005 年版,第 43 页。

② 〔英〕昆廷·斯金纳:《言语行动的诠释与理解》,载丁耘主编:《什么是思想史》,上海人民出版社 2006 年版,第 149 页。

③ 〔芬兰〕凯瑞·帕罗内:《昆廷·斯金纳思想研究》,李宏图、胡传胜译,华东师范大学出版社 2005 年版,第 43 页。

④ 〔英〕昆廷·斯金纳:《言语行动的诠释与理解》,载丁耘主编:《什么是思想史》,上海人民出版社 2006 年版,第 145 页。

⑤ Michael Goodhart, Theory in Practice: Quentin Skinner's Hobbes, Reconsidered, *The Review of Politics*, Vol. 62, No.3, Cambridge University Press, 2000, p.545.

⑥ Quentin Skinner, Moral Principles and Social Change, In: *Vision of Politics*, Vol. Ⅰ, Cambridge University Press, 2002, p.149.

于历史文本,才能够复原作者的意图,"意图能够从对言语行动本身重要性的理解中推导出来"①。在这个意义上说,作者的意图是行为上的,这是一种典型的行为分析方法。斯金纳强调语言的行动维度,把作者的意图明确界定为以言行事的意图,这种意图体现在作者的行动当中。② 以言行事被定义为言说者在言说时实施的行动,而以言行效被描述为一种效果,是一种作为言说的结果实施的行动。斯金纳的主旨在于强调言说者在言说或写作时以特定方式实施特定行动。③ 正是在这一意义上,任何正式言说的明确意图即言说者意欲展开的一种沟通行动。④ 因此,从言语行动的角度来说,作者的意图是清晰的、明确的。作者写作时的意图体现在作品之中,而不在作品之外。⑤

斯金纳把作者的意图区分为以言行效的意图(perlocutionary intentions)和以言行事的意图(illocutionary intentions)。以言行效的意图是指作者通过以特定方式写作意欲实现的意图,作者借此想获得一种特定的效果或回应,比如使读者产生悲哀的情感。以言行效的意图嵌入作品之内,通过考察作品本身即可获得,不需要展开独立的研究。以言行事的意图是指作者在以特定方式写作时意欲做什么的意图。以言行事的意图作为作者刻画(characterise)作品的手段,作者借此想明确在写作作品时他们的真实意图。虽然以言行事的意图也体现在作品之中,但是它比以言行效的意图要复杂得多,因而需要展开独立的研究。⑥ 在斯金纳看来,理解文本的意涵需要追问作者以言行效的意图和以言行事的意图。但是,作者以言行事的意图规限着作者以言行效的意图的幅度和范围,对理解文本的意涵而言,作者以言

① Michael Goodhart, Theory in Practice: Quentin Skinner's Hobbes, Reconsidered, *The Review of Politics*, Vol.62, No.3, Cambridge University Press, 2000, p.545.

② [英]昆廷·斯金纳:《言语行动的诠释与理解》,载丁耘主编:《什么是思想史》,上海人民出版社 2006 年版,第 148 页。

③ Quentin Skinner, Moral Principles and Social Change, In: *Vision of Politics*, Vol.Ⅰ, Cambridge University Press, 2002, p.149.

④ [英]昆廷·斯金纳:《言语行动的诠释与理解》,载丁耘主编:《什么是思想史》,上海人民出版社 2006 年版,第 150 页。

⑤ Quentin Skinner, Motives, Intentions and Interpretation, In: *Vision of Politics*, Vol.Ⅰ, Cambridge University Press, 2002, p.99.

⑥ Quentin Skinner, Motives, Intentions and Interpretation, In: *Vision of Politics*, Vol.Ⅰ, Cambridge University Press, 2002, p.99.

行事的意图是更加关键的因素。因此，斯金纳更加关注作者以言行事的意图，把作者的意图明确界定为以言行事的意图。①

如何理解作者以言行事的意图？在斯金纳看来，作者以言行事的意图可以根据作者通过特定文本所表达的意思来理解。作者的意图与作者在文本中所表达的意涵（the meanings of texts）有紧密的联系。理解作者的写作意图等同于理解作者所写东西的意涵（the meaning of what they write），等同于理解作者以特定方式写作时意欲实施的以言行事行动（the illocutionary acts）的性质和范围。② 复原作者以言行事的意图就是描述作者打算做什么，例如作者意欲对特定主张进行攻击或为之辩护，批评或促进特定的话语传统。从作者意欲的以言行事效应来看，以这种方式描述作者的意图等同于理解作者以特定方式写作时可能表达的意思（what the writer may have meant），等同于意指作者以作品对特定态度或主张进行攻击，或为之辩护，进行批评，或进行鼓励。正是在这个意义上，作者的写作意图就等同于作者以所写的东西所表达的意思（the meaning of what is written）。理解作者以特定作品所表达的意思就是理解作者写作时的原初意图（primary intentions）。③ 作者在写作作品时打算做什么体现了作者的意图，与文本诠释是紧密相关的。因此，复原作者的写作意图就成为诠释者的主要任务。④

复原作者的意图对理解作者言说的意涵非常重要，否则诠释者将无从理解文本。⑤ 诠释者之所以要复原作者的意图，在于如果不复原作者的意图，便无法理解作者发表该言论时的行为。诠释者要复原的意图是作者以言行事的意图，这种意图完全体现在作者的言语行动当中。复原作者以言行事的意图能使诠释者掌握作者意欲自己有着特定意涵的言论以怎样的方

---

① ［英］昆廷·斯金纳：《言语行动的诠释与理解》，载丁耘主编：《什么是思想史》，上海人民出版社 2006 年版，第 148 页。

② Quentin Skinner, Motives, Intentions and Interpretation, In: *Vision of Politics*, Vol. I, Cambridge University Press, 2002, p.100.

③ Quentin Skinner, Motives, Intentions and Interpretation, In: *Vision of Politics*, Vol. I, Cambridge University Press, 2002, pp.100-101.

④ Quentin Skinner, Motives, Intentions and Interpretation, In: *Vision of Politics*, Vol. I, Cambridge University Press, 2002, p.101.

⑤ ［英］昆廷·斯金纳：《言语行动的诠释与理解》，载丁耘主编：《什么是思想史》，上海人民出版社 2006 年版，第 147 页。

式为人所理解。①

　　复原作者的意图往往面临很多困难。一方面,作者常常故意采用修辞策略,例如反讽,使得言说的意涵与作者的意图相分离。② 这会导致诠释者无法从言说的意涵理解作者在发表言说时的意思,从而误解作者的意图。另一方面,作者发表某一正式言论时并未明确他的言论应当如何为人接受或理解。③ 这种情况的出现,一是因为言说者发表言论时的动机并不明确,④二是因为作者发表言论的语境和时机发生了变化。作者在发表言论时,其言论的意涵和言说的语境是明确的,其受众对象是确定的。因而言说者有足够的信心确保听者会"领会"自己所意欲的以言行事行动。⑤ 但是,当诠释者面临复杂的历史言说时,要复原言说者在发表言说时的行为便难上加难。因为言说者言说的意欲对象不是现在的诠释者,而且言说的语境也发生了变化。这就使诠释者复原作者的意图面临诸多障碍。

　　为了克服复原作者的意图所面临的困难,斯金纳把语境作为复原作者意图的关键因素,依据语境来界定作者打算做某事的意图,"追溯给定的表达与这种广泛的语言背景的关系,将其作为解码特定作者之实际意图的手段"。⑥ 斯金纳认为,要复原作者的意图,就要把文本置于他的时代所处的

---

　　① 〔英〕昆廷·斯金纳:《言语行动的诠释与理解》,载丁耘主编:《什么是思想史》,上海人民出版社 2006 年版,第 148 页。
　　② 〔英〕昆廷·斯金纳:《观念史中的意涵与理解》,载丁耘主编:《思想史的元问题》,广西师范大学出版社 2005 年版,第 68 页。
　　③ 〔英〕昆廷·斯金纳:《言语行动的诠释与理解》,载丁耘主编:《什么是思想史》,上海人民出版社 2006 年版,第 148 页。
　　④ 〔英〕昆廷·斯金纳:《言语行动的诠释与理解》,载丁耘主编:《什么是思想史》,上海人民出版社 2006 年版,第 148 页。
　　⑤ 〔英〕昆廷·斯金纳:《言语行动的诠释与理解》,载丁耘主编:《什么是思想史》,上海人民出版社 2006 年版,第 148 页。
　　⑥ 〔芬兰〕凯瑞·帕罗内:《昆廷·斯金纳思想研究》,李宏图、胡传胜译,华东师范大学出版社 2005 年版,第 39 页。

主流意识形态①惯例和争论的语境之中,考察作者所处时代的一般性话语。② 斯金纳承认语境这一概念非常复杂。③ 但他并没有对语境作出明确的界定。帕里克(Bhikhu Parekh)和贝尔基(R.N.Berki)认为斯金纳所说的语境意指许多不同的事情。首先,语境可能指的是作者所处的社会,主要的知识氛围,经济和权力分配等;其次,它可能指作者的社会地位和社会背景或作者的社会阶级;再次,它可能指作者的心理背景,他的希望、恐惧、焦虑等情感反应;最后,它可能指作者在其中写作或思考作品的思想传统或惯

---

① 意识形态(Ideology)一词是由 18 世纪启蒙时期的一位哲学家德斯图·德·特莱西(1754～1836 年)首先使用的,他在 1796 年杜撰出这个术语来表示一种可能存在的"观念科学"。这种科学从未得到发展。但该词是有用的,拿破仑一世时代之后的法国和浪漫主义的德国的作者都用它来意指两种事物。对于他们而言,意识形态是一种系统的世界观,既是理论又是政纲,它体现出逻辑和(或)观点上的一致。但它也可能是一种扭曲之见,因为它完全背离了实证客观而只是体现了理论家的情感、恐惧、欲望或错觉。因此,意识形态是一种用曲解的方式对世界进行的解释,而这种曲解就存在于曲解者的心智和表达之中。因而,在意识形态最初的意义上,这个概念是积极的、进步的。但它很快就变成了贬义词。摇摆于肯定的和否定的含义之间,是意识形态概念的全部历史的特点。意识形态既有其法国起源,也有其德国起源,由此形成两种不同的研究路径。一种主要存在于法国和英国的哲学中,由特拉西经迪尔凯姆,到 20 世纪的经验主义和结构主义。这一研究路径推崇人的理性,认为唯有自然科学的思想方式才能产生可靠的知识,社会学方法应与自然科学方法一致。因此,这一研究路径对意识形态进行客观科学的研究。对这一研究路径的思想家而言,意识形态这个词具有明显的贬义,在思想上它与非理性相联系,而在政治上它与极权主义相联系。与此相对照的第二条路径起源于德国,最初与黑格尔、马克思联系在一起,经过曼海姆下溯到哈贝马斯。这一路径认为自然科学方法不适宜解决社会问题,不存在客观的研究方法,意识形态总是与社会的局部利益相联系的,因此,意识形态是一种"虚假意识"。[英]大卫·麦克里兰:《意识形态》,孔兆政、蒋龙翔译,吉林人民出版社 2005 年版。斯金纳把意识形态看作一个中性词,意识形态指的是任何既定行动者为描述政治行动而采用的规范词汇。Cary J. Nederman, Quentin Skinner's State: Historical Method and Traditions of Discourse, *Canadian Journal of Political Science/Revue canadienne de science politique*, Vol.18, No.2, Canadian Political Science Association and the Société québécoise de science politique 1985, p.341.

② Cary J. Nederman, Quentin Skinner's State: Historical Method and Traditions of Discourse, *Canadian Journal of Political Science/Revue canadienne de science politique*, Vol.18, No.2, Canadian Political Science Association and the Société québécoise de science politique 1985, p.341.

③ [英]昆廷·斯金纳:《言语行动的诠释与理解》,载丁耘主编:《什么是思想史》,上海人民出版社 2006 年版,第 150 页。

例,例如,萨特(Jean Paul Sartre)把自己描述为马克思主义者,艾耶尔(Alfred Jules Ayer)则把自己描述为经验主义者。① 显然,斯金纳的语境概念并不包含如此之多的内容。由于斯金纳把语境主要限定为政治意识形态惯例,因此斯金纳的语境概念是明确的,它的内涵与外延比帕里克和贝尔基所说的语境要少得多。斯金纳所说的政治意识形态指的是政治行动者为描述政治行动而采用的政治规范词汇,而惯例在某种意义上指的是流行于(在某种程度上)过去特定语境下的默示假设和实践。② 惯例是任何言说都必须遵循的基本规则,它构成了言说的重要语境。特别是当以言行事行为在不同的意图水平中被把握并因此对具有意图的听众产生某种以言行事效应的话,惯例便形成默示的、被预设的语境。③ 因此,斯金纳所说的语境主要指影响政治行动者政治行为的政治话语或政治语言。它通常体现在文本之中。但是,文本包含的政治话语只是文本所处时代主流政治话语的表现形式,它只包含了文本所处时代主流政治话语的比较明显的一部分,而大部分则体现在其他的文本之中,成为隐含的历史因素。要理解文本所采用的政治话语的真实意涵,就必须对之展开独立的历史研究,把文本置于其赖以产生的主要由政治话语所构成的知识语境之中,以揭示文本的意涵。由此可见,斯金纳所说的语境既是指由文本所构成的语言环境,又是指由某一特定文本的社会文化背景所构成的更加广阔的语言语境。但是,在斯金纳的语言行动观中,语境主要是指文本隐含的部分,包含了文本所有的历史因素。正是在这个意义上,可以把斯金纳所说的语境称为历史语境。文本和语境是密不可分的,文本本身被语境化,成为语境的组成部分。显然文本和语境之间并没有绝对的区分。④ 这实际上改变了把文本与语境加以区分甚至对立起来的传统观念,是对文本与语境相互关系的一种新的认识。

---

① Bhikhu Parekh and R. N. Berki, The History of Political Ideas: A Critique of Q. Skinner's Methodology, *Journal of the History of Ideas*, Vol.34, No.2, University of Pennsylvania Press, 1973, pp.181-182 .

② [芬兰]凯瑞·帕罗内:《昆廷·斯金纳思想研究》,李宏图、胡传胜译,华东师范大学出版社 2005 年版,第 41 页。

③ [芬兰]凯瑞·帕罗内:《昆廷·斯金纳思想研究》,李宏图、胡传胜译,华东师范大学出版社 2005 年版,第 40 页。

④ [芬兰]凯瑞·帕罗内:《昆廷·斯金纳思想研究》,李宏图、胡传胜译,华东师范大学出版社 2005 年版,第 39 页。

　　历史语境主义的要义就是将文本置于能够使其变得可以理解的语境中,从而对其作出解释。斯金纳阐述了运用语境解释文本的三个相互关联的步骤。第一个步骤就是确定文本关注的社会问题是什么,或者说,那个社会中令人生疑的问题是什么。斯金纳认为,"政治生活本身为这种思想家设定了问题,因为不同的议题,对于不同时期的不同社会来说多少都会有点令人生疑。在《现代政治思想的基础》第二卷中,我主要关注的是 16 世纪的政治思想。16 世纪是欧洲的大战时期,主要是宗教战争,天主教会分裂为天主教和新教。一系列的宗教战事首先在尼德兰爆发,然后是法国,接着或多或少延伸到英格兰。所有这些变动提出了有关国家权力的界限、反抗暴君的权利这样的问题,以及基督教与国家、教会与国家的关系问题。因此,我在书中试图说明,16 世纪的哲学家其实在紧紧抓住一些词汇,并试图理解哪些词汇、哪些道德词汇可以被用来思考这些议题"。① 第二个步骤就是理解文本作者在推进他们的论证时所能够诉诸的思想资源或者某个思想遗产(主要是古典遗产)。斯金纳说,"在现代早期文化中,最为重要的思想语境并不是当下的语境,而是道德哲学和政治哲学古典著作家在文艺复兴时期的复兴所带来的语境。就道德哲学而言,柏拉图和亚里士多德当然位列其中。就古罗马传统而言,则是西塞罗。所以,当我写《马基雅维利》那本小书时,我特别想要说明,马基雅维利在多大程度上是一位古典道德主义者。他尤为诉诸古罗马经典,西塞罗及李维(他写了《论李维》这本书)在我看来,如果想要理解马基雅维利如何推动这个思想背景——那么这就是最重要的语境。这是我感兴趣的第二种语境。如果我们来看文艺复兴文化的话,很重要的一点就是,文艺复兴从古典文化那里获得灵感,而古典文化与修辞极为相关。因此,我做了很多有关修辞学的研究。我写了一本有关霍布斯与修辞学的书(1996 年出版的《霍布斯哲学中理性与修辞》),有关霍布斯对于政治论辩中的劝说不断变化的看法。最近,我写了一本有关莎士比亚如何运用古典修辞的书。此书想要说明,在许多剧本中,莎士比亚涉足了古典修辞理论。如果我们知道,莎士比了解这个修辞学传统,我们就能更好地理解他许多戏剧的结构,能够解释某些幕是如何写出来的以及所用的那些词汇,这

---

　　① 〔英〕昆廷·斯金纳:《国家与自由:斯金纳访华讲演录》,北京大学出版社 2018 年版,第 159 页。

有助于揭示莎士比亚对那个时期许多剧作家产生的诸多影响。"①第三个步骤就是确定文本在某种辩论光谱中所占据的位置,即确定文本对那个时代的政治作出了何种介入(intervention)。斯金纳以《现代政治思想的基础》和《霍布斯与共和主义自由》为例,对文本的政治介入进行了说明。斯金纳说:"我在那里讨论了国家主权理论的兴起,聚焦法国哲学家让·布丹等人。我试图说明,这里的介入是批判、驳斥一种在宗教战争期间出现的激进政治学,一种有关限制权力的权利政治学。《霍布斯与共和主义自由》也一样。我在那里试图说明,如果你问:霍布斯在《利维坦》中到底是在作出怎样一种介入?除了别的内容之外,他是在攻击共和主义政治理论,攻击'人只有在共和国中才能获得自由'这个主张,因此这本书是在为君主制辩护,反驳有关自由的共和主义理解。"②以上这三项相互关联的步骤说明了斯金纳运用语境解读文本的意图性。

斯金纳把语境当作把握作者的意图的主要手段,"语境本身就可以作为判断不相一致的意图归属是否可以接受的标准"③。从言语行动的角度看,斯金纳的历史语境最为关键的成分是社会沟通行动。任何正式言说的明确意图即一种沟通行动,任何正式的言说要么是一种传统意义上的行动,要么是对完全意义上的言语行动情景的广泛介入:任何正式言说总是表现为对某种假定、观点或行动的支持或反对。因此,要理解言说者言说的意涵,必须辨别言说者通过言说进行介入的准确性质,亦即必须把握言说者借助言说所施行的言语行为的性质。这是把握言说者发表某种言说时的意图最为关键的一步。④

斯金纳的观点是柯林武德的"问答逻辑"和奥斯汀的言语行动理论的结合。柯林武德的"问答逻辑"把人类的历史看成无数的问题与无数的回答环环相扣,一一衔接的无尽过程。历史中遗失最多的大概就是问题

① [英]昆廷·斯金纳:《国家与自由:斯金纳访华讲演录》,北京大学出版社2018年版,第160~161页。

② [英]昆廷·斯金纳:《国家与自由:斯金纳访华讲演录》,北京大学出版社2018年版,第161页。

③ [英]昆廷·斯金纳:《观念史中的意涵与理解》,载丁耘、陈新主编:《思想史的元问题》,广西师范大学出版社2005年版,第77页。

④ [英]昆廷·斯金纳:《言语行动的诠释与理解》,载丁耘主编:《什么是思想史》,上海人民出版社2006年版,第150~151页。

(questions),历史行为者往往把种种回答留下了(这便是文物、文献),却将自己内心中的问题,尤其是那些自己还没有能力加以回答的问题带进了坟墓。因此历史学家最重要的任务便是根据留下的答案去追溯、重构(reconstruct)已失去的问题,这就是再现历史。斯金纳认为,柯林武德的"问答逻辑"体现了一个重要的方法论原则:对任何命题的理解要求我们找出该命题试图回答的问题所在。① 也就是说,任何社会沟通行动总是针对某些业已存在的话题或主张采取某种确定的立场。这意味着,要理解某种言说,就必须明确言说者的准确立场。② 而奥斯汀则主张言说即行为。因此,理解言说者的言说就是理解言说者发表言说时的行为。

语境对于理解言说者言说意涵的重要性在于言说的语境能够帮助我们理解言说者借言说所施行的言语行为的准确性质,从而对言说者的真正意图或用意有更为准确的把握。也就是说,理解言说者言说的前提首先在于揭示言说试图传达的意涵和主题,接下来考察言说发表时的论争语境。③ 言说发表时的社会文化语境主要包括两个方面:一是言说者所处的特定时代,特定言说的传达对象,言说者通过自己的言说实际是要传达什么;二是特定言说与涉及同一主题的其他言说即言说所处的思想传统或惯例有着怎样的联系或关联。假如我们能够准确把握这一语境,我们将可以理解言说者发表言说时的行为,从而把握作者发表言说的真实意图。

斯金纳以马基雅维利"雇佣兵总是破坏自由"的命题为例予以证明。马基雅维利"雇佣兵总是破坏自由"这一命题的意涵本身很清楚,容易理解,但必须进一步理解马基雅维利说这话的意思是什么。这就要考察这一命题提出的一般语境。通过考察这一言说所进行的介入,我们能够确定马基雅维利提出这一命题时他打算做什么。假如我们发现这一命题表达的是当时人们的普遍信仰,那么我们完全可以说马基雅维利只不过是在支持、确认或表示同意一种业已为人们所接受的真理,他只是对之予以承认、接受或听之任之;假如这一命题曾一度为人们赞同,却不再为人们所接受,那么就可以确定他所做的就只是重新陈述、确认或号召人们注意他所说的是真理,他是在

① R.G.Collingwood:*An Autobiography*,Oxford University Press,1939,p.39.
② [英]昆廷·斯金纳:《言语行动的诠释与理解》,载丁耘主编:《什么是思想史》,上海人民出版社 2006 年版,第 151 页。
③ [英]昆廷·斯金纳:《言语行动的诠释与理解》,载丁耘主编:《什么是思想史》,上海人民出版社 2006 年版,第 152 页。

强调、突出或坚持这一命题的真理性；假如这一命题根本不为人们所认同，就可以确定他所做的正在于反驳、排斥或者修改一种曾广为人们所接受的真理，他是以一种新的方式对既成命题进行引申、拓展或丰富，以便促使人们接受这一新命题。① 由此可见，通过尽可能仔细考察言说的语境，我们可以理解言说者的行为性质，从而确定言说者的真正意图。

从文本诠释的角度看，斯金纳肯定了作者和文本这两个诠释向度在文本诠释中的作用。一方面，作者在行事（author is doing）。② 斯金纳既不赞同把作者视为决定文本意义的中心和权威的传统观点，又反对巴特和福柯认为作者死了的极端看法。斯金纳在这两种态度之间采取了折中立场。在他看来，虽然作者的意图并不是理解文本的唯一甚或最佳指南，但是对文本的诠释，肯定不能缺少作者这一向度。我们不得不承认，"毕竟文本有其作者，而作者在写作时有着各自的意图"③。每一位作者通常都会去重申、支持并维护惯常的看法，他们往往是其所处语境的积淀。④ 因此，作者发表的言说及其意涵，作者的以言行事行为及其意图都是确定文本意义的重要因素。另一方面，文本在行事（text is doing）。⑤ 从言语行动的角度来看，施行性（performativity）完全可以被视为文本本身的一种属性。文本的语言"并非只是传统解释学所指的意义，而是言语行为中所涉及的强调、文本、演讲等等所有那些作为社会行动的语言。然后去追问它们在做什么，在称赞、批判、驳斥、讽刺、支持、发展什么。所有这些都是以行动的名义，因为行动正是由于其内嵌的意图而成为行动的。因此，认为你无法掌握意图的观点是假设了你必须理解意图，这当然是推理性的。我感兴趣的是与行动有关的意图。对与行动有关的意图不感兴趣是令人吃惊的。举例来说，假如你认

---

① ［英］昆廷·斯金纳：《言语行动的诠释与理解》，载丁耘主编：《什么是思想史》，上海人民出版社 2006 年版，第 152～153 页。

② ［英］昆廷·斯金纳：《言语行动的诠释与理解》，载丁耘主编：《什么是思想史》，上海人民出版社 2006 年版，第 155 页。

③ ［英］昆廷·斯金纳：《言语行动的诠释与理解》，载丁耘主编：《什么是思想史》，上海人民出版社 2006 年版，第 155 页。

④ ［英］昆廷·斯金纳：《言语行动的诠释与理解》，载丁耘主编：《什么是思想史》，上海人民出版社 2006 年版，第 154 页。

⑤ ［英］昆廷·斯金纳：《言语行动的诠释与理解》，载丁耘主编：《什么是思想史》，上海人民出版社 2006 年版，第 155 页。

为无法从行动中获知意图,那么刑事责任的理论就是站不住的"。[①] 言语行为意义上的语言充分展现了语言的施行性特征,即施行性是所有言语的特征。无论任何语言,你都可以问它在传统意义上的所指,或者你可以问言语的意图。文本作者在言说的时候实际上同时在做各种各样的事情,他在欺骗、引用、参考、抗拒、排斥、批评和讽刺,这就是言语的施行性,这是语言的第二个维度。一种文本构成了对某种立场的攻击,对另一种立场的维护,对第三种立场的修正等。我们可以将自己限制在各类论争主张的可维护性(defensibility)上,对属于论争语境的各种因素展开深入的历史研究,主要关注作者所处时代的一般性话语或惯例,而不是作为个体的作者。[②] 历史学家将主要研究波考克所说的论争的"语汇"(languages),对这些语汇作出贡献的个体之间的关系以及整体的话语所能涉及的范围。这样,我们就能够将主要注意力投入文本研究上,考察文本的特点和行为。因此,斯金纳强调:"文本即行动"(texts are acts)。[③]

总之,斯金纳的历史语境主义方法把语境视为理解文本的必要条件。一方面,只有在具体语境中才能确定作者言说的意涵;另一方面,也只有借助于语境才能揭示文本作者以言行事的真实意图。因此,对于文本的诠释而言,历史语境是不可或缺的要素。

三、修辞分析

在 20 世纪修辞学复兴的背景下,斯金纳把修辞学引入政治思想史的研究中,形成了独具特色的从修辞角度出发的诠释方法:修辞分析。修辞分析就是在诠释文本时,通过把文本的论述放置于其本身所处的论辩语境之中,以探究论述的意思,确定文本的意义。[④] 斯金纳对政治思想史进行修辞分析的目的就是要在政治思想所处的修辞文化的广阔的讨论背景中,依据其

---

① [英]昆廷·斯金纳:《国家与自由:斯金纳访华讲演录》,北京大学出版社 2018 年版,第 233~234 页。

② [英]昆廷·斯金纳:《言语行动的诠释与理解》,载丁耘主编:《什么是思想史》,上海人民出版社 2006 年版,第 155 页。

③ [英]昆廷·斯金纳:《言语行动的诠释与理解》,载丁耘主编:《什么是思想史》,上海人民出版社 2006 年版,第 157 页。

④ [美]比力克:《学问寻绎的措辞学》,载麦克洛斯基等:《社会科学的措辞》,许宝强等编译,生活·读书·新知三联书店 2000 年版,第 40 页。

与修辞学的关系,揭示政治思想的修辞特性,从而对政治思想进行历史的重新解释。[①]

为什么要对政治思想进行修辞分析?实际上,在对政治思想进行历史语境分析的基础上,对政治思想展开修辞分析具有内在的逻辑必然性。这种逻辑必然性体现在语言、语境与修辞的相互关系之中。就语言与语境的关系而言,就像本书在第一章中所讨论的那样,语境是语言的客观属性,是语言赖以生存、运用和发展的环境。语境是人类语言活动的必需条件和必然产物,语境与语言是一种对应的关系。因此,在语境中把握语言的意涵乃是语言与语境关系的题中应有之义。就语言与修辞的关系而言,修辞并非外在于语言,而是语言的固有属性。在德里达看来,文学、哲学与科学话语都是符号系统,但文学公开承认自己的修辞特性,而哲学与科学则自以为与修辞脱离了关系,认为自己的语言系统是纯洁无瑕的,并对修辞与理性、修辞与真理进行了严格的区分。但是,实际上,无论是哲学话语还是科学话语都是符号游戏。哲学是"自愿投身其中的隐喻化过程"[②]。哲学具有修辞属性是由语言符号的本性所决定的。语言的能指与所指是脱节的,而一旦二者出现分裂,"隐喻的中介便会悄然潜入能指与所指的关系之中,并假装自己具有直接性"[③]。作为一种书写形式,哲学无法不受隐喻性的污染,哲学概念也只是语言的隐喻化而已。科学话语同样要运用修辞达致说服的目的。可以说,包括隐喻在内的修辞是一切话语和文本的根本和宿命。[④]

与德里达类似,保罗·德曼(Paul de Man)也将修辞视为文学和哲学话语的根本特征。在他看来,修辞并非外在于语言规则,而是语言的固有本质;修辞根植于认知行为自身之中,渗透在逻辑概念和抽象思维之中,"一旦人们自觉自愿地意识到概念的认识论内涵,概念就会变成比喻,而比喻也会

---

① ［芬兰］凯瑞·帕罗内:《昆廷·斯金纳思想研究》,李宏图、胡传胜译,华东师范大学出版社 2005 年版,第 145 页。

② Jacqus Derrida,White Mythology:Metaphor in the Text of Philosophy,In:*Margins of Philosophy*,trans.Alan Bass,University of Chicago Press,1982,p.211.

③ Jacqus Derrida,*Of Grammatology*,trans.Gayatri Chakravorty Spivak,Johns Hopkins University Press,1976,p.15.

④ 韩震、董立河:《历史学研究的语言学转向》,北京师范大学出版社 2008 年版,第279 页。

变成概念"①。因为概念就是隐喻,而语言自身也是在相互冲突的意指系统中建构出来的,因而,一经严格解读,文本就会自行解构。正是在这种意义上,"一切文本的范式都是由辞格(或辞格系统)及其解构组成的"②。因此,在德里达和德曼看来,修辞是语言的本质。

而语境与修辞的关联则更是不言而喻的。由于语言的材料是异常丰富的,语言的表达形式更是多种多样的。一种意思,往往可以用许多不同的语言表达式来表达,而同一种语言形式在不同的语境中也可能包含不同的意思。语言的表达形式与需要表达的意涵之间并不是简单的一对一的对应关系,而是变化多端、错综复杂、相互交叉的关系。因此,人们在特定的语言环境中进行交际时,就有一个选择什么语言材料,采用什么语言形式才能恰当地表情达意,取得较好表达效果的问题。这正是修辞学所面临的主要课题。从语境与修辞的相互关系看,语言表达式的准确含义只有在特定的语言环境中才能确定,而评价语言运用的优劣得失的标准就是语言表达式是否恰切其语境。由此可见,在依据语境确定意涵的基础上,任何语言都存在着修辞效果的好坏、修辞手段优劣的问题。这进一步说明了修辞是语言的固有属性。

既然任何语言都具有在特定语言环境中使语言表达方式恰切语境的修辞特性,那么分析政治语言,就不能漠视政治语言的修辞特征。其实,人类关注修辞的历史是比较久远的。从古希腊开始,思想家就开始关注修辞。但是,思想家对修辞作用的认识始终存在分歧。在西方,自柏拉图以来的大多数政治思想家把修辞与理性、修辞与真理对立起来,把修辞看成发现真理的障碍,主张剔除语言中的修辞成分以揭示真理。以至于到了近代,修辞陷入衰落,基本上没有进入政治思想家的视野。而斯金纳则重新评价修辞的作用,不仅不再把修辞与理性相对立,还承认修辞具有发挥和昭彰理性的作用。这样,斯金纳就一改政治思想家忽视甚至拒斥修辞的传统,转而关注政治思想的修辞特色。这就为斯金纳理解政治思想提供了一个全新的视角。在斯金纳看来,政治思想是特定时代修辞文化的产物,它充满"修辞密码"。

① Paul de Man,The Epistemology of Metaphor,In:*On Metaphor*,eds.Sheldon Sacks,University of Chiacgo Press,1979,p.21.

② Paul de Man,Allegories of Reading:Figural Language In:*Rousseau*,*Nietzsche*,*Rilke*,*Proust*,Yale University Press,1979,p.205.

政治思想的语言表达方式、论证方式都是其修辞特性的表现。要真正准确地理解政治思想，那就必须把政治思想置于其所处的修辞文化的传统之中，揭示政治思想的修辞学特征。如果忽略政治思想的修辞视角，就可能导致对政治思想的"过分简单化的解释"[①]。对修辞视角的关注使斯金纳对政治思想的分析从语言层面深入修辞层面，这实际上是对语境分析方法的进一步拓展，是对语境分析方法的一种深化，有助于揭示政治思想容易被忽视的意涵。

斯金纳关注修辞学是基于修辞[②]与政治[③]语言之间的紧密联系。[④] 在斯金纳看来，运用修辞手段会使政治语言发挥出巨大的效力，增强政治语言的说服力，达到特定的政治目的。修辞不仅能充分展示政治语言的说服效果，还带有特定的价值立场，因此，在政治语言中运用特殊的修辞技巧能完成意识形态所承担的政治说服的任务。[⑤] 正是在这个意义上，斯金纳认为修辞发挥着实现政治说服，获得政治行为合法性的政治功能。[⑥] 具体而言，修辞是政治行动者获得政治行为合法性的一种强有力的手段，特定的修辞者总

---

①　［英］昆廷·斯金纳：《霍布斯哲学思想中的理性与修辞》，王加丰、郑崧译，华东师范大学出版社 2005 年版，第 15 页。

②　斯金纳把修辞界定为一整套进行说服的语言技巧，它包括三个主要成分：构思（inventio）、谋篇布局（dispositio）和演讲风格（elocutio）。［英］昆廷·斯金纳：《霍布斯哲学思想中的理性与修辞》，王加丰、郑崧译，华东师范大学出版社 2005 年版，第 8 页。

③　凯瑞·帕罗内把政治界定为在一个政治体中配置权力的活动。因此，政治活动就是在现存的政治体中寻求新的权力分享，政治化就是在一个政治体中权力分享的再分配。［芬兰］凯瑞·帕罗内：《昆廷·斯金纳思想研究》，李宏图、胡传胜译，华东师范大学出版社 2005 年版，第 5 页。

④　［芬兰］凯瑞·帕罗内：《昆廷·斯金纳思想研究》，李宏图、胡传胜译，华东师范大学出版社 2005 年版，第 169 页。

⑤　Quentin Skinner, *Vision of Politics*, Vol. I, Cambridge University Press, 2002, General Preface, p.5.

⑥　Quentin Skinner, Moral Principles and Social Change, In: *Vision of Politics*, Vol. I, Cambridge University Press, 2002, pp.145-157.

是以话语为手段去取得合法性。① 对此,斯金纳作了明确的阐述,他指出:
"我们运用语言,不仅仅是为了交流信息,同时也是为我们的言语要求权力,
去激发参加谈话者的情感,创造进入和排他的边界,以及参与很多其他的社
会控制方式。"② 这就充分展示了修辞的政治功能。在斯金纳看来,这种功
能非常强大,"语言像其他社会权力一样自然是一种强制,它全然塑造了我
们……然而,语言也是一种资源,我们能够使用它来塑造我们的世界……因
此,在这一意义上说,笔如利剑。我们通常在实践中体现着语言并受到它的
限制,但这些实践部分地取得其主导地位归因于我们抓住了我们通常所使
用语言的权力。始终向我们展现的是,运用我们的语言资源来削弱或加强
这些实践,也许会比我们有时设想的更自由"③。

　　修辞政治功能的发挥通常表现为特定的修辞者运用修辞策略把特定政
治行为合法化的行动过程。实现政治行为合法化是修辞者运用修辞策略所
要达到的目标。为实现特定的政治目的,特定的修辞者总要利用语言的力
量去增强或削弱社会世界④的建构,运用描述社会行动的规范性术语把社

---

　　① 斯金纳对权力的看法显然受到了福柯权力观的影响。福柯认为,所有创造知识的
实践都同时是政治的和修辞的,知识传统与社会结构都是使用权力的话语形式。福柯认
为,权力就是控制意义,进而控制别人的思想和行为的能力。在福柯看来,权力并不是社会
结构中固定的、可以预见的因素,也不是通过社会结构和制度强加的东西,而是与话语策略
即言说方式以及我们参与其中的言说系统密切联系在一起的一种流动性概念。福柯认为,
权力的分配是一个在思想和表达思想的话语交锋的瞬间谁取胜的问题,话语系统控制了我
们,控制了我们的思想和行为,而不是相反。权力与知识和话语紧密结合,作为一种技巧在
社会阶层中发生作用。

　　② Quentin Skinner, *Vision of Politics*, Vol. Ⅰ, Cambridge University Press, 2002,
General Preface, p.5.

　　③ Quentin Skinner, *Vision of Politics*, Vol. Ⅰ, Cambridge University Press, 2002,
General Preface, p.7.

　　④ 斯金纳所说的社会世界就是霍布斯所谓的"人工的世界",与实体性的世界相对,指
的是由仪式、象征与语言所构成的虚体社会,即政治世界和道德世界。这是历史学家基于
对历史研究客体的新认识而作出的划分。历史研究就是对过去的世界或社会作出解释。
随着历史观念的变化,历史学家把过去的世界划分为两种:实体性的世界和虚体性的世界。
过去,历史研究关注实体的世界,现在开始重视这个"人工的世界"。与不可改变的实体世
界不同,"人工的世界"的变化是由于我们运用不同的语言而引起的,是我们通过运用不同
的词语进行评价与描述的方式建构起来的。正是在这一意义上,语言与修辞成为理解"人
工的世界"的重要内容,语言的修辞功能自然也就在历史研究中发挥着重要的作用,成为历
史研究的一种方法。

会行为合法化。① 具体而言,任何一个社会都需要通过对描述社会行动的术语的修辞运用来成功地确立、支持、质疑或改变它的道德认同,以增加社会行动的可接受性。"正是通过把特定行动过程描述甚至称赞为诚实的或友善的或勇敢的,而把其他行动描述甚至谴责为残暴的或侵略性的或懦弱的,我们才能维持我们希望鼓励或否认的社会行为的幻想。"② 所有的社会行动者可以说都面临着一个艰巨但明显的修辞任务:把受到质疑的社会行为方式合法化,为受到质疑的行动提供一系列有利于自己的词汇。③ 合法化是行为被社会所接受和认可的前提条件,否则,行动者的行为将受到社会的限制,"任何行动将会被禁止,直到它被合法化"④。如果一个时代的社会道德和宗教标准让社会行动者的行为处于一种在道德和法律上受到质疑的境地,那么,社会行动者采取合法化行动就是必要的。这时,社会行动者就需要一种意识形态主张向质疑他们行为的人合法化其所做之事。⑤ 斯金纳把这种社会行动者称为创新的意识形态家(innovating ideologists),因为他们承担着把社会行为合法化的意识形态任务。⑥ 斯金纳说:"在正常情况下,要想在任何既有国家中成功塑造某种意识形态,情况一般是这样:成功的社会变迁取决于成功地正当化你做的事情。特别是当你想要提出某种社会变革时,你需要努力用既有的规范性用语来表达自己,否则你就无法正当化自己的所作所为。当然,这些既有的规范性用语不会在一旁供你使用,它们已经是社会中流行的用语。因此,如果你不得不调用这些用语,你可能需要改变它们的意涵或者换一种方式重新运用它们。而如果你要调用它们,那么这些用语就会限制你到底能做什么。这意味着,若想说明思想家为何

---

① Quentin Skinner, *Vision of Politics*, Vol. I, Cambridge University Press, 2002, General Preface, p.5.

② Quentin Skinner, Moral Principles and Social Change, In: *Vision of Politics*, Vol. I, Cambridge University Press, 2002, p.149.

③ Quentin Skinner, Moral Principles and Social Change, In: *Vision of Politics*, Vol. I, Cambridge University Press, 2002, p.149.

④ Quentin Skinner, Moral Principles and Social Change, In: *Vision of Politics*, Vol. I, Cambridge University Press, 2002, p.156.

⑤ Quentin Skinner, Moral Principles and Social Change, In: *Vision of Politics*, Vol. I, Cambridge University Press, 2002, p.147.

⑥ Quentin Skinner, Moral Principles and Social Change, In: *Vision of Politics*, Vol. I, Cambridge University Press, 2002, p.148.

采纳某个具体立场,你就必须弄明白这种限制。所以说,规范性语词的存在一直都有助于建构到底在那个社会可以说明和做什么。这意味着,它们是因果关系的一部分,而不仅仅是一种事后合理化解释。你也可以这么说,即使思想家声称自己付诸行动的原则仅仅是对某个也许无法公开但确实没有公开的秘密动机的事后合理化,但是,既然需要给出这种合理化,这就意味着它们不仅仅是合理化,这些规范性用语对你的行为施加了某些限制。"[①]在斯金纳看来,在社会生活中我们通常只能做我们可以将之合理化的事情,这是一个非常普遍的历史原则,也是关于历史方法的非常普遍的主张,"你可以成功做什么取决于你能规范解释你所做之事的能力,除非你完全拒绝这个社会,完全不在乎你和社会之间的关系。可是对变革社会有兴趣的人来说,这将是一个非常奇怪的立场,因为无论如何它们处在社会之中。所以如果你希望我们的社会发生变革,哪怕你想要的是革命性的社会变革,那么实现巨变的能力取决于你是否有能力合法地解释那场变革。你必须对变革作出规范的解释,否则没有人会留意到它。那个规范的解释可以同你的动机无关,可是如果它完全独立于你的动机,那将是不可思议的。只要它不是基于动机对行动作出的解释,它将会进入历史分析。让我们回到困难的问题,你的动机可以存在于任何地方,除了合法化要求。这点是马克思·韦伯(Max Weber)针对马克思提出的。合法化的要求能够限制你做什么,因为你需要规范地解释你正在做的事,至少使得你的行动对于那些你需要说服的人来说是合法的。但是如果这样做的话,你的行为就会受到限制,因为即使不受你所信奉的原则的驱使,你的行为也必须与你的动机要求相协调。这是韦伯在其有关新教伦理和资本主义精神的著名论著中赞成的观点。资本主义如何才能在一个并不习惯于资本主义的社会变得合法?宗教有多方面的机制和手段,但重要的是它将限制资本主义所包含的形式。规范的合法性的需求将限制社会行动可以采取的形式"。[②]

意识形态家在运用流行的道德词汇把受到质疑的社会行为合法化时,通常采用的修辞战略有两种。第一种战略就是操控施行言语行动的特定评

---

① [英]昆廷·斯金纳:《国家与自由:斯金纳访华讲演录》,北京大学出版社 2018 年版,第 170~171 页。

② [英]昆廷·斯金纳:《国家与自由:斯金纳访华讲演录》,北京大学出版社 2018 年版,第 198~199 页。

价性术语。这种战略的目标是使用一般用来表达反对的词汇去表示赞同或至少中立，以此种方式描述行动就是要向意识形态对手发起挑战，以便他们重新思考反对的态度。实施这一战略可采取两种策略。首先，可以尝试把新的和称赞性的术语引入语言。这就有两种可能性。一是创造用来描述新原则的新术语，用它们来描述意识形态家希望称赞的任何受到质疑的行动。这一方法不太成熟，在意识形态争论中很少使用。二是把中性术语转变成赞成性术语（通常使用隐喻），用来描述意识形态家希望称赞的行动。这一方法使用得比较普遍。其次，改变施行言语行动的非赞成性术语的使用范围。这也有两种可能性。比较常见的一种可能性是使经常用来表达反对的术语中性化。一个比较成功的例子是"野心"一词。它在以前被用来表示对任何行动的强烈反对。在现代早期这个词开始获得其现在的中性用法。另一个可能性更具戏剧性，即彻底改变以现有非赞成性术语实施的言语行动。比较成功的例子是语词"敏锐的"和"敏锐"的历史变迁。在 17 世纪早期，这些词常用来表示反对甚至轻蔑。但在随后的时代，它们的评价效果开始彻底转变，最后遗留给我们现在的标准用法：成为表达认可的术语，特别是对良好的商业感觉的认可。①

在意识形态争论中，这两种策略都是有效的。首先，可以尝试创造新的和非赞成性的术语去挑战已被认可的行为规范。一个例子是词组"成为败家子和挥霍财产"。这些词汇在 16 世纪末被广泛地用来表达对贵族铺张浪费行为的厌恶，对 17 世纪初期殖民地节俭行为的称赞。其次，可以尝试通过这些术语的隐喻用法把中性的术语转变成为非赞成性的术语。比如，"过分地"这一术语所表达的观念。在 17 世纪早期，由于这个词不能用来谴责过分节俭的行为而获得了它的隐喻用法。最后，可以尝试彻底改变以现有称赞性术语实施的言语行动。比如，术语"讨好的"和"屈尊的"，在 16 世纪用来表示认可。但在贵族和等级制社会受到广泛挑战的情况下，就转变成为表示反对的术语。②

第二种战略是指操控使用一整套现存称赞性术语的准则。与第一种战

---

① Quentin Skinner, Moral Principles and Social Change, In: *Vision of Politics*, Vol. I, Cambridge University Press, 2002, pp.152-152.

② Quentin Skinner, Moral Principles and Social Change, In: *Vision of Politics*, Vol. I, Cambridge University Press, 2002, p.152.

略相比,这一战略更简洁,更为重要。这一战略的目标是使用赞成性术语描述明显受到质疑的行为,激发所使用术语的可信度,以此种方式挑战意识形态对手,促使他们重新思考表达赞成的流行词汇的用法是否有效。这一方法会促使他们承认他们并没有认识到使用称赞性术语的一般准则就存在于他们视之为受到质疑的那个行动之中。①

斯金纳非常重视这一战略,认为这一战略是"意识形态争论的一种最广泛和最重要的形式"②。尽管这种特别的修辞战略很少被研究,但是它被广泛地运用于意识形态争论之中。可运用这一战略考察清教徒的原则与现代早期商业生活实践之间的联系。比如,这一时期宗教语汇中两个最重要的词:"神意"和"宗教的"。在 16 世纪晚期,那些希望称赞金融事务中谨慎和有远见行为的人把吝啬行为看成符合神意、值得称道的行为,是合神意的行为方式。同时,提倡行为准时和精确观念的那些人则认为准时和精确不应该被谴责为过分呆板和严苛,而是应该被认可和称赞为一种虔诚遵守承诺的"宗教"形式。③

那些描述术语具有意识形态动机的最佳证据就是术语的意涵被延伸和被混淆。术语"神意"开始用来指称在世俗事务中富有远见的行动。同时,"虔诚地"行动被用来指称勤勉和守时的行为。那些术语的修辞效果对读者的感情所产生的影响并不在于修辞者已经成功地证明了他们事业的虔诚品格,而在于修辞者以个人偏爱的方式使用了许多核心的宗教术语。斯金纳认为,这正好证明了修辞者使用宗教术语把商业行为合法化的一种努力。如果考察一下 17 世纪晚期和以后使用宗教术语的各种方式,就会看到他们所取得的成就是多么的巨大。人们不再仅仅把勤勉和守时行为说成是"宗教的"行为。他们这么做是因为他们终于开始接受被当作宗教行为的那种感觉。"我们必须工作和祈祷"这样的旧口号被让人更加舒服的口号"工作就是祈祷"所取代。到这一时期,过虔诚宗教生活的感觉已经改变了。修辞

---

① Quentin Skinner,Moral Principles and Social Change,In:*Vision of Politics*,Vol. Ⅰ, Cambridge University Press,2002,p.153.

② Quentin Skinner,Moral Principles and Social Change,In:*Vision of Politics*,Vol. Ⅰ, Cambridge University Press,2002,p.153.

③ Quentin Skinner,Moral Principles and Social Change,In:*Vision of Politics*,Vol. Ⅰ, Cambridge University Press,2002,p.153.

有助于建设一个全新的和更加舒服的世界。[①]

运用修辞战略进行说服,把社会行动合法化必须使用修辞技巧。为此,斯金纳详细分析了比较有效的修辞手段:

1.发现论据

发现论据是各种修辞技巧中最重要也是最难的。[②] 论据包括一般原理、情感、个人气质和夸大事实。

(1)一般原理

西塞罗和昆提良把人造的证据[③]称为一般原理(commonplaces)。[④] 斯金纳认为,一般原理实际上是以箴言形式体现出来的被社会普遍接受的见解和信念。最有说服力的演说者将是最了解如何选择和利用一般原理的人,并用它们来支持自己的目标。[⑤] 诉诸一般原理,通过尽可能地使论点适用普遍得到接受的见解和信念,可以增强论点的力量和说服力,从而提高论点的可信度。

(2)情感

改变人们行为的最佳方法是改变他们的情感。[⑥] 斯金纳赞同罗马雄辩术理论家的观点,认为雄辩家最有力的武器是他操纵听众情感,谋取他们站到自己方面来的能力。因此,他们将主要的注意力放在如何使理智(logos)带上激情,即如何使我们的听众诉诸激情或情感,激励他们反对我们的对

---

① Quentin Skinner,Moral Principles and Social Change,In:*Vision of Politics*,Vol.Ⅰ,Cambridge University Press,2002,pp.153-155.

② [英]昆廷·斯金纳:《霍布斯哲学思想中的理性与修辞》,王加丰、郑崧译,华东师范大学出版社 2005 年版,第 115 页。

③ 亚里士多德把证明论点所需要的证据区分为"人造的证据"和"非人造的证据"。亚里士多德认为"人造的证据"依赖于修辞艺术,比如,修辞三段论法;而"非人造的证据"则是从讲演术以外的地方采纳的证据。西塞罗和昆提良更重视"人造的证据"中的一般原理而不是修辞技巧。

④ [英]昆廷·斯金纳:《霍布斯哲学思想中的理性与修辞》,王加丰、郑崧译,华东师范大学出版社 2005 年版,第 116~117 页。

⑤ [英]昆廷·斯金纳:《霍布斯哲学思想中的理性与修辞》,王加丰、郑崧译,华东师范大学出版社 2005 年版,第 121 页。

⑥ [英]昆廷·斯金纳:《霍布斯哲学思想中的理性与修辞》,王加丰、郑崧译,华东师范大学出版社 2005 年版,第 129 页。

手,支持我们的事业。① 因此,激发情感的能力不仅是修辞艺术的组成部分,还是修辞艺术的中心和核心。②

（3）个人气质

由于激情多种多样、易受影响,雄辩家就必须确立某种良好的气质去塑造激情,使之适合于他本人的目的。③ 建立一种良好的气质,可以激发听众的激情,促使听众在审视演讲者的目标时,怀着某种注意力和顺从性都在提升的感觉,甚至怀着某种善意与亲密感都在不断上升的感觉,从而确立个人的特点,使听众处于一种能接受他人的心理架构中。④ 在斯金纳看来,确立气质,煽动激情的方法主要有两种:一种方法是向听众允诺,将要告诉他们一些既新奇又具有公共意义的事情;另一种更有效的方法就是直接强调演讲者本人品格的完美。⑤

（4）夸大事实

确立气质至多使听众较为平静的热情激发出来,却不能激发听众最深层的、最强有力的情感。⑥ 解决这个问题的一种方式就是夸大事实。通过这一方法可以使任何可能不利于演讲者的缺陷变小、减轻,使之最小化甚至将其掩盖掉;同时使有利于演讲者的事务增加、强化,使之最大化。这样,演讲者可以将听众的注意力吸引到他本人的意愿与情感上来,转变听众先前的见解,彻底改变他们原有的心理状态。⑦

---

① 〔英〕昆廷·斯金纳:《霍布斯哲学思想中的理性与修辞》,王加丰、郑崧译,华东师范大学出版社 2005 年版,第 124 页。

② 〔英〕昆廷·斯金纳:《霍布斯哲学思想中的理性与修辞》,王加丰、郑崧译,华东师范大学出版社 2005 年版,第 126 页。

③ 〔英〕昆廷·斯金纳:《霍布斯哲学思想中的理性与修辞》,王加丰、郑崧译,华东师范大学出版社 2005 年版,第 133 页。

④ 〔英〕昆廷·斯金纳:《霍布斯哲学思想中的理性与修辞》,王加丰、郑崧译,华东师范大学出版社 2005 年版,第 133～134 页。

⑤ 〔英〕昆廷·斯金纳:《霍布斯哲学思想中的理性与修辞》,王加丰、郑崧译,华东师范大学出版社 2005 年版,第 134～135 页。

⑥ 〔英〕昆廷·斯金纳:《霍布斯哲学思想中的理性与修辞》,王加丰、郑崧译,华东师范大学出版社 2005 年版,第 138 页。

⑦ 〔英〕昆廷·斯金纳:《霍布斯哲学思想中的理性与修辞》,王加丰、郑崧译,华东师范大学出版社 2005 年版,第 140～142 页。

2.修辞再描述

要使用夸大事实的方法以激发听众的情感,除了发现论据的技巧之外,还必须依赖于有效地表达,特别是恰当地运用"修饰"的技巧。[1] 修辞再描述(rhetorical redescription)就是一种主要的修饰方法。修辞再描述是指重新描述定义或行为,使对定义或行为的解释获得一种额外的力量。[2] 斯金纳认为,存在两种重新描述的方式。第一种方式是质疑定义的合理性。这一方法可以增大或减小某一特定行为或事态的重要性。它在修辞上的意义是有助于把该行为置于一种新的道德视野之下。"我们不仅开始看到以前常常用这个词的令人误解的定义来评价这种行为,而且我们也看到这种行为处于一种不同的描述方法的影响下,使得对它的评价非常不利。"[3]在斯金纳看来,操纵定义的方法是一种有些粗糙生硬的修辞策略。第二种方式是重新描述各种行为,这是最重要的重新描述技巧。这一方式也有希望增大或缩小这些行为的重要性。提出对某一行为重新评价,不是因为描述它的词语的定义有问题,而是因为这种行为本身具有一种特有的道德外观,与用来描述它的这个词语通常所意味着的道德外观不一样。[4] 对行为的重新描述又有两种技巧:美化法与间接肯定法。美化法指的是通过一种有礼貌的解释,把恶行称为美德,我们原谅了我们自己的恶行,或原谅了那些我们为之辩护的人的恶行。[5] 间接肯定法就是用"一个表示程度较低的词来取代一个表示程度较高的词,从而使事情的重要性变得比实际要小得多"[6]。

重新描述之所以可行在于许多德行及许多我们用于描述和评价人类行为的措辞居于恶行或缺陷的两个极端之间的中间状态。亚里士多德认为,

---

[1]　[英]昆廷·斯金纳:《霍布斯哲学思想中的理性与修辞》,王加丰、郑崧译,华东师范大学出版社 2005 年版,第 143 页。

[2]　[英]昆廷·斯金纳:《霍布斯哲学思想中的理性与修辞》,王加丰、郑崧译,华东师范大学出版社 2005 年版,第 144 页。

[3]　[英]昆廷·斯金纳:《霍布斯哲学思想中的理性与修辞》,三加丰、郑崧译,华东师范大学出版社 2005 年版,第 147 页。

[4]　[英]昆廷·斯金纳:《霍布斯哲学思想中的理性与修辞》,三加丰、郑崧译,华东师范大学出版社 2005 年版,第 147 页。

[5]　[英]昆廷·斯金纳:《霍布斯哲学思想中的理性与修辞》,三加丰、郑崧译,华东师范大学出版社 2005 年版,第 148 页。

[6]　[英]昆廷·斯金纳:《霍布斯哲学思想中的理性与修辞》,王加丰、郑崧译,华东师范大学出版社 2005 年版,第 148 页。

如果美德是中间状态,那么德行与恶行必然处于一种相邻的关系中。① 亚里士多德的观点为使用"美化"方法激发听众最深层的情感提供了可能性。因为德行与恶行之间具有某种相邻关系,就可以对某种行动或事态所作的外观上看似可信的描述提出质疑。可以用一个相邻的德行的名称来称呼一件邪恶的行为,来为它开脱或掩饰。反过来,也可以将某种相邻的恶行的名称加之于一件善行,来诋毁或贬低它。② 亚里士多德认为,如果总是有一种恶行类似于每一种所谓的德行,那么这种相似性实际上是某种同一性,从而既可以赞扬原先遭到谴责的,也可以谴责原先受到称赞的。③ 因此,使用美化法所进行的修辞的修饰就具有潜在的欺骗性。

美化法的欺骗性根源于美化法本身所具有的特性。美化法的价值在于它是减轻严重性的一种手段,是增强支持某种特定行为或缩小不利于某种特定行为的手段。④ 美化法既可用于减轻那些可以谴责为粗鲁的、傲慢的、鲁莽的、奢侈的或从其他角度看来应受到谴责的过失行为的严重性,也可以用来为已被指责为奢侈、贪婪或疏忽的行为进行辩护。柏拉图认为,美化法使许多恶行得到重新描述并因此得到开脱。⑤ 因此,斯金纳认为,起美化作用的重新描述的技巧实际上是一种为恶行开脱甚至诋毁德行的手段。⑥

美化法所具有的欺骗性使得美化法在用于道德评价时始终存在着一种危险:对各种行为及对它们进行重新描述导致了无休止的争论,破坏了道德辩论的可能性。因为美化法使真理与雄辩之间的关系变得不确定,这就开启了一个道德评价上完全主观武断的世界,一个评价性措辞的运用或许不

---

① ［英］昆廷·斯金纳:《霍布斯哲学思想中的理性与修辞》,王加丰、郑崧译,华东师范大学出版社 2005 年版,第 159 页。

② ［英］昆廷·斯金纳:《霍布斯哲学思想中的理性与修辞》,王加丰、郑崧译,华东师范大学出版社 2005 年版,第 161～162 页。

③ ［英］昆廷·斯金纳:《霍布斯哲学思想中的理性与修辞》,王加丰、郑崧译,华东师范大学出版社 2005 年版,第 162 页。

④ ［英］昆廷·斯金纳:《霍布斯哲学思想中的理性与修辞》,王加丰、郑崧译,华东师范大学出版社 2005 年版,第 167 页。

⑤ ［英］昆廷·斯金纳:《霍布斯哲学思想中的理性与修辞》,王加丰、郑崧译,华东师范大学出版社 2005 年版,第 168 页。

⑥ ［英］昆廷·斯金纳:《霍布斯哲学思想中的理性与修辞》,王加丰、郑崧译,华东师范大学出版社 2005 年版,第 167 页。

存在达成一致的可能性,因此不可避免某种无休止的混乱和相互敌视的状态。[①] 这就要求在道德和政治辩论中尽可能地保持中立或谨慎使用这种技巧以规避美化法所产生的危险。

3.比喻

在斯金纳看来,要唤起听众的情感,除了掌握重新描述的技巧之外,还需要学会如何有效地运用比喻和借喻。[②] 使用比喻和借喻可以用语言逼真地将所辩论的事件置于听众的眼前,向听众提供关于事实的图像,将听众变成观众。斯金纳指出:"使用明喻,他可以使听众看到与他们已经了解的事物类似的那些不熟悉的事物,因此使他们能够以一种新的理解力和新的透明感来把握不熟悉的事物。使用隐喻,他甚至可能更大胆地设法提出:不熟悉的事物在某种意义上与比较熟悉的事物是一样的,从而使他的听众能够更清楚地'看见'如何将它们合并进他们自己已有的信念架构中。"[③]

在使用比喻和借喻时要充分发挥它们的情感影响,就必须用判断力调和想象力。[④] 一方面,使用高度修饰性的语言必须借助比喻和借喻,这就需要发挥想象力,避免陈腐的形象和熟悉的说法。昆提良认为,隐喻能够引起联想,明喻可以使事情一目了然。[⑤] 另一方面,要使论据看起来更"有道理",想象力就不能过度漫游,不能过于牵强附会。这就需要用辨别力和判断力来调节想象力,用修辞来装饰论述中的瑕疵,赋予它一种真理的外表,使它在听众面前显得更可信、更有吸引力。[⑥]

比喻和借喻也可以用来激起笑声和蔑视,使听众产生最强烈的情感。

---

① ［英］昆廷·斯金纳:《霍布斯哲学思想中的理性与修辞》,王加丰、郑崧译,华东师范大学出版社 2005 年版,第 182 页。

② ［英］昆廷·斯金纳:《霍布斯哲学思想中的理性与修辞》,王加丰、郑崧译,华东师范大学出版社 2005 年版,第 190 页。

③ ［英］昆廷·斯金纳:《霍布斯哲学思想中的理性与修辞》,王加丰、郑崧译,华东师范大学出版社 2005 年版,第 197 页。

④ ［英］昆廷·斯金纳:《霍布斯哲学思想中的理性与修辞》,王加丰、郑崧译,华东师范大学出版社 2005 年版,第 197 页。

⑤ ［英］昆廷·斯金纳:《霍布斯哲学思想中的理性与修辞》,王加丰、郑崧译,华东师范大学出版社 2005 年版,第 198 页。

⑥ ［英］昆廷·斯金纳:《霍布斯哲学思想中的理性与修辞》,王加丰、郑崧译,华东师范大学出版社 2005 年版,第 206 页。

昆提良认为,笑声可以消除听众的疑虑,赢得听众的支持。① 斯金纳认为,笑声所表达的最基本的感受可以说是轻蔑的优越感。② 有许多方法可以刺激听众发笑,激发起听众强烈的轻蔑感。斯金纳主要讨论了夸张法、模糊讽刺法、反语、幽默嘲笑法、肢体语言嘲弄法、许可法、迁就法、说话中断法、贬低法等。③

斯金纳对政治思想进行修辞分析,揭示了政治思想的修辞特性。在斯金纳看来,政治思想的产生都有其特定的修辞文化背景,是特定修辞文化的产物。因此,政治思想可能充满着"修辞密码",不可避免地带有特定时代修辞文化的特征。④ 正是在这一意义上,对政治思想进行修辞分析,把政治思想置于它所处的修辞文化的知识语境之中,充分展示政治思想的修辞风格,为理解政治思想提供了一个新的维度。

由于修辞技巧的使用,政治思想必然具有其独特的论证方式和语言表达方式,政治思想本身也产生了大量蓄意造成的模棱两可的含义。⑤ 这就需要把政治思想放置于特定修辞文化的论述框架之中,以揭示政治思想的修辞特性。帕罗内认为:"修辞文化是一种争论、论辩、争辩、论战的文化,以及如果允许使用一个时代错置之词的话,乃是一种政治文化。"⑥普罗泰哥拉阐述了修辞学的论辩原则:"每一个论题都有两种逻辑(即说法或论证),二者相互对立。"⑦斯金纳认为,政治思想作为政治论辩的产物,必然遵循从一个问题的两个方面进行论辩的修辞学原则,使政治思想呈现出与理性演

---

① [英]昆廷·斯金纳:《霍布斯哲学思想中的理性与修辞》,王加丰、郑崧译,华东师范大学出版社 2005 年版,第 209 页。

② [英]昆廷·斯金纳:《霍布斯哲学思想中的理性与修辞》,王加丰、郑崧译,华东师范大学出版社 2005 年版,第 211 页。

③ [英]昆廷·斯金纳:《霍布斯哲学思想中的理性与修辞》,王加丰、郑崧译,华东师范大学出版社 2005 年版,第 217~223 页。

④ [英]昆廷·斯金纳:《霍布斯哲学思想中的理性与修辞》,王加丰、郑崧译,华东师范大学出版社 2005 年版,第 15 页。

⑤ [英]昆廷·斯金纳:《霍布斯哲学思想中的理性与修辞》,王加丰、郑崧译,华东师范大学出版社 2005 年版,第 15 页。

⑥ [芬兰]凯瑞·帕罗内:《昆廷·斯金纳思想研究》,李宏图、胡传胜译,华东师范大学出版社 2005 年版,第 155 页。

⑦ [芬兰]凯瑞·帕罗内:《昆廷·斯金纳思想研究》,李宏图、胡传胜译,华东师范大学出版社 2005 年版,第 154 页。

绎不同的论辩特色:政治思想并不是单一的、同质的和确定的真理独白,而是多元政治主体对话互动的结果,它包含了多元、分殊和异质的因素。他指出:"即使用演绎的方式来论证道德和政治原则是可能的,我们的论点也绝不会有说服力,除非我们用修辞艺术来加强这些论点。最后,有一个与文艺复兴人文主义相联系的更为修辞化的思想观点:我们的口号应该是常常倾听其他方面的意见。该承诺产生于以下信念:在道德和政治争论中,从两个方面来论证将始终是可能的,而且将绝不可能用演绎的方式来表达我们的道德和政治理论。合适的方式将永远是一种对话,合适的态度将永远是乐于协商,即关于评价性措辞的适用性问题对立各方按照自己的直觉意识进行协商。我们力求以对话的方式得到理解和解决争端。"①

同时,斯金纳还对哲学研究方法忽视论辩性的视角提出了批评,再次强调了政治思想的论辩特色:"这种人文主义的眼光现在如此广泛地受到拒绝,从那以后,以对话的方式展示某种道德或政治理论的思想在哲学中早已没有任何严肃的地位。然而,以更能令人喜欢的方式展示早期现代修辞文化的价值上,我希望我或许已经获得了成功。正是在这种修辞文化的背景下,现代哲学的实践能够这样成功地进行反抗。同时我希望,在用强烈对照的手法叙述这种修辞文化的理性和道德争论的过程中,我可能已经传达了某些吸引人的东西。我甚至希望,通过把精力集中于道德和政治推理从对话向滔滔不绝的独白风格发生转变的历史关头,我可能已经成功地重新提出了什么样的风格更值得我们知识分子臣服的问题。"②

从文本诠释的角度来看,斯金纳对政治思想所进行的修辞分析,是历史研究的特殊形式,是对历史语境分析的深化。斯金纳明确指出,对政治思想进行修辞分析需要把政治思想"置于它赖以形成的知识背景中"③。从修辞学的角度看,政治思想所处的知识背景就是特定时代的修辞文化,它构成了政治思想的历史语境。在修辞文化的视野中,政治思想就是特定政治观点的修辞化表达,文本作者就是政治辩论的参与者。要深刻理解政治思想,就

---

① 〔英〕昆廷·斯金纳:《霍布斯哲学思想中的理性与修辞》,王加丰、郑崧译,华东师范大学出版社 2005 年版,第 17 页。

② 〔英〕昆廷·斯金纳:《霍布斯哲学思想中的理性与修辞》,王加丰、郑崧译,华东师范大学出版社 2005 年版,第 17~18 页。

③ 〔英〕昆廷·斯金纳:《霍布斯哲学思想中的理性与修辞》,王加丰、郑崧译,华东师范大学出版社 2005 年版,第 8 页。

必须把政治思想与它所处时代的背景置于修辞文化的论述框架之中,研究政治思想所涉及的种种论辩,了解论辩的性质、目的,论辩所采用的论点、使用的论据以及其他修辞技巧。在此基础上解释"政治理论的中心概念的来龙去脉"①,即解释政治思想本身。因为修辞技巧的使用最终体现在概念的含义及其变化上(如转换、衰退、取消或不被接受)。研究政治思想的修辞学特征是"研究和解释历史文本的一种特定的途径。我的方法的本质,在于试图把这类文本置于其特定的语境里,以便反过来使我们有能力识别这些文本的作者在撰写它们时正在'做'什么"②。研究的重点在于试图表明文本作者"反对的是什么传统,他采纳的是什么论证方法,他给现存辩论带来的变化是什么"③。

斯金纳阐述了修辞分析在方法论上的重要性。在他看来,修辞文化语境是理解政治思想的修辞特性不可或缺的要素。④ 政治思想的中心概念和观点主要是由政治辩论的语言表达形式形成的,政治辩论所遵循的原则、采用的论证方式和修辞术语只有在修辞文化这一更广泛的话语系统中才能得到理解。为此,斯金纳指出:"创新的意识形态家用于合法化其行为的术语范围永远不可能由他们自己确定。术语的可获得性是一个社会通行的道德原则问题;术语的可运用性是一个有关术语的意涵和用法以及术语含义能被合理地延伸多远的问题。"⑤因此,除非我们注意了产生政治思想的修辞学环境,否则政治思想中有许多成分是我们没有希望理解的。⑥

---

① 〔英〕昆廷·斯金纳:《霍布斯哲学思想中的理性与修辞》,王加丰、郑崧译,华东师范大学出版社 2005 年版,第 9 页。

② 〔英〕昆廷·斯金纳:《霍布斯哲学思想中的理性与修辞》,王加丰、郑崧译,华东师范大学出版社 2005 年版,第 9 页。

③ 〔英〕昆廷·斯金纳:《霍布斯哲学思想中的理性与修辞》,王加丰、郑崧译,华东师范大学出版社 2005 年版,第 10 页。

④ 〔英〕昆廷·斯金纳:《霍布斯哲学思想中的理性与修辞》,王加丰、郑崧译,华东师范大学出版社 2005 年版,第 10 页。

⑤ Quentin Skinner, Moral Principles and Social Change, In: *Vision of Politics*, Vol. I, Cambridge University Press, 2002, p.156.

⑥ 〔英〕昆廷·斯金纳:《霍布斯哲学思想中的理性与修辞》,王加丰、郑崧译,华东师范大学出版社 2005 年版,第 12 页。

第三节　历史语境主义方法的案例

由于研究方法之实际操作有助于更清楚地显示其特色,故本书在此特别举出斯金纳的两项主要历史研究为例,说明其方法的具体运用。一是斯金纳就"自由"概念的内涵在特定政治与知识语境中的形成与演变,指出历史语境对确定文本意涵的重要作用。另一个是他以霍布斯的公民科学观念在特定修辞文化中的变化过程,揭示政治思想的修辞特色。前者说明从历史语境的视角看,"自由"概念并没有一以贯之的固定内涵。后者则讨论了霍布斯公民哲学思想的修辞特性,说明修辞是政治思想的固有属性,要想避免对政治思想的简单化解释,就不能忽视修辞视角。

一、案例一

斯金纳运用历史语境分析方法考察"自由"概念的定义。这一案例主要体现在《自由主义之前的自由》中。斯金纳从质疑自由主义论证自由的方式入手,向自由主义的消极自由观发起了挑战。

我们知道,随着自由主义上升为当代政治哲学的主导地位,自由主义对自由的分析逐渐被广泛地视为思考自由概念的唯一逻辑方式。[1] 伯林对自由概念的分析就是这种思考方式的典型代表。[2] 伯林强调哲学研究方法的重要性,认为对自由概念的哲学分析可以阐明"自由概念的基本内容",同时可使我们避免"一种术语的混乱"。[3] 在伯林看来,自由就是"别人不干涉我所想做的",因此,自由基本上必然是与强制相对应的,强制指"在我希望去行动的领域中受到了别人的故意干涉"。只要记住这一点,关于自由的一系列混乱就被消除。一种混乱是把自由等同于社会自由;另一种混乱来自把自由国家当作保障个人自由的前提。一旦把自由理解为免于干涉,我们便

---

[1] ［英］昆廷·斯金纳:《自由主义之前的自由》,李宏图译,上海三联书店 2003 年版,第 79 页。

[2] 伯林把自由划分为"消极自由"和"积极自由"两种类型。消极自由指的是不受他人或群体强制的自由,而积极自由不仅仅是缺乏外在干预的状态,同时也意味着以某种方式行为的能力。伯林赞同消极自由,反对积极自由。

[3] ［英］昆廷·斯金纳:《自由主义之前的自由》,李宏图译,上海三联书店 2003 年版,第 79 页。

能看到保有自由并不依赖于谁行使权威,也不依赖于何人拥有着多大的权威。这就是伯林所谓的消极自由观。这表明,消极自由并非不能与某种专制,或与缺乏自治政府并存。在个人自由与民主统治之间存在着必然的联系是一种错误的假设。① 伯林对自由的分析成为自由主义者对自由的主导性解释。

斯金纳并不赞同伯林的观点,他认为伯林对自由的思考方式是有缺陷的。伯林对自由的理解依赖于这一前提,即消极自由是指摆脱强制。并由此推论出,依从不能被理解为缺乏自由。但得出这一推论的前提本身就需要重新思考,把它作为理所当然的思考方式遮蔽了我们对自由的不同理解。为了克服自由主义者思考方式的缺陷,斯金纳把视野投向了历史主义方法。他对自己的研究方法作了这样的解释:"人们有理由发问,为什么我要在这个关节上去审视历史记录,而不想直接对消极自由观展开一项比较全面的哲学分析?我的回答并不是说,我认为这种纯概念的操作不值得考虑,相反,我认为它们是为当代争论作出最为深刻的独特贡献的标志。我的回答是说,由于在研究社会政治概念的最佳方法问题上存在着广为流行的假定,这就会很容易、而且是顺理成章地使人认为,可以按照一种陌生的方式一以贯之地使用一个概念,而不仅仅是指出它已经被投入了陌生但一以贯之的用法。"② 很明显,斯金纳主张运用历史学的方法来研究自由概念,考察自由概念的含义究竟在何时形成,它在不同的历史阶段是如何被定义的,并固定下来为我们所接受。

斯金纳把自由置于它最初形成的古典共和主义的知识和政治语境中来考察这一理论本身的结构和前提。考察的重点是从 17 世纪中叶英格兰文艺复兴时期到 19 世纪自由主义思想家对自由的理解占据统治地位之前新罗马法理论家对自由的理解。③ 斯金纳的研究从两个方面展开。一方面,

---

① 〔英〕昆廷·斯金纳:《自由主义之前的自由》,李宏图译,上海三联书店 2003 年版,第 79~80 页。

② 〔英〕昆廷·斯金纳:《自由主义之前的自由》,李宏图译,上海三联书店 2003 年版,第 141 页。

③ 斯金纳所说的新罗马法理论家是指从 17 世纪中叶至 19 世纪以约翰·霍尔、詹姆斯·哈林顿、约翰·密尔顿、曼哈芒德·尼德汉姆、阿尔杰农·西德尼等为代表的赞同共和国的英格兰思想家,他们运用罗马法的理论资源来批评霍布斯对自由的理解,重新阐释自由的概念。由此他们被斯金纳称为新罗马法理论家。

斯金纳追溯了新罗马法理论家理解自由的思想资源,即马基雅维利对自由的定义。在马基雅维利看来,自由指的是摆脱外来强制,"无须依赖他人"而行动的地位。但是,只有在共和政体的自治形式下,个人的自由才能得到充分的保证。这一观点代表了古典共和主义自由理论的核心内容。另一方面,斯金纳着重考察了新罗马法理论家对自由的理解。新罗马法理论家不仅吸收了马基雅维利自由理论的精髓,他们对自由的理解也有了新的发展。一是把自由理解为不受强制地享有一些特定的公民权利,这些权利包括生命、自由和财产等。这种对自由的定义是全新的,是以往所没有的,这也是自近代以来直至今天人们理解自由的基本内容。二是把共和宪政体制作为保障个人自由的前提。新罗马法理论家反对霍布斯所说的个人自由与国家的政治体制没有关系的观点,认为只有在一个法治的国家而非人治的国家,公民才能够保有自由。而一个法治的国家就意味着其法律是由全体人民来制定的,体现在国家的政治体制上,共和国是这个国家的政治安排,共和主义是宪政的唯一形式。只有在共和宪政的体制下,个人才能完全获得自由。这就意味着公民必须参与到政治中去,如果在一个代议制政府下作为一个积极公民而生存,那将能摆脱被奴役的状态。这就是伯林所说的"积极自由"。否则,仅仅是作为一个国家的臣民而活着,将会丧失自由而受到奴役。三是提出了对自由的另外一种解释——共和主义自由,即把自由定义为不依从,没有依赖关系,不受他人"支配"。不自由不仅是强制的产物,也是依从的结果。就像阿尔杰农·西德尼所说:"作为自由仅仅存在于不依从于任何人的意志,没有什么比依从于别人的意志更意味着是种奴役状态。"[①]新罗马法理论家认为暴力或强制威胁并不是侵犯个人自由的唯一形式,生活在依从状态下也是强制的源泉和一种形式,只要你承认你生活在这样的一种状态,这本身就将会限制你运用你的一系列公民权利。按照斯金纳的观点,唯有在共和国里,才能免于专断意志的支配,享有公民自由:只有不受帝国或其他外部强权的控制,摆脱殖民地处境,才能享有自由。也正是基于这种新罗马的自由观念,才可能保证妇女的平等权利以及弱势群体在社会中的公平地位。

　　通过对新罗马法理论家自由观念的历史考察,斯金纳得出了一个基本

---

　　① ［英］昆廷·斯金纳:《自由主义之前的自由》,李宏图译,上海三联书店 2003 年版,第 60 页。

结论:新罗马法理论家在强调"积极自由"的同时,并不反对"消极自由"。这就为我们在当代"消极自由"观点占据主导地位的情况下揭示了自由的另一种含义。斯金纳以一种与自由主义思想传统不同的思考方式引导我们重新进入已经丢失的知识世界来质疑自由主义理念胜利之后这种自由的霸权,展现了自由思想的多元性,以此来促进我们重新思考自由思想"唯一性的可能性"①。

二、案例二

斯金纳运用修辞分析方法研究霍布斯关于公民哲学的思想。这一案例主要体现在《霍布斯哲学思想中的理性与修辞》中。斯金纳把霍布斯的公民哲学思想置于文艺复兴时期英格兰的修辞文化语境之中,考察霍布斯公民科学思想的形成与变化。首先,斯金纳建构了霍布斯公民哲学思想赖以产生的历史语境。1590年代,当霍布斯开始接受正式教育前,英国都铎时代的人文主义者已经用古典雄辩术的方式思考公民科学的概念,并使之流行。人文主义者认为,"公民科学的思想由两种不可或缺的成分构成。一种是理性,这使我们有能力揭示真理的本领;另一种是修辞,这使我们有能力以雄辩的方式展示真理的艺术"②。由于理性缺乏说服我们并把我们带向真理光芒的内在能力,要使理性拥有力量并发生影响,必须始终加上雄辩术的说服力。因而公民科学的一个关键部分就是雄辩的艺术形式。人文主义者据此认为积极公民需要两种至关重要的品质:发现真理的理性和使他的听众接受真理的口才。而要说服听众就必须采用特殊的修辞技巧:诉诸一般原理、操纵听众情感、确立精神气质、夸大事实、重新描述、运用比喻和借喻等。

其次,斯金纳考察了霍布斯公民哲学思想的演变。霍布斯早年出版的著述揭示出他深深地专注于文艺复兴人文主义者的修辞文化。然而,在1630年代后期当霍布斯致力于研究公民科学时,他开始放弃人文主义而转向科学方法。在《法律要旨》与《论公民》中,霍布斯怀疑文艺复兴时期关于理性和修辞之间以及由此而来的科学和雄辩术之间相统一的观念。霍布斯

---

① [英]昆廷·斯金纳:《自由主义之前的自由》前言,李宏图译,上海三联书店2003年版,第2页。

② [英]昆廷·斯金纳:《霍布斯哲学思想中的理性与修辞》,王加丰、郑崧译,华东师范大学出版社2005年版,第4页。

认为,只要根据从经验中产生的前提来正确地推理,我们就可以达到科学真理,根本没有必要使用修辞的艺术。因为科学理性具有一种固定的力量,本身就能说服我们接受它所发现的真理。但是,在1651年出版《利维坦》(英文版)时,霍布斯再度改变看法。在流亡法国期间,霍布斯对1640年代英国内战爆发的种种原因的思考,使他不得不重新考虑自己关于修辞在公共生活中的地位的观点,从而改变了对公民科学的思想的看法。对霍布斯而言,英国革命像是"新古典和反律法主义的修辞艺术的胜利,是这种修辞艺术的非理性的但压倒一切的力量对科学与理性的弱小力量的一场胜利"[①]。霍布斯承认"科学的力量很小"[②],如果要使理性得到盛行,我们将需要依靠修辞艺术来补充和实施它的发现成果。在《利维坦》中,霍布斯把古典修辞艺术的说服技巧系统地付诸实践,这就使得人文主义关于理性和修辞相统一的观点得到了辩护,从而对文艺复兴的修辞艺术作出"一种姗姗来迟的然而是重大的贡献"[③]。

斯金纳从修辞视角对霍布斯公民哲学思想的研究使我们对霍布斯的公民哲学思想产生了新的理解。一是霍布斯公民科学概念的形成,是他对各种古典的和新西塞罗主义的雄辩术理论的假定、语汇作出反应的结果。一方面,当霍布斯在1630年代后期开始形成关于公民科学的观点时,他想用一种论证充分的公民科学取代人文主义的公民观念;另一方面,当霍布斯在1650年代重新思考雄辩术的作用时,他从修辞与理性相统一的角度阐述了关于公民科学的观点:避免恶并保持社会美德对维护和平是必不可少的。这使霍布斯有了一个新的定位:他不仅是一个政治理论家,还是一个参与时代政治论辩的政治行动者。二是霍布斯的公民科学概念在其早年和晚年的变化"不是同一种理论的两种不同的版本,而是两种符合对偶要求的哲学风格模式,也是两种不同的但确实是对偶的理论"[④]。这就突出了霍布斯公民

---

① 〔英〕昆廷·斯金纳:《霍布斯哲学思想中的理性与修辞》,王加丰、郑崧译,华东师范大学出版社2005年版,第458页。

② 〔英〕昆廷·斯金纳:《霍布斯哲学思想中的理性与修辞》,王加丰、郑崧译,华东师范大学出版社2005年版,第5页。

③ 〔英〕昆廷·斯金纳:《霍布斯哲学思想中的理性与修辞》,王加丰、郑崧译,华东师范大学出版社2005年版,第6页。

④ 〔英〕昆廷·斯金纳:《霍布斯哲学思想中的理性与修辞》,王加丰、郑崧译,华东师范大学出版社2005年版,第14页。

科学思想的变化过程。同时，《利维坦》的结构"不仅代表了他理论上研究修辞艺术的顶点，也代表了他乐于实践修辞艺术的戒律的顶点"[1]。这就改变了那种认为霍布斯"'对刻板的修辞研究'变得'越来越不感兴趣'"[2]的看法。三是在《利维坦》中，霍布斯的公民科学思想是由散文体来传递的，由于各种修辞技巧的使用，产生了大量蓄意造成的模棱两可的含义。这就强调了《利维坦》容易受到忽视的文学特征，从而凸显了修辞视角的价值。

---

① ［英］昆廷·斯金纳：《霍布斯哲学思想中的理性与修辞》，王加丰、郑崧译，华东师范大学出版社 2005 年版，第 14 页。

② ［英］昆廷·斯金纳：《霍布斯哲学思想中的理性与修辞》，王加丰、郑崧译，华东师范大学出版社 2005 年版，第 14 页。

第四章　历史语境主义方法的贡献

历史语境主义方法的贡献是多方面的，也是十分重大的。其中最值得关注的贡献有两个：一是历史语境主义从言语行动的角度研究政治思想，把政治思想看成政治行动，把政治思想家看作政治行动者，从而实现了政治思想史研究视角的根本性转换。二是历史语境主义把政治概念作为研究对象，从修辞角度强调概念的变化，创立了一种新的研究类型，使政治思想史从观念史转向了概念史。

第一节　政治思想史研究视角的重大
转换："言语行动"研究视角

正如帕罗内所说，在政治思想史的研究中，斯金纳最为杰出的贡献在于他第一次把言语行动理论系统地运用于政治思想研究，实现了从思想应用于政治到思考思想作为政治的一种内容的研究视角的转换，帕罗内称之为"政治思想研究中的'斯金纳式革命'"①。如前讨论的那样，斯金纳受语言哲学发展的启发，把思想家进行思考本身也看作一种政治行动或政治实践，由此开启了理解政治思想的新路径、新视角，即把论述的重点从政治思想转移到政治论辩，从关于政治的思想转移到从政治的角度进行思考。具体而言，言语行动的视角就是从以下几个方面展开研究。

一、把研究视角从政治思想转到政治论辩

斯金纳认为，政治思想史的研究方法必须回答以下两个问题：一是政治思想史研究是否应该主要关注所谓"经典文本"中的传统正典，政治分析的主要传统，或者既定时代的全部政治语言；另外一个很大但很关键的问题是

---

① ［芬兰］凯瑞·帕罗内：《昆廷·斯金纳思想研究》，李宏图、胡传胜译，华东师范大学出版社 2005 年版，第 3 页。

如何分析公认原则与政治生活实践之间的关系。①

传统的政治思想史研究方法主要关注经典文本，把政治思想史看成"经典文本"史。② 这种研究方法有两个主要假定：一是文本可理解性的源泉在于它自身之内，它的理解不需要考虑语境；另一个是满意的历史能够从这类文本所包含的"单元观念"之中或从联结这类文本的所谓"影响之链"中建构起来。③ 斯金纳认为，经典文本本身值得研究，它们是历史研究的起点，理解经典文本是政治思想史研究的主要目标。但是，对理解文本而言，仅仅对经典文本进行内在分析是远远不够的。④ 首先，这种方法不考虑语境，割裂了文本与语境之间的内在联系，由于欠缺关于文本语境的历史信息，要完整地理解文本是不可能的；其次，这种方法主要关注经典文本所包含的观念的连续性，从而给文本强加了一个主观、扭曲的视角；最后，这种方法把主要注意力集中在经典文本所包含的观念上，忽视了文本作者的作用。

与注重内在分析的政治思想史家不同，斯金纳从言语行动的角度出发对经典文本进行语言分析，使言语行动获得了一种政治的维度，从而把政治思想史转变成为意识形态史。

---

① Quentin Skinner，Some Problems in the Analysis of Political Thought and Action，*Political Theory*，Vol.2，No.3，Sage Publications，Inc.1974，p.278.

② 米尔文·里希特认为，美国的政治思想史研究模式与其他英语世界有所不同，通常有三种形式：(1)在被认定为经典成员的思想家之间建构关于永恒问题的神秘对话；(2)把所选文本视为自由主义或西方政治传统的发展线索；(3)一种文本、语境、哲学评论兼收并蓄的混合物，就像萨拜因的《政治理论史》。里希特认为，在英语世界流行的政治思想史主要有五种模式：(1)政治思想史是在主要思想家的正典中所发现的观念；(2)洛夫乔伊学派把观念史看成单元观念的历史；(3)政治理论家是纯粹文本意义上的，既不涉及政治语境也不涉及意图；(4)政治思想史就是分析那些从"影响"或"预期"角度所写作的文本，而绝大多数"影响"或"预期"是没有历史根据的，它们是后来的理论、概念或学派建构起来的；(5)把政治理论视为是由社会统治阶级的客观需要和利益所决定的上层建筑。里希特认为，斯金纳所批评的政治思想史研究方法主要是指把政治思想史视为经典文本史的倾向，同时也包括其他方法。Melvin Richter，Reconstructing the History of Political Languages：Pocock，Skinner，and the Geschichtliche Grundbegriffe，*History and Theory*，Vol.29，No.1，Blackwell Publishing for Wesleyan University.1990，pp.54-55.

③ Quentin Skinner，Some Problems in the Analysis of Political Thought and Action，*Political Theory*，Vol.2，No.3，Sage Publications，Inc.，1974，p.279.

④ Quentin Skinner，Some Problems in the Analysis of Political Thought and Action，*Political Theory*，Vol.2，No.3，Sage Publications，Inc.1974，p.279.

　　斯金纳受到维特根斯坦和奥斯汀两人语言哲学的启发,把言语行动理论运用于政治思想研究,详细分析"作为行动的语言的不同使用模式"及其所具有的政治意义。斯金纳的出发点在于考察文本和文本所包含的语言表达方式会涉及什么样的"做事"种类。[①] 他强调,对于文本诠释而言,不仅要了解作者说了什么,更重要的是考察作者"做"了什么。因此,文本诠释最关键的问题是"一个给定作者可能说些什么、当他说出什么时究竟意味着什么"[②]。

　　斯金纳把作者"做"了什么理解为"以写行事"(doing-by-writing),它分为三个层次:一是"在这部著作中,这些词意味着什么,或者这些特殊的词意味着什么";二是"这部作品对我意味着什么";三是"作者通过这个作品所表达的意思是什么"。[③] 斯金纳主要关注第三个层次的问题,即"一个特定的表述对于使用它的那些主体来说关键之处到底在哪"。[④]

　　从言语行动的视角看,"行动话语"阐明的是行动主体选择更多行动方式的可能性:言语行动关注的焦点虽然是"同一件事情",但可能以多种方式、抱有多种目的来言说。因此,"说的是什么"所表达的意义并不是唯一的,而且主要的问题甚至不仅是它所表达的意涵,也包括它"为什么"被言说以及"如何"被言说。[⑤] 从文本诠释的意义而言,"如何"和"为什么"的问题是理解"什么"问题的前提,特别是在同样的语词表述不同概念的场合以及作者采取修辞策略迂回曲折地表达它们的意义的时候。[⑥] 因为根据维特根斯坦的语言游戏理论,语言表达式的含义取决于它被使用的方法。斯金纳指出:"我们应该研究的不是词的意义,而是它们的用法。因为在这种意义

　　① 〔芬兰〕凯瑞·帕罗内:《昆廷·斯金纳思想研究》,李宏图、胡传胜译,华东师范大学出版社 2005 年版,第 31 页。

　　② 〔芬兰〕凯瑞·帕罗内:《昆廷·斯金纳思想研究》,李宏图、胡传胜译,华东师范大学出版社 2005 年版,第 31 页。

　　③ Quentin Skinner, Motives, Intentions and Interpretation, In: *Vision of Politics*, Vol.Ⅰ, Cambridge University Press, 2002, pp.90-93.

　　④ 〔芬兰〕凯瑞·帕罗内:《昆廷·斯金纳思想研究》,李宏图、胡传胜译,华东师范大学出版社 2005 年版,第 32 页。

　　⑤ 〔芬兰〕凯瑞·帕罗内:《昆廷·斯金纳思想研究》,李宏图、胡传胜译,华东师范大学出版社 2005 年版,第 32 页。

　　⑥ Quentin Skinner, Meaning and Understanding in the History of Ideas, In: *Vision of Politics*, Vol.Ⅰ, Cambridge University Press, 2002, p.80.

上,一个给定观念不可能被最终地说拥有任何能采取这样一种词语组合的意义,这种组合既是被发明出来的,又是能追溯长时间的。毋宁说,这个观念的含义必须是它的不同用法。"①

与其他种类的行动相比,言语行动的独特性在于行动主体在具体情景中具有更多可供选择的行动方式。斯金纳以奥斯汀的言语行为理论为基础,对言语行为方式进行了讨论。奥斯汀把言语行为划分为以言表意、以言行事和以言取效三种方式,并且进一步把以言行事区分为判言、施言、托言、行言和注言五大类。② 斯金纳肯定了奥斯汀的分类,并认为语言的主要功能不仅仅在于"告知"我们世界的情况,以言表意(locutionary)只是语言的一个层面,以言行事(illocutionary)和以言取效(perlocutionary)的用法也并不缺少重要性。③

行动者之所以采取不同的言语行动方式,是因为行动者试图将其行动合法化。当行动者的社会行动在道德甚至法律上受到质疑使其处于较为不利的情境时,行动者采取言语行动的唯一动机就是向质疑他们行动的人合法化其社会行动。④ 行动者的动机复杂多样,但是最重要的是通过向本人及其同情者合法化其行为而获得正当的自我现象。⑤ 言语行动者诉诸社会公认的道德或政治原则,建立或改变社会对其行动的道德认同和政治认同,创造行动所需要的社会条件,从而使其行动获得合法性。因为,"如果行动不能合法化,任何行动过程从一开始就会被禁止"⑥。

既然在斯金纳看来思想家施行言语行动的主要原因在于合法化,则思想家之思想行为就是一种意识形态创造过程,而研究思想家的思想也就意味着研究意识形态。正如斯金纳所说:"创新的意识形态家的任务是艰苦的

---

① [芬兰]凯瑞·帕罗内:《昆廷·斯金纳思想研究》,李宏图、胡传胜译,华东师范大学出版社 2005 年版,第 32 页。

② 王健平:《语言哲学》,中共中央党校出版社 2003 年版,第 208～220 页。

③ [芬兰]凯瑞·帕罗内:《昆廷·斯金纳思想研究》,李宏图、胡传胜译,华东师范大学出版社 2005 年版,第 33 页。

④ Quentin Skinner, Some Problems in the Analysis of Political Thought and Action, *Political Theory*, Vol.2, No.3, Sage Publications, Inc.1974, pp.292-293.

⑤ Quentin Skinner, Some Problems in the Analysis of Political Thought and Action, *Political Theory*, Vol.2, No.3, Sage Publications, Inc.1974, p.293.

⑥ Quentin Skinner, Some Problems in the Analysis of Political Thought and Action, *Political Theory*, Vol.2, No.3, Sage Publications, Inc.1974, p.299.

和明显的。顾名思义,他的关切在于使一系列新的社会行动合法化,而这些行动,根据通行于他所在的社会的道德词汇之现存的运用方式,在某种方式上是可以正确地称之为棘手的或者不合法的。因此,他的目标必须是显示,有许多现存的、受到赞成的评价性词项,不管怎么说,是可以运用于他的明显棘手的行动的。如果他不知何故使用这种诡计,他能够因此希望去论证,那些另外便易于运用于他的行动的谴责性描述词,在后果上是可以忽略不计的。"① 为了实现这一合法化目标,创新的意识形态家诉诸修辞策略,采用各种修辞技巧以说服听众,从而使行动者具有更多的甚至竞争性的行动方式。因此,意识形态家才会研究修辞技巧。

具体地说,意识形态家采用修辞技巧使社会行动合法化,其方法是在使用描述—评价性概念时改变修辞维度。② 斯金纳认为有两种操纵规范性词汇以使社会行动合法化的策略。第一种策略是有效利用一套现存规范性词汇所施行的言语行动的各种可能性。③ 行动者引入新的描述—评价性词汇描述行动所援引的新原则,或者改变词汇的修辞维度,把中性描述转变成赞成性描述,或者改变使用非赞成性词汇所施行的言语行动的范围,把谴责性词汇转变成中性甚至赞成性词汇。这种策略的要点在于使意识形态对手重新考虑中立或者反对的立场。第二种策略是有效利用一套现存规范性词汇的运用标准。④ 行动者使用赞成性词汇描述受到质疑的社会行动,从而扩大了社会行动的范围。这个策略的要点在于让意识形态对手重新考虑现存的一系列赞成性的描述—评价性词汇可否运用于被谴责为不合法的行动之中。

从合法化的角度来看,言语行动具有政治特性,是政治行动的组成部分。政治行动是在现存的政治共同体中寻求新的权力分享的活动,维护或

---

① Quentin Skinner, Some Problems in the Analysis of Political Thought and Action, *Political Theory*, Vol.2, No.3, Sage Publications, Inc.1974, p.294.

② [芬兰]凯瑞·帕罗内:《昆廷·斯金纳思想研究》,李宏图、胡传胜译,华东师范大学出版社 2005 年版,第 52 页。

③ Quentin Skinner, Some Problems in the Analysis of Political Thought and Action, *Political Theory*, Vol.2, No.3, Sage Publications, Inc.1974, p.296.

④ Quentin Skinner, Some Problems in the Analysis of Political Thought and Action, *Political Theory*, Vol.2, No.3, Sage Publications, Inc.1974, p.298.

改变权力分享现状的斗争是现实政治生活的组成部分。① 在斯金纳看来,言语行动者运用语言资源,通过参与政治论辩去争取权力。因此,言语行动是一种特殊类型的政治行动,它是一种处理为分享基于理论的权力而斗争的政治行动,而不是分享那些纯粹基于支持者人数的权力而斗争的政治行动。② 政治论辩成为争取权力的一种手段。在政治论辩中,行动者对理论和概念的运用、对行动情景的解释、对行动所作的规范性判断、对论辩策略的选择等,都可能有助于权力的分配。在这一意义上,言语行动关注的并不是去阐明已经确立的立场,而是改变面前的政治论辩格局,迫使论辩对手改变原先的立场,从而影响现存的权力分配。言语行动者通过改变现存的理论或者挑战那些迄今为止毫无疑问的理论,既改变现存的权力份额的分配,又形成权力的新的份额。③ 这样,斯金纳就把政治思想看成作为活动的政治(politics-as-activity)的内在组成部分。④

言语行动的视角标志着对语言资源的丰富的使用。斯金纳指出:语言"资源是每一个说话者和写作者在任何时候都要利用的,也是我们需要识别的,如果我们希望理解任何一个严肃的语句的话"⑤。在政治论辩中,"以言行事"的一种具有细微差别的、想象性的、多维的使用,可以为政治斗争提供政治资源,特别对于那些缺少其他权力资源的人而言,更是如此。⑥

斯金纳把政治思想当作政治活动的一部分,就把政治思想与"政治生活"的关系颠倒过来了,向我们提供了一个从"思想即为行动"的角度来研究政治思想的典范。与传统的政治思想史研究方法相比,斯金纳改变了研究的视角,从沉思的生活转到了行动的生活,将政治思想从以前对内容的研究

---

① [芬兰]凯瑞·帕罗内:《昆廷·斯金纳思想研究》,李宏图、胡传胜译,华东师范大学出版社 2005 年版,第 5 页。

② [芬兰]凯瑞·帕罗内:《昆廷·斯金纳思想研究》,李宏图、胡传胜译,华东师范大学出版社 2005 年版,第 67 页。

③ [芬兰]凯瑞·帕罗内:《昆廷·斯金纳思想研究》,李宏图、胡传胜译,华东师范大学出版社 2005 年版,第 57 页。

④ [芬兰]凯瑞·帕罗内:《昆廷·斯金纳思想研究》,李宏图、胡传胜译,华东师范大学出版社 2005 年版,第 49 页。

⑤ [芬兰]凯瑞·帕罗内:《昆廷·斯金纳思想研究》,李宏图、胡传胜译,华东师范大学出版社 2005 年版,第 56~57 页。

⑥ [芬兰]凯瑞·帕罗内:《昆廷·斯金纳思想研究》,李宏图、胡传胜译,华东师范大学出版社 2005 年版,第 57 页。

转移到对政治论辩的研究,从关于政治的思想转移到从政治的角度进行思考。① 这种转换意味着,斯金纳改变了把政治思想作为政治行动指导原则的传统观点,把政治思想看成政治活动的内在组成部分。同时,政治思想家被视为政治意识形态家,他们参与政治论辩,追求政治权力,为回应时代的政治挑战而思考。这样,斯金纳就创立了一个如何研究政治思想史的新模式,即从言语行动的视角研究各种理论、概念及其作用,把意识形态惯例当作理解历史语境的辅助性工具。显然,这样一种研究视角的转换和对思想家的重新定位超越了传统的政治思想史研究方法,成为一场政治思想史研究方法的革命。

二、把分析重心从语言意义转到言语行为

剑桥学派致力于研究政治思想史,其主要成员在方法论上的共性是很明显的。里希特认为,斯金纳、波考克和邓恩一直研究政治与语言、思想与行动之间复杂的相互作用,力图发展出适合那些主题的历史编纂学。他们把自己的方法描述为"严格历史的方法"②。剑桥学派研究的重点是语言在政治思想史中的作用,对语言的研究是其历史方法的特色。这是剑桥学派的研究方法与传统的政治思想史研究方法最为显著的区别所在。但是,在剑桥学派内部,各主要成员的研究视角也是有差异的。比如,斯金纳、波考克和邓恩虽然都注重对政治思想进行语言分析,但波考克和邓恩从语言意义的视角出发,以政治语言作为分析单位,主要关注政治语言产生、变迁的过程,把政治思想史视为政治语言史。而斯金纳受到维特根斯坦和奥斯汀言语行动理论的影响,从言语行动的视角出发,主要关注概念的差异,把政治思想史看成政治概念史。

产生这种差异的根本原因在于他们对于语言特性的不同看法。而对于语言特性的认识又来自语言哲学的内在分歧。理想语言哲学强调语言的意义维度,日常语言哲学强调语言的行动维度。波考克显然受到了理想语言哲学的影响,关注的是语言的意义维度,而斯金纳则接受了以维特根斯坦和

---

① [芬兰]凯瑞·帕罗内:《昆廷·斯金纳思想研究》,李宏图、胡传胜译,华东师范大学出版社 2005 年版,第 94 页。

② Melvin Richter,Reconstructing the History of Political Languages:Pocock,Skinner,and the Geschichtliche Grundbegriffe,*History and Theory*,Vol. 29,No. 1,Blackwell Publishing for Wesleyan University,1990,p.49.

奥斯汀为代表的日常语言哲学的观点，主要关注语言的行动维度。哲学方法论的差异是他们之间产生方法论分歧的根源。

由于关注语言的行动维度，使斯金纳得以创立与波考克和邓恩有所不同的文本诠释方法。与波考克和邓恩注重分析政治语言意涵变化的诠释方法相比，斯金纳在诠释文本时更关注文本作者运用语言所施行的言语行为，这使得诠释者对文本的意涵有了更为准确的把握，对文本的解释就更加具有说服力。下面我们以波考克为例，具体说明斯金纳与其他剑桥学派成员之间在方法论上的区别。

波考克的方法论特色在于历史分析与语言分析的结合。在波考克看来，历史分析完全可以与语言分析结合起来。因为"'语言'是历史的结果，它就是历史本身"[①]。首先，政治语言是历史的积淀，对政治语言运用状况的研究本质上就是对政治语言的历史研究。因而语言探索能够取得历史性的效果，可以借此获得有关政治语言使用的历史陈述。其次，历史行动者的历史最终体现为语言变迁的历史。言说者就是历史行动者，对言说者的语言分析可以揭示语言意识及语言使用本身的历史的变迁。[②] 最后，语言系统与政治系统本身是密切关联的，可借由政治语言来分析政治系统的状况及其历史。语言系统与政治系统之间存在着一种相互建构的关系。[③] 历史行动者通过语言系统进行政治思考并借助语言系统建构他们的概念世界和权威结构以及与此相关的社会领域。概念世界与社会领域互为语境，一方面，历史行动者的政治思考显示了政治行动主体建构概念世界的能动作用；另一方面，社会领域又规限并制约着行动主体所施行的言语行为的性质和范围。正是在这一意义上，波考克把政治思想界定为对政治语言的探索和完善。[④] 这样，政治思想史也就转变成为政治语言史。

如何研究政治语言史？如前所述，波考克关注的重点在于政治语言的

---

① ［英］J.G.A.波考克：《语言及其含义——政治思想研究的转向》，载丁耘主编：《什么是思想史》，上海人民出版社 2006 年版，第 71 页。

② ［英］J.G.A.波考克：《语言及其含义——政治思想研究的转向》，载丁耘主编：《什么是思想史》，上海人民出版社 2006 年版，第 71 页。

③ ［英］J.G.A.波考克：《语言及其含义——政治思想研究的转向》，载丁耘主编：《什么是思想史》，上海人民出版社 2006 年版，第 73 页。

④ ［英］J.G.A.波考克：《语言及其含义——政治思想研究的转向》，载丁耘主编：《什么是思想史》，上海人民出版社 2006 年版，第 73 页。

意涵。而决定政治语言意涵的主要因素是政治语言中所存在的"权威—结构"。他借助托马斯·库恩(Thomas S.Kuhn)的范式理论把政治语言的"权威—结构"称为政治语言范式。① 据此,波考克认为通过研究政治语言范式及其变化就可以揭示政治语言的意涵及其变迁,从而把政治语言史看成政治语言范式变迁的历史。这样,与斯金纳强调政治语言的行动维度不同,波考克强调的是政治语言的范式及其变化,其分析路径明显不同于斯金纳。斯金纳重视言语行动者的意图,认为这是理解语言意涵的关键因素。而波考克则看重言说者所遵循的语言范式,认为在理解语言意涵方面,语言范式比言说者的意图更为重要。因此,波考克在分析政治语言时,重点强调的是政治语言范式的变迁及影响变迁的各种因素。

基于以上认识,波考克就把揭示政治语言范式的意涵及其变化当作政治语言研究者的主要任务。在波考克看来,决定政治语言范式的最重要的因素是政治共同体。政治共同体的主要成员是政治思想家,他们被认为是作为政治共同体的成员并在共同体的语境下思想的,他们是以该共同体公共语言的特定范式说话的。由于政治共同体非常复杂,而且政治共同体是为了多种目的组建起来的,从事的也是多种思想研究,因此政治语言并非某种单一的、严格的思想研究范式,这使得政治思想家所遵循的政治语言范式极其模糊。它通常表现为在政治共同体内部存在多重言语范式,它在多重语境下同时发挥着多重功能。政治言语的研究者要想理解政治语言范式的意涵就必须把政治语言范式的变迁轨迹置于多重语境和层面考察,分析其

①　"范式"一词是科学史家托马斯·库恩提出来的。库恩认为范式不能完全等同于理论。从最基本的意义上说,范式即科学成果的具体范例、科学家们仔细研究并用以规范自己工作的实际问题和解决办法。库恩认为,在常规科学时期,范式(即主导性的概念和理论)权威性地规定了有待解决的问题的种类和解决问题的办法。因此,范式主宰着思想探索的方向、模式、配置和组织,指示着"科学共同体"中个人和群体权威的归属与范围。一旦范式的作用不能得到有效发挥,科学革命就会发生,这就要求重新界定所要解决的问题,重整并重新确定规则本身,一种新的范式结构,一种新的语言以及科学共同体中一种新的权威配置。波考克对范式的理解与库恩有所不同,波考克把"范式"理解为 verba 而非 exempla,即把范式理解为发挥规范功能的权威——结构。因为,与政治科学不同,政治并非一种解决问题的活动,其中伴随着非常错综复杂的沟通结构。但是作为动词的"范式",在很大程度上仍然保留了库恩所说的具体范例。[英]J.G.A.波考克:《语言及其含义——政治思想研究的转向》,载丁耘主编:《什么是思想史》,上海人民出版社 2006 年版,第 72～73 页。

修辞结构的历史。每一种修辞结构都有许多能够引起不同意识和反应的层次,由于这些层次在语义上的多样性,这使得有着复杂修辞的政治言语在语义上有着极其复杂的历史。政治言语复杂的修辞结构反映了政治言语范式的多元性和政治理论上的或然性,而这正是政治言语研究者的探索任务。①

那么,波考克为什么不重视言说者的意图呢? 因为在波考克看来,政治言语范式的变化是有迹可寻的,它的变化受到特定时代语境的制约而相对稳定,而言说者的意图却难以把握。从表面上看,由于功能和起源的多样性,使得政治言语范式的运用常常是多重的和模糊的。政治陈述的意涵和层次往往也不止一种,其所包含的术语来源各异,含义也有多种。② 这意味着经典文本所承载的信息总是比其公开宣示的信息多,甚至可能超出作者的意图范围之外。作者可能有意模棱两可,其语言含糊不清。但是,语言及其模糊限度取决于社会,它处于被使用的语境之中,其意涵的多重性是作者无法控制的,尤其是在经历了一定时期的语言变迁过程之后,对其他人来说,作者陈述的意涵可能完全超出他所意欲的模糊范围。不过,作者所能表达的意涵不可能超出他所生活年代语言资源所提供的可能范围,他的意涵不可能超出他的同时代听众或读者所理解的范围。但在这些限度之内,作者的意涵可以超出他所明示的或者他所意欲传达的意图范围。③

与斯金纳把作者以言行事的意图作为理解文本意涵的关键因素的诠释方法不同,波考克认为作者所使用的言语范式要优先于他言说的"意图"或"以言行事"效应。④ 因为只有在明确了作者言说时可资利用的手段,我们才能理解他言说的意涵所在,什么是作者实际要说的,什么是别人认为作者要说的,或者作者的言说在修正和改变现有的范式结构过程中的作用。在经典文本中,作者是言说者,但诠释文本时所要追溯的是政治言语的范式。正是这些范式规定了作者所要表达的信息的传递和接受层次,范式的变化

---

① [英]J.G.A.波考克:《语言及其含义——政治思想研究的转向》,载丁耘主编:《什么是思想史》,上海人民出版社 2006 年版,第 76 页。

② [英]J.G.A.波考克:《语言及其含义——政治思想研究的转向》,载丁耘主编:《什么是思想史》,上海人民出版社 2006 年版,第 79 页。

③ [英]J.G.A.波考克:《语言及其含义——政治思想研究的转向》,载丁耘主编:《什么是思想史》,上海人民出版社 2006 年版,第 79~80 页。

④ [英]J.G.A.波考克:《语言及其含义——政治思想研究的转向》,载丁耘主编:《什么是思想史》,上海人民出版社 2006 年版,第 81 页。

决定了言说意涵层次的变化范围和幅度。① 这样政治思想史家所面临的首要问题在于发现作者所使用的"语言"或"语汇",进而揭示其在范式上如何规限他的言说内容和言说方式。因此,在波考克看来,政治思想史就是政治语言史,就是追溯政治言语范式在具体条件下产生、生效或变迁的过程的历史。

对于波考克把政治语言作为分析单元的做法,斯金纳提出了批评。斯金纳认为,波考克把语言作为研究单元,在诠释文本时容易产生两种危险。一个明显的危险是如果我们仅仅关注既定作者使用的词汇和与运用这种词汇相联系的传统之间的关系,我们就可能漠视反讽、委婉语以及作者所说的其他一些并非他意指的那些东西的情形。最主要的危险在于,如果我们仅仅关注既定作者的语言,则我们可能把他与完全相异的知识传统等同起来,从而误解作品的整体目标。② 要避免这种危险,在诠释文本时就不仅要阐述既定作者诉诸的话语传统,还要追问作者诉诸特定传统的语言时意欲做什么。因为不同作者运用既定语言可以做不同的事情,因此,不仅要关注语言或传统本身,还要关注在任何既定时间作者运用语言所做的事情的范围。从言语行为的角度看,需要不断追问的是既定作者运用一套既定概念或术语所施行的言语行为的范围。③ 斯金纳认为,如果我们仅仅关注政治著作的语言以及与它一致的传统,这个分析水平仍然很低。如果我们运用语言继续追问,我们就可能回答被回避的问题,从而在研究政治作品时达致一个新的水平。④

对于与斯金纳在分析视角方面存在的差异,波考克在对斯金纳《近代政治思想的基础》一书的评论中有所论及。波考克认为斯金纳的著作"是一部'剑桥风格'非常浓厚的书,其取向是从现象而不是从模式来着手工作"⑤。

① ［英］J.G.A.波考克:《语言及其含义——政治思想研究的转向》,载丁耘主编:《什么是思想史》,上海人民出版社 2006 年版,第 81 页。

② Quentin Skinner,Some Problems in the Analysis of Political Thought and Action,*Political Theory*,Vol.2,No.3,Sage Publications,Inc.1974,p.288.

③ Quentin Skinner,Some Problems in the Analysis of Political Thought and Action,*Political Theory*,Vol.2,No.3,Sage Publications,Inc.1974,pp.288-289.

④ Quentin Skinner,Some Problems in the Analysis of Political Thought and Action,*Political Theory*,Vol.2,No.3,Sage Publications,Inc.1974,p.289.

⑤ ［芬兰］凯瑞·帕罗内:《昆廷·斯金纳思想研究》,李宏图、胡传胜译,华东师范大学出版社 2005 年版,第 66 页。

波考克的评论非常准确地概括了两人在分析方法方面存在的差异。从语言学的角度看,波考克对语言(langue,language)规则感兴趣,而斯金纳则对言语(parole,speech)感兴趣。^① 从研究方法的角度看,波考克受到唯实论的影响,把语言和传统看作半独立的实体,因而更加关注政治语言中比较稳定的范式结构,认为政治共同体及其语言受到了某种模式的限制。而斯金纳则从唯名论的角度出发,反对波考克把语言看作独立实体的观点,因而在研究方法上就更加关注言说者借助语言所施行的言语行为。波考克注重语言的宏观方面,而斯金纳则注重语言的微观方面。

虽然两人在研究方法上有分歧,但是这种差异并非根本性的。从方法论的角度看,斯金纳与波考克都注重对政治思想进行语言分析和语境分析,本质上都是历史研究方法。因此,两人在方法论上的一致性要远远超过他们在方法论上存在的差异。

第二节　政治思想史研究类型的根本转变:从观念史到概念史

与观念史家把观念作为政治思想史的研究对象不同,斯金纳把概念作为政治思想史基本的分析单元,实现了政治思想史研究对象的根本性转换,从而创立了一种新的研究类型:概念史。

一、以观念作为研究对象的局限性

观念史研究的一个特点就是把观念作为"合适的分析单元"^②。洛夫乔伊把观念史的研究比作化学中的分析,对各种思想和命题进行分解,分解成许多基本成分,分解成许多不能再分的最为简单的观念。洛夫乔伊把这些

---

① 对于语言与言语之间的区分,是由索绪尔(Ferdinand De Saussure)作出的。索绪尔认为语言是语音、词汇、语法的规则系统,是言语背后的规则或结构,是对言语的抽象概括;而言语则是语言的表现形式以及运用言语词汇和语法手段组成的具体的话语,是言说者在现实生活中使用的系统。语言是社会的,而言语是个人的;语言是主要的,而言语则是从属的;语言比较稳定,而言语则不断变化。索绪尔认为语言与言语是互为前提的,要使言语为人理解,必须有语言;要使语言能够建立并发挥作用,必须有言语。

② [芬兰]凯瑞·帕罗内:《昆廷·斯金纳思想研究》,李宏图、胡传胜译,华东师范大学出版社2005年版,第35页。

基本观念称之为单元观念,而这些单元观念就是观念史的研究对象。洛夫乔伊认为,单元观念作为人类描述世界结构的一种方式,构成了人类思维的基本要素,离开它人类就无法进行思想。而且,单元观念在人类思想发展史上始终保持连续和稳定。洛夫乔伊明确指出:"存在之链,就连续性和完善性在习惯的基础上被确认而言,是一种彻底固定不变的和静态的事物图式的完满例证。"①

　　斯金纳对观念史的方法提出了批评。在斯金纳看来,观念史研究方法存在难以克服的局限性:

　　首先,观念史忽视了观念产生的语境,观念成为无时间限制的绝对真理。在洛夫乔伊看来,观念是超越时空的永恒存在。施特劳斯也把政治哲学的任务确定为追求正义的政治秩序,因而存在超越具体情景的政治真理。斯金纳从唯名论②的立场出发,认为观念史的方法是基于一种"弗雷格③式假设:意义在某种程度上是永恒的"④。这种"观念历史"假定在观念的各种不同的表述之间存在着很强的连续性。斯金纳认为,观念史假定的"重大的错误""甚至就在于对任何'本质'含义的思考"⑤。因为它混淆了词语与词语的用法之间的区别:"研究各种'观念'历史的方案,简单地说,肯定是建立在一个基本的哲学错误之上。接受意义与用法间基本区分的外延,也许就可以很方便地把根本的混淆本身描述为无法区别如下两方的结果:一方是表示给定观念的词语(短语或句子)的呈现,另一方是特殊主体在特殊场合

　　① ［美］诺夫乔伊:《存在巨链——对一个观念的历史研究》,张传有、高秉江译,江西教育出版社 2002 年版,第 302 页。
　　② 唯名论是与唯实论相对的一种哲学立场。唯名论与唯实论的分歧在于一般(概念)或共相是否实在,即一般是实在的还是个别是实在的。实在论强调一般先于个别。唯名论则认为真实存在的只有个别,没有"一般"。"一般"仅仅是人用来表示个别事物的名词或概念、符号,是人用来表示事物的相似性或共同性的概念,是从个别事物中概括出来的抽象概念。因此,不是"一般"先于个别,而是个别先于"一般"。唯名论强调感觉经验的认识作用,把个别事物看成第一性,把思想、理性、概念看成第二性的。
　　③ 弗雷格:德国哲学家,提出了意义与指称理论。主要观点为:指称是客观的,指称的意义是集体的、共有的和客观的,而观念则是个人的、主观的。陈嘉映:《语言哲学》,北京大学出版社 2003 年版。
　　④ ［芬兰］凯瑞·帕罗内:《昆廷·斯金纳思想研究》,李宏图、胡传胜译,华东师范大学出版社 2005 年版,第 35 页。
　　⑤ ［芬兰］凯瑞·帕罗内:《昆廷·斯金纳思想研究》,李宏图、胡传胜译,华东师范大学出版社 2005 年版,第 35 页。

抱着特殊目的(他自己的目的)作出特殊陈述时相关句子的用法。"①以这种方式处理观念,观念仿佛是普遍有效的和被广泛共享的。

斯金纳根据后期维特根斯坦的观点对这种假设进行了反驳。维特根斯坦明确指出:"一个词的意义是它在语言中的用法。"②因此,斯金纳认为,抽象、普遍的观念史是不存在的。观念史应该由与主体、情景和目的处于关联中的词语(在陈述中)的单个化用法构成。从言语行动的角度来看,这种观念史标志着观念的意义取决于以这种观念所施行的言语行动所处的特定历史情境,因此,观念之间在根本上是不连续的。

其次,观念史缺乏主体性,割断了观念与言说主体之间的联系。在观念史中,观念仿佛获得了生命,观念成为主体,观念史就成了观念的生命史,作者被漠视。原作者的名字之所以会偶尔出现,仅仅在于有关的单元观念曾在他们的著作中出现过,因此可以说他们为这一单元观念的发展作了贡献。这种历史使得理解如下这些问题成为不可能:"给定的观念在任何一个正好提到他的个体思考者的思想中发挥什么样的作用,重要的或不重要的;或者,这个观念在它所出现于其中的任何一个给定时代的思想环境中,居于何种地位,典型的或不典型的。"③被这种观念史所忽视的更进一步的问题是:什么问题是某种用法或表达式想要回答的,特定的观念在不同的时期处于什么样的地位,特定的表达式对于使用它的主体具有什么样的关键之处,该表达式自己能够支撑的用法范围是什么,什么是特定表述的题中应有之义。④

二、政治思想史研究的新类型:概念史

文本并非自足的、理想的研究对象。在斯金纳看来,在政治思想史研究

---

① [芬兰]凯瑞·帕罗内:《昆廷·斯金纳思想研究》,李宏图、胡传胜译,华东师范大学出版社 2005 年版,第 35～36 页。

② 陈嘉映:《语言哲学》,北京大学出版社 2003 年版,第 185 页。

③ [芬兰]凯瑞·帕罗内:《昆廷·斯金纳思想研究》,李宏图、胡传胜译,华东师范大学出版社 2005 年版,第 36 页。

④ [芬兰]凯瑞·帕罗内:《昆廷·斯金纳思想研究》,李宏图、胡传胜译,华东师范大学出版社 2005 年版,第 36 页。

中,"作为我们研究与理解的对象,光有文本本身是不充分的"①。按照言语行动的视角,我们必须始终把追问这些问题,如文本的关键点是什么,它的修辞特征又是什么,来作为解释的一个必要条件。斯金纳受语言分析哲学的影响,把政治思想分解成最小可理解单位进行分析。斯金纳认为这种最小可理解单位就是概念(concept)。斯金纳赋予概念特定的意义,着重研究概念变化的历史,从而使思想史转变成为概念史。

斯金纳研究概念史的目的就是希望通过对概念变化的历史研究摒弃政治思想史研究中存在的形而上学倾向。斯金纳首先质疑了在英语哲学界流行的一个观点:我们能够像韦尔登那样抽象地谈论政治词汇,同样我们能够像黑尔(R.M.Hare)那样谈论道德语言。② 韦尔登在《政治学词典》中提出了分析政治哲学的观点,主张对政治思想采取哲学分析的方法。黑尔在《道德语言》中认为道德语言是普遍的规范性语言(prescriptive language),主张采用现代逻辑语言分析方法对道德词汇进行论证。在斯金纳看来,韦尔登和黑尔的方法论都是普遍主义的,缺乏历史维度。斯金纳认为,从历史的角度看,不同的社会恰恰是以可能不同甚至完全相异的方式对政治和道德领域进行概念化(conceptualise)。③

同时,斯金纳也对洛夫乔伊关于观念史研究任务的假定提出了质疑。洛夫乔伊声称,在意识形态的表面争议之下,存在永恒不变的"单元观念",它是观念史家发现和追踪的任务。④ 在斯金纳看来,这种对永恒观念的追求显然忽视了观念史中更根本的偶然性,实际上是形而上学地使用"观念"一词的结果,由于超越了语词使用的具体情景,各种"观念"似乎获得了普遍的意义。而维特根斯坦反复强调意义即使用,语词和概念只有在生活之流的具体情景中才有意义。因此,"并不存在所谓单元观念的历史,存在的只有不同时代不同行动者所提出的不同用法的历史。我大胆地指出,在这种

---

① ［芬兰］凯瑞·帕罗内:《昆廷·斯金纳思想研究》,李宏图、胡传胜译,华东师范大学出版社 2005 年版,第 35 页。

② Quentin Skinner, Retrospect: Studying Rhetoric and Conceptual Change, In: *Vision of Politics*, Vol. I, Cambridge University Press, 2002, p.175.

③ Quentin Skinner, Retrospect: Studying Rhetoric and Conceptual Change, In: *Vision of Politics*, Vol. I, Cambridge University Press, 2002, p.175.

④ Quentin Skinner, Retrospect: Studying Rhetoric and Conceptual Change, In: *Vision of Politics*, Vol. I, Cambridge University Press, 2002, p.176.

用法之下或背后,什么都没有;它们的历史仅仅是被书写的观念史"①。

政治思想史研究中存在的形而上学倾向是由其哲学研究方法造成的,是超情景地使用语词而产生的后果。要克服这一倾向产生的弊端,就必须恢复研究对象的历史视角,把政治概念置于其产生的语境中进行研究。正是在这一意义上,斯金纳的概念史研究"具有修正的,甚至是革命性的作用"②。

1.概念史是历史研究的特殊形式,它研究的是概念如何提出并在不同时代使用的历史,这有助于修正政治思想研究中存在的形而上学倾向。

与洛夫乔伊不同,斯金纳没有把各种概念看作独立的实体,而是从言语行动的角度来分析概念,赋予概念在政治思想史的研究中十分重要的意义。斯金纳认为,从言语行动的角度看,我们使用概念来描述和称赞霍布斯所谓的人工世界(政治和道德世界),那些常规术语是美德和邪恶的名称,是自然语言中发挥评价和描述功能的术语。这些术语被用来描述它们施行的行动及其动机。如果使用一种或其他术语的标准被认为反映了既定的行动或事态,那么术语的运用就不仅是在描述也是在评价。③

斯金纳关注概念变化的行动视角,概念史研究主要集中于概念在政治论辩中的运用上。斯金纳指出:"我的基本信念就是把理解概念当作理解在论辩中运用概念所做之事。"④在政治情景中,概念的变化具有政治性,因为不同政治主体总是处于相互竞争,在某些方面为权力的分享而斗争的状态。因此在不同历史时期概念的运用会有巨大的差异。概念的变化就成为理解政治论辩关键性的语言因素。我们选择性地使用传统的规范性政治词汇来进行政治论辩,而且我们用来改变政治论辩的方式就是改变使用政治词汇的方式。政治论辩者既致力于把可运用的政治语言运用于他们的政治目的,同时又向惯常的政治信仰发起挑战。在这一意义上,概念的变化既反映

---

① Quentin Skinner, Retrospect: Studying Rhetoric and Conceptual Change, In: *Vision of Politics*, Vol. I, Cambridge University Press, 2002, p.176.

② [芬兰]凯瑞·帕罗内:《昆廷·斯金纳思想研究》,李宏图、胡传胜译,华东师范大学出版社 2005 年版,第 88 页。

③ Quentin Skinner, Retrospect: Studying Rhetoric and Conceptual Change, In: *Vision of Politics*, Vol. I, Cambridge University Press, 2002, p.175.

④ Quentin Skinner, Retrospect: Studying Rhetoric and Conceptual Change, In: *Vision of Politics*, Vol. I, Cambridge University Press, 2002, p.176.

政治论辩的变化,也是政治论辩变化的一种动力。斯金纳指出:"概念不仅随时间的推移而改变,而且除了为我们所居住和生存的世界提供一系列变化的视角外,不能够提供更多的东西。在我们理解世界的努力中,我们的概念构成我们带给这个世界的东西的一部分。这个过程所产生的概念化的转换,构成了意识形态的论争素材,因此对概念变化频繁发生的现象加以否认或表示遗憾都没有意义。"①

如何历史地描述概念的变化?斯金纳认为有两种方式。第一种方式是追踪特定规范性词汇跨时代运用的变化程度。这就存在两种明显不同的可能性。一种可能性就是在既定社会新出现的社会行为方式一般都反映在相应词汇的发展之中,相关行为被描述和称赞。例如,考察现代早期欧洲商业社会的发展,就可以关注称赞性词汇的特征,这些词汇集中体现在像节俭、勤勉、准时、良心等诸如此类的流行价值上。另一种可能性就是既定社会逐渐丧失被视为勇敢的特定行为方式所具有的意义。这种变化一般也会体现在相关规范性词汇的萎缩上。一个典型例子就是在当代英语中复杂词汇的消失,它在更早的那几代人中被广泛地用来描述和称赞绅士行为,同时用来贬低可能损害它的任何行为。像"下流男人"和"不道德的人"这类词,与相反的概念"绅士风度"一起仍然包含在英语语言的历史词汇之中,但是,作为称赞性术语它们已经过时了,现在用它们来评价的那种行为类型已经失去了往昔所具有的社会意义。②

以上两种可能性充分证明:概念有其历史,或者说我们月来表达概念的术语有其历史。它们产生、衰退,在一些情况下甚至最终从视野中消失。③在这一方面,斯金纳和柯泽勒克(Koselleck)有相似之处,他们都研究概念史。但斯金纳的研究方法不同于柯泽勒克,两人关注的重点不同。斯金纳明确指出:"概念长时段的变化不是我的主要兴趣所在。我的方法不同于柯泽勒克和他的同路人,他们迷恋时代的缓慢行进,比之于我,他们更少关注

---

①　Quentin Skinner, Retrospect: Studying Rhetoric and Conceptual Change, In: *Vision of Politics*, Vol. I, Cambridge University Press, 2002, pp.176-177.

②　Quentin Skinner, Retrospect: Studying Rhetoric and Conceptual Change, In: *Vision of Politics*, Vol. I, Cambridge University Press, 2002, pp.179-180.

③　Quentin Skinner, Retrospect: Studying Rhetoric and Conceptual Change, In: *Vision of Politics*, Vol. I, Cambridge University Press, 2002, p.180.

类似于点彩派画家所进行的对概念的突然变化的研究。"①斯金纳很少关注概念长时段的变化,原因在于斯金纳认为变化的词汇基本上不是社会生活形态深层变化的指示或反映。这意味着,如果概念变化有任何解释价值,解释将是在社会生活本身的层次上进行的。在斯金纳看来,根本不存在关于社会形态变化机制的一般理论,时代本身不可能是变化的行动者。②

第二种方式关注描述和称赞社会世界的词汇持续萎缩和减少的情况。当施行并鼓励特定称赞性行动的规范性词汇的表达能力在方向和程度上发生改变时,这种情况就会出现。概念的这种变化将会反映出对既存社会观念和信仰进行调整的企图。这会对评价性语言产生影响。过去用来称赞行动或事态的术语可能用来表达反对,或与被认可的假设相反,谴责性术语可能用来描述应受称赞的行为。③

在这种情况下,社会应该重新考察和重新评估它的一些道德价值。例如,在文艺复兴时期的欧洲社会受到高度赞扬的自由美德实际上可能是一种危险的罪行的名称。同样,在 16 世纪中期,"奢侈"的品德不会受到任何赞扬,现在却被称赞为文明生活的首要美德。④ 斯金纳认为,不管这种情况何时发生,社会最终会改变它对一些根本性价值的态度或相应地运用并改变它的规范性词汇。这就是最纯粹意义上的概念变化的实例。

2.概念史从修辞视角突出了概念变化的特征,拓展了历史研究的广度和深度。

斯金纳受到历史学领域修辞学转向的影响,把修辞学作为新的研究手段引入政治思想史的研究中,将修辞学转变成为一种解释概念变化的特定视角,从而深化了对概念变化的理解。帕罗内高度肯定了斯金纳对概念变化所作的修辞学解释,认为斯金纳对概念史的研究作出特殊的贡献,其功绩

---

① Quentin Skinner,Retrospect:Studying Rhetoric and Conceptual Change,In:*Vision of Politics*,Vol.Ⅰ,Cambridge University Press,2002,p.180.

② Quentin Skinner,Retrospect:Studying Rhetoric and Conceptual Change,In:*Vision of Politics*,Vol.Ⅰ,Cambridge University Press,2002,p.180.

③ Quentin Skinner,Retrospect:Studying Rhetoric and Conceptual Change,In:*Vision of Politics*,Vol.Ⅰ,Cambridge University Press,2002,pp.180-181.

④ Quentin Skinner,Retrospect:Studying Rhetoric and Conceptual Change,In:*Vision of Politics*,Vol.Ⅰ,Cambridge University Press,2002,p.181.

主要在于成功利用罗马和文艺复兴时期的修辞学资源来解释概念的变化。①

修辞技巧可以充分展示概念的变化。因此,他在研究概念史时主要关注概念的修辞视角。当运用在一般情况下不怎么使用的评价性术语来描述特定情景中的行动或事态时,就可以借助修辞手段来描述概念的变化。尽管从表面上看,术语是根据其通常意涵被运用于各种随时卬现的情况,但是,使用修辞技巧的目标就是说服听众。说服听众接受这种判断的效果会促使他们以一种全新的道德视野去看待争论中的行为。他们以前认为值得称赞的行动似乎值得谴责,而他们以前谴责的行动可能值得赞扬。②

从修辞学的角度看,概念并不存在一个严格意义的或通常的运用、意义和评价标准。③ 在所有这些方面,总是存在着不能被词典或其他权威资料预先确定的使用变化范围,根据"从一个问题的两个方面进行辩论的原则",依照不同的情景和目的,概念的使用始终有讨论的余地,这充分体现了概念的可争论性和偶然性。由于概念存在语义上的多元性,规范性概念的运用及其意义总是随机的和偶然的。这就使规范性概念并不存在确定的内涵和外延,其内涵和外延依语境的不同而变化。正是由于规范性概念本身能以非常冲突的方式被运用,所以在各种评价性词汇所描述的行为方式之间总是存在着足够的相邻度。在斯金纳看来,"设法使规范'生词汇'的'正确'使用合法化的所有尝试都具有意识形态的特征。无论何时使用这些术语,这些术语的运用始终反映了将一种特殊的道德眼光强加于社会世界之运行的愿望"④。因此,基于各种意识形态目的所采用的修辞技巧便能够充分揭示概念变化的特征。

显然,斯金纳在概念史的研究中,把概念的行动视角和修辞视角结合成了一个整体,通过对概念运用的修辞分析,突出了概念的变化和概念之间的

---

① ［芬兰］凯瑞·帕罗内:《昆廷·斯金纳思想研究》,李宏图、胡传胜译,华东师范大学出版社 2005 年版,第 166 页。

② Quentin Skinner, Retrospect: Studying Rhetoric and Conceptual Change, In: *Vision of Politics*, Vol. I, Cambridge University Press, 2002, p.182.

③ ［芬兰］凯瑞·帕罗内:《昆廷·斯金纳思想研究》,李宏图、胡传胜译,华东师范大学出版社 2005 年版,第 164 页。

④ Quentin Skinner, Retrospect: Studying Rhetoric and Conceptual Change, In: *Vision of Politics*, Vol. I, Cambridge University Press, 2002, p.182.

细微差异。概念是思想的基础,概念的变化是思想变化的反映。思想变化积淀在时代的改变了的语言、概念和文体之中,体现在新的概念在什么时候和怎样出现,以及怎样用特殊的语词即术语来加以规定,而且思想在从一代人向另一代人传递时,作为媒介的概念会发生很大的变化。斯金纳指出,思想史的概念在历史的演进中不断被重新定义,形成了层次分明的思想分隔。要理解思想史,就必须考察概念的细微差异,追溯概念在最初是如何被定义的,它被用于什么目的,而又支持并强化着对公共权力的什么观念。① 这样,概念的变化就显示出思想史发展的断裂和不连续的特点。因此,通过对政治概念变化的考察,我们就会获得一种对政治思想的历史视野,从而真正历史地理解政治思想。从概念的历史的梳理和语义的分析入手,严谨、认真地运用概念,从而纠正观念史研究方法所产生的弊端,避免理解的随意和武断,这正是概念史分析的意义所在。正如斯金纳所说:"某种历史视野的获得,会帮助我们抵御当前的某些假定和思想习惯,甚至可能对它们进行重新思考。对过去的研究,当它揭示与当前的种种对比而不只是说明与当前的种种延续性时,并非一定只有较小的启发意义。"②

---

① Quentin Skinner, *Liberty Before Liberalism*, Cambridge University Press, 2001, pp.109-110.

② [英]昆廷·斯金纳:《霍布斯哲学思想中的理性与修辞》,王加丰、郑崧译,华东师范大学出版社 2005 年版,第 17 页。

第五章　历史语境主义方法的局限

历史语境主义方法强调历史事实只是通过语言中介建构的历史,历史解释也只是渗入了历史学家主观因素的历史话语,因此,历史语境主义在本质上是历史相对主义在方法论上的表现形式。历史语境主义把政治思想语境化,忽视政治思想的相对独立性和内在的连续性,从而否定了探询政治思想内在的一致性和永恒政治智慧的可能性。

第一节　历史语境主义是历史相对主义的表现形式

在真理与谬误的问题上,斯金纳并不承认自己是相对主义者。他曾指出:"我从来没有认可概念上的相对主义……更一般地说,我仅仅观察到这么个事实:什么能够被理性地认为是真的,这个问题是随着某人的整个信仰体系而变的。我从未发表过不计后果的、与此完全不同的观点,说真理自己是可以以相同的方式改变的。"[1]他声称,"我也区别于以理查德·罗蒂为代表的概念相对主义。我在讲演中举了伽利略和天主教会争论的例子,罗蒂认为双方的观点是一样客观的,而我想说伽利略是对的,托勒密的理论是错误的,我们必须这样说,在这个关于真理的问题上我们并不是相对主义者"。[2] 但是,斯金纳并不否认历史学家的相对主义倾向。他说:"我自己是有几分相对主义的倾向,我认为所有历史学家都会有一点相对主义的倾向,也就是说,我们认为我们的任务是试图复原和理解不同的生活方式……我想说的是,你坚持的某种信念,完全有可能因为其在社会中形成和变化的过程中的疏忽大意而被我认为是错误的。我们必须放开这种可能性:我认为是错误的东西,可能被别人依据理性认为是真理。我认为所有历史学家都

---

① Quentin Skinner, Interpretation, Rationality and Truth, In: *Vision of Politics*, Vol. I, Cambridge University Press, 2002, pp.51-52.

② ［英］昆廷·斯金纳:《国家与自由:斯金纳访华讲演录》,北京大学出版社 2018 年版,第 231～232 页。

应该具备这种相对主义。"①无论是对文本的历史语境分析还是对概念的修辞分析都从根本上质疑甚至否定了历史知识的客观性、确定性，因而历史语境主义是历史相对主义在方法论上的表现形式。

首先，从方法论的角度看，历史研究的对象并不是纯粹客观的历史事实。斯金纳对杰弗里·埃尔顿（Geoffrey Elton）"崇拜事实"的客观主义研究方法进行了批评。埃尔顿秉持兰克"如实直书"的方法论原则，认为历史研究的对象就是真实的历史事实，历史学家所"需要的仅仅是事实"②。真正的历史事实是存在的，一个真实的陈述就是对历史事实的陈述。历史学家应该做的就是收集事实以获得历史真相。③ 因此，历史方法就是从过去发生的事件和过去遗留的真实事实中获取真理的一种方法。④

斯金纳认为，历史学家不可能得到纯粹客观的历史事实。一是历史事实在数量上是无穷无尽的，历史学家要对历史事实进行完全研究是不可能的。历史学家为获取对历史事实进行完全描述的资料将耗费毕生的时光而不可得。⑤ 二是客观真实的历史事实已经消失，历史学家不可能获得真实的历史。历史研究的对象只能是历史事实的遗迹，这些历史证据成为历史事实的最终确定者。而历史遗留的证据不可避免都渗入了主观的因素。最后也是最重要的原因在于每个历史证据都必须用语词表达出来。⑥ 斯金纳赞同福柯客观的历史事实不可得的观点。福柯认为，用语词建构的历史证据面临着无穷无尽的挑战和修改，历史学家可能从一开始就疑惑有多少他

① ［英］昆廷·斯金纳：《国家与自由：斯金纳访华讲演录》，北京大学出版社 2018 年版，第 231 页。

② Quentin Skinner, The Practice of History and the Cult of the Fact, In: *Vision of Politics*, Vol. Ⅰ, Cambridge University Press, 2002, p.25.

③ Quentin Skinner, The Practice of History and the Cult of the Fact, In: *Vision of Politics*, Vol. Ⅰ, Cambridge University Press, 2002, p.12.

④ Quentin Skinner, The Practice of History and the Cult of the Fact, In: *Vision of Politics*, Vol. Ⅰ, Cambridge University Press, 2002, p.14.

⑤ Quentin Skinner, The Practice of History and the Cult of the Fact, In: *Vision of Politics*, Vol. Ⅰ, Cambridge University Press, 2002, p.17.

⑥ Quentin Skinner, The Practice of History and the Cult of the Fact, In: *Vision of Politics*, Vol. Ⅰ, Cambridge University Press, 2002, p.19.

希望陈述的无可辩驳的事实。① 在福柯看来,"永恒的和本质的"历史事实
是不存在的,客观性是一个神话。② 语言是我们了解过去的唯一通道,而语
言是不透明的,它无法通过自身将历史实在的本来面目真实地呈现给我
们。③ 词和物、陈述和证据之间不存在必然的对应关系,历史概念只不过是
语言的建构物,它们并不指称真实的事物,理性和确定性都不过是一种历史
话语。我们对过去的理解是通过操纵语言符号来运作的,必然是一个转义
的过程,不会有什么实际的真实。④ 因此,客观性本身是语言的建构,历史
学家不可能客观地认识真实的历史。

其次,历史学家对历史的解释体现了历史研究的相对性。斯金纳批评
了埃尔顿关于历史学家应摈弃自己的主观立场以确保研究的客观性的观
点。在埃尔顿看来,历史研究与研究目的是独立的,历史研究必须与史家现
在的需要和现实的关切相分离。⑤ 真正的历史学家是"他的证据的仆人",
他从来不会把自己的问题强加给史料,而是史料把问题强加给史家。⑥ 历
史学家应充分尊重史料,史料有其独立的价值,它因自身的资格和理由而被
研究。⑦ 因此,史家的问题只能出自史料而不能把问题主观地强加于史料
之上。斯金纳受到尼采"没有事实,只有解释"⑧的观点的影响,认为历史并
不是对事实的客观陈述,而是对历史证据的一种解释,"社会和政治的世界

① Quentin Skinner, The Practice of History and the Cult of the Fact, In: *Vision of Politics*, Vol. I, Cambridge University Press, 2002, p.19.
② 韩震、董立河:《历史学研究的语言学转向》,北京师范大学出版社 2008 年版,第133 页。
③ 韩震、董立河:《历史学研究的语言学转向》,北京师范大学出版社 2008 年版,第133 页。
④ 韩震、董立河:《历史学研究的语言学转向》,北京师范大学出版社 2008 年版,第132 页。
⑤ Quentin Skinner, The Practice of History and the Cult of the Fact, In: *Vision of Politics*, Vol. I, Cambridge University Press, 2002, p.20.
⑥ Quentin Skinner, The Practice of History and the Cult of the Fact, In: *Vision of Politics*, Vol. I, Cambridge University Press, 2002, p.14.
⑦ Quentin Skinner, The Practice of History and the Cult of the Fact, In: *Vision of Politics*, Vol. I, Cambridge University Press, 2002, p.20.
⑧ [芬兰]凯瑞·帕罗内:《昆廷·斯金纳思想研究》,李宏图、胡传胜译,华东师范大学出版社 2005 年版,第 6 页。

被一遍又一遍地解释"①。解释便意味着主观的东西渗入历史,历史学家对历史证据的选择和解释并不是纯粹客观的而是带有明确的主观意图和价值立场。从史料的选择来看,面对浩如烟海的历史证据,正是历史学家的研究目的决定了史料的选择范围。斯金纳指出:"史料的价值取决于史家想理解什么,发掘新史料的企图应接受看起来值得理解的感觉的指导。"②从历史学家的解释来看,解释什么、如何解释更是体现了历史研究的主观性。斯金纳认为,历史学家在解释历史证据时抱有明确的价值立场,"我们需要这样一种更强的自我意识:在道德和政治议题中对于'事实'给予任何非意图性的、价值中立的陈述,都是困难的"③。很显然,对历史证据的选择和解释都渗入了历史学家的主观因素。

再次,历史语境分析拒斥一种对本质的和客观的真理概念的寻求,从方法论上证明不存在超历史的真理标准。受托马斯·库恩和理查德·罗蒂的影响,斯金纳对真理一致性的观念保持着一种谨慎的怀疑立场。斯金纳说:"我早年曾经在意义理解的问题上受到库恩的影响,我在文章中讨论了很多与库恩有关的问题。我从这些人身上学到的是对真理一致性理论的怀疑,而这种怀疑会促使我创建自己的认识论。"④罗蒂持有更为明确的真理一致性观念。对于某种生活形式中的某些信念,你(作为外人)可能并不会认同,但它们内部是彼此融贯的,理解一种生活形式也就是理解它们的融贯性。"真理的概念到底是什么呢? 当真理不再意味着与事实相一致(真理一致性理论)时,它就变成了人们生活于其中并接受的范式。所以罗蒂的话冒犯了不少人,他说,真理的意义就在于能够让你无须说出真理。真理是你的同伴让你说出的东西,因为它是人们生活形式内所取得的一致的意见,真理无非就是在某种生活形式中可以合理、理性地相信的东西。我从来没有接受过这种观点,我一直对此保持距离。我说的是,特定生活形式中存在着某些可

---

① [芬兰]凯瑞·帕罗内:《昆廷·斯金纳思想研究》,李宏图、胡传胜译,华东师范大学出版社 2005 年版,第 6 页。

② Quentin Skinner, The Practice of History and the Cult of the Fact, In: *Vision of Politics*, Vol. I, Cambridge University Press, 2002, p.20.

③ [芬兰]凯瑞·帕罗内:《昆廷·斯金纳思想研究》,李宏图、胡传胜译,华东师范大学出版社 2005 年版,第 27 页。

④ [英]昆廷·斯金纳:《国家与自由:斯金纳访华讲演录》,北京大学出版社 2018 年版,第 230 页。

以合理相信的东西,但我没有讨论真理。"①

斯金纳批评了埃尔顿的绝对真理观。埃尔顿认为,历史研究的终极目标就是获得关于历史事件的真理。② 埃尔顿把真理看成历史事实的真相,这种真理是普遍的、绝对的而非仅仅相对的真理。③ 埃尔顿认为,真理存在于历史事实之中,可以从历史事实中把真理抽象出来,因而相信事实可使我们趋向终极真理。④ 历史学家的工作就是通过揭示历史事实而获取关于过去的真理。⑤ 因此,在埃尔顿看来,历史研究方法就是从历史事实中得到真理的方法。

斯金纳从唯名论的角度出发,认为在历史中根本不存在埃尔顿所谓普遍、绝对的真理。在斯金纳看来,如果历史中存在真理的话,那它只是指任何被认同的信念。斯金纳指出:"我不打算给真理下定义。我也不一般地谈论真理;我谈论的是不同时代的不同人们有什么样的根据把所持的信仰当真,尽管我们自己相信他们信以为真的东西事实上就是真理。"⑥斯金纳把真理看作任何被认同的信念,它是相对于特定社会和特定文化共同体而言的,因而不存在超历史、超文化的所谓真理。信念的真理性取决于它与特定信仰网络的关系。在斯金纳看来,信念是以语词或概念为载体表达出来的,而概念并"没有确定的意涵。在作品中它拥有相当宽广的意涵,作者在不同的意义上使用术语"⑦。这意味着孤立的语词并无固定不变的意涵,语词的意涵只有在特定的语境中才能相对地确定。斯金纳指出:"像美德这样的词

① 〔英〕昆廷·斯金纳:《国家与自由:斯金纳访华讲演录》,北京大学出版社2018年版,第230～231页。

② Quentin Skinner,The Practice of History and the Cult of the Fact,In:*Vision of Politics*,Vol.Ⅰ,Cambridge University Press,2002,p.13.

③ Quentin Skinner,The Practice of History and the Cult of the Fact,In:*Vision of Politics*,Vol.Ⅰ,Cambridge University Press,2002,p.14.

④ Quentin Skinner,The Practice of History and the Cult of the Fact,In:*Vision of Politics*,Vol.Ⅰ,Cambridge University Press,2002,pp.13-14.

⑤ Quentin Skinner,The Practice of History and the Cult of the Fact,In:*Vision of Politics*,Vol.Ⅰ,Cambridge University Press,2002,p.12.

⑥ Quentin Skinner,Interpretation,Rationality and Truth,In:*Vision of Politics*,Vol.Ⅰ,Cambridge University Press,2002,p.53.

⑦ Quentin Skinner,Interpretation,Rationality and Truth,In:*Vision of Politics*,Vol.Ⅰ,Cambridge University Press,2002,p.48.

是在广阔的信仰网络中获得其意涵的。如果结构中的每一个因素的作用要
得到理解的话,就必须追踪与之相关的亲缘词汇的涵义。"①这就是说,如果
我们研究了概念产生的全部语境范围,可能会理解该概念的真实意涵。②
很明显,要理解信念的真理性就必须进入信念所处的观念语境之中,"任何
史家感兴趣的特别信念可能作为信仰网络的一部分而历史地呈现自身。每
个部分通过相互支持而彼此呈现"③。历史学家"把讨论中的信念置于其他
信念的合适的解释语境中。自然我们希望指出在那种语境中持有信念的人
为什么会认同我们觉得不可理解的假定。我们不要希望能做得更好。在这
种情况下,如果我们希望理解那种信念的话,我们就要把自己的任务降低为
解释者"④。

　　信念的真理性之所以值得关注,是因为真理会对历史证据的解释产生
影响。斯金纳指出:"信念的真理性是否会影响解释类型取决于谈论信念的
真理价值所持的意图。我们的解释一定会随着我们在广阔的信念体系中作
出的关于真理的判断而发生改变。如果我们遇到了对社会需要而言我们确
认为真的意识形态,我们一定会把这一事实的成功当作解释的一部分。如
果我们遇到了在广义上似乎不能确认为真的意识形态,则有必要以一种不
同的方式去解释它的成功。(除非该社会处于崩溃边缘,否则我们不希望去
解释这一现象。)"⑤但是,"真理对历史研究所具有的作用被夸大了。我以
为这是以下事实的产物:历史之外的讨论围绕着对科学信仰的分析展开。
在这种情况下,真理问题也许有些作用。但在思想史研究的多数情况下,我
们需要考虑到研究中的信念的真理性可能会令史家感到陌生。最好的答案

　　① Quentin Skinner, Interpretation, Rationality and Truth, In: *Vision of Politics*, Vol. I , Cambridge University Press, 2002, p.49.
　　② Quentin Skinner, Interpretation, Rationality and Truth, In: *Vision of Politics*, Vol. I , Cambridge University Press, 2002, p.55.
　　③ Quentin Skinner, Interpretation, Rationality and Truth, In: *Vision of Politics*, Vol. I , Cambridge University Press, 2002, p.43.
　　④ Quentin Skinner, Interpretation, Rationality and Truth, In: *Vision of Politics*, Vol. I , Cambridge University Press, 2002, p.53.
　　⑤ Quentin Skinner, Interpretation, Rationality and Truth, In: *Vision of Politics*, Vol. I , Cambridge University Press, 2002, pp.28-29.

看起来就是这类问题现在不会出现"①。因此,与埃尔顿视真理为历史研究的终极目的不同,斯金纳把以往主体所主张的信念的"真理性"看成历史研究中无关紧要的问题。②斯金纳指出:"我仅仅主张史家的任务是复原作者的观点,为了完成这一任务,我们需要利用的仅仅是理性的可接受性的概念,而不是具有真理性的概念。"③这样,斯金纳就把历史解释的重点从真理转向了信念的可接受性及其语境方面。

斯金纳阐述了解释信念的方法:"不管我们研究的信念多么奇特,务必一开始就把行动者看成以尽可能理性的方式持有其信念的。"④这一方法包括三个准则。一是陈述信念所处的整体条件,特别是关于"真"的信念的惯例。同时要认识到信念的证据是文本及其话语,它们是信念的直接表达。二是认可他们的信念。把信念看成既表达了言说者的社会结构又表达了他们潜藏的、难以识别的情感。三是我们必须追寻围绕信念的特别陈述,主要关注信念语境。言说者的话语不仅是理性策略的结果,而且与他们的知识理性感是一致的。首要任务是复原信念的精确语境,以揭示信念的真实意涵。⑤通过对信念所处的语境进行分析,我们就可以揭示信念的意涵及其变迁。因此,历史语境分析方法关注的是信念的意涵及其变化,它揭示了信念意涵的相对性,这就从方法论上排除了绝对的真理观。

最后,对概念的修辞分析进一步促进了历史认识的相对性。斯金纳把修辞当作分析概念变化的语言工具,使修辞成为解构客观性的力量,从而推进了历史认识的相对性。在西方,自柏拉图以来的思想家通常认为,存在着永恒的真理和非语言性的事实。只要借助于理性的工具把语言中的修辞成分剔除掉,就可以揭示真理,发现语言背后的事实。而斯金纳则改变了把修辞与理性对立起来的传统看法,肯定修辞发挥和昭彰理性的作用。同时斯

---

① Quentin Skinner, Interpretation, Rationality and Truth, In: *Vision of Politics*, Vol. I, Cambridge University Press, 2002, p.53.

② [芬兰]凯瑞·帕罗内:《昆廷·斯金纳思想研究》,李宏图、胡传胜译,华东师范大学出版社 2005 年版,第 58 页。

③ Quentin Skinner, Interpretation, Rationality and Truth, In: *Vision of Politics*, Vol. I, Cambridge University Press, 2002, p.53.

④ Quentin Skinner, Interpretation, Rationality and Truth, In: *Vision of Politics*, Vol. I, Cambridge University Press, 2002, p.40.

⑤ Quentin Skinner, Interpretation, Rationality and Truth, In: *Vision of Politics*, Vol. I, Cambridge University Press, 2002, pp.40-42.

金纳认识到了修辞的颠覆性力量,把修辞作为解构客观性的手段。一是把修辞视为反对"事实崇拜"的思想资源。在斯金纳看来,修辞是历史话语的根本特征,语言无从反映和再现历史实在,任何历史叙述都无法超出表达事实的话语之外。[①] 因此,研究者应该关注的是语词所产生的意义,而不是历史陈述的真值;应把主要精力放在历史叙述及其修辞特性方面,而不是热衷于追求历史事实的真相。二是把修辞视为质疑绝对真理的资源。由于修辞学秉持一个问题可从两个方面论辩的原则,任何真理都可以从不同甚至对立的方面进行表述和论辩,因此,从修辞学的角度看,真理就不是固定不变的东西,而是能在一定范围内变化的。这使得真理在争论中能在一个或狭窄或宽泛的范围内被运用。[②] 修辞学意义上的真理就质疑甚至否定了那种单一的、确定的、绝对的真理概念。三是修辞突出了历史文本的虚构特性。由于语言具有修辞和虚构的功能,历史学家使用的语言与文学家使用的语言就没有什么差别,那么历史知识也就成为同文学叙述类似的虚构叙述。斯金纳明确指出:研究者应思考"社会和政治哲学著作的文学特征。我说这一点不是因为我希望鼓励理智的历史学家去研究更广泛的范围,'跨越'文学与其他历史文本的'分水岭',而是因为我不相信任何这一类分水岭。哲

---

① 罗兰·巴特对话语形态进行了形式分析,他认为历史话语经过各种层次的转换,历史叙述与虚构叙述已经没有差异。这种转换有三个层次:首先是经典历史学家运用聆听把听到的东西整合到他们的话语中。这种整合就是转换,转换语有"据我所闻"或"据实而言"等。其次是有机结构层次的转换,如史学家常说,他暂时离开这个话题,先插入一个别的问题,然后再回到原来的论题上。这显然是出于历史话语的文本需要。最后是在其陈述或前言中提供的。经过这些转换,历史叙述的真实性就被扭曲了。同时,巴特还分析了历史语言的主观性。他认为,历史话语有双重主观性:历史学家的主观性和历史语言的主观性。主观性是历史话语的现实存在,由于史学家隐瞒自己的主观性,所以他们是在主观性上叠加新的主观性。他指出:"'事实'只能作为话语中的一项存在于语言上。"巴特区分了能指的历史和完全非能指的历史。从语言被人使用那一刻开始,事实就只能以重复的方式被定义。被注意的来自可注意的,但可注意的只能是已经被注意的;什么材料值得收集,只能是被注意到的材料有价值。历史话语假装只操"能指"(signifier)和"指称"(referent)两个术语,实际上是以指称——所谓"真实发生的事"——掩饰作为历史学家论点的"所指"(signified)。因此,历史修辞只是为了获得真实的效果,并不能反映历史事实。历史话语并不等同于现实,只是赋予现实以意义。韩震、董立河:《历史学研究的语言学转向》,北京师范大学出版社2008年版,第63～65页。

② [芬兰]凯瑞·帕罗内:《昆廷·斯金纳思想研究》,李宏图、胡传胜译,华东师范大学出版社2005年版,第58页。

学史上主要论著的准则（canon）同时是重要的文学文本的一种准则。无疑，部分由于德里达和他的追随者的影响，该主张正很快成为常识，这是它一直以来应该得到的；而且在文学惯例的基础上现在正在做着重要的工作，因为早期现代哲学的重要著述都有了专门的研究成果。但仍然值得强调的是，作为一个哲学史家我们还需要向文学史和文学批评学科学多少东西！"①

第二节　历史语境主义方法的局限

虽然斯金纳承认观念史研究具有哲学上的价值，但斯金纳并不认可政治思想史研究中哲学研究方法的正当性。斯金纳强调对政治思想史进行真正历史的研究，主张对政治思想进行历史语境分析和修辞分析，从而将政治思想史研究的历史方法推到了极端，结果由历史主义走向了相对主义。

一、历史语境主义方法忽视政治思想本身的相对独立性，过分强调历史语境的作用

斯金纳把政治思想高度语境化，不仅把政治思想看成具体历史条件和社会语境的产物，政治思想本身也是历史语境的组成部分。政治思想及其赖以产生的历史条件是互为语境的，经典文本由语言构成，是语言语境，而文本的历史因素是非语言语境，它们彼此融为一体。因此，经典文本本身并不是一个自足的研究对象，它所包含的任何言说"必然是特定时刻特定意图的反映，它旨在回应特定的问题，是特定语境下的产物，任何试图超越这种语境的做法都必然是天真的"②。这决定了经典文本对语境的高度依赖，文本本身不是确定其意涵的独立因素。历史语境主义方法正是以此为出发点，认为文本的历史语境是确定文本意涵和作者意图的判定标准。③ 因此，文本可理解性的源泉主要在于文本的历史语境，历史语境或为理解文本意

---

① ［英］昆廷·斯金纳：《霍布斯哲学思想中的理性与修辞》，王加丰、郑崧译，华东师范大学出版社 2005 年版，第 16 页。
② ［英］昆廷·斯金纳：《观念史中的意涵与理解》，载丁耘、陈新主编：《思想史的元问题》，广西师范大学出版社 2005 年版，第 77 页。
③ ［英］昆廷·斯金纳：《观念史中的意涵与理解》，载丁耘三编：《什么是思想史》，上海人民出版社 2006 年版，第 132 页。

涵最主要的决定性因素。^① 在斯金纳看来,要精确地理解文本的涵义,就必须把文本置于其赖以产生的历史语境之中,重构作者的历史世界。离开了文本的历史语境,即使"'一遍又一遍地'阅读经典文本,也无法使我们仅仅通过著作家的言论理解其意涵"^②。除了创造了诸多"神话"之外,脱离语境对文本进行抽象的哲学研究并不能准确地理解文本。由此可见,斯金纳赋予了历史语境在确定文本意涵方面极其重要的作用,而文本却丧失了确定自身意涵的独立性。

实际上,思想的发展有其相对独立性,它在反映现实的同时还具有其自身的能动性和独特的发展规律,它的发展同现实的发展并不总是一致和平衡。恩格斯认为思想、理论的发展有其相对独立的历史,"纯数学具有脱离任何个人的特殊经验而独立的意义",一切思维领域"从现实世界抽象出来的规律,在一定的发展阶段上就和现实世界脱离,并且作为某种独立的东西,作为世界必须遵循的外来的规律而与现实世界相对立。社会和国家方面的情形是这样,纯数学也正是这样,它在以后被应用于世界,虽然它是从这个世界得出来的,并且只是表现世界的联系形式的一部分——正是仅仅因为这样,它才是可以应用的"^③。由此可见,观念是从现实世界抽象出来的,但一旦形成就有自身的发展规律,从而能够应用于世界。一种观念无论受何种因素的制约,但它一旦产生出来就会作为社会中一个单独的领域,具有自身的特点。"任何意识形态一经产生,就同现有的观念材料相结合而发展起来,并对这些材料作进一步的加工;不然,它就不是意识形态了,就是说,它就不是把思想当作独立地发展的、仅仅服从自身规律的独立本质来处理了。"^④

恩格斯还从社会内部分工的角度,对思想意识的独立性和运动规律作了考察。恩格斯认为,凡是存在着社会规模分工的地方,单独的劳动过程就成为相互独立的,具有由它自己的本性所决定的特殊的规律和阶段。国家是这样,法是这样,意识形态如哲学和宗教也是这样。在恩格斯看来,如果

① 〔英〕昆廷·斯金纳:《言语行动的诠释与理解》,载丁耘主编:《什么是思想史》,上海人民出版社 2006 年版,第 150 页。

② 〔英〕昆廷·斯金纳:《观念史中的意涵与理解》,载丁耘主编:《什么是思想史》,上海人民出版社 2006 年版,第 124 页。

③ 《马克思恩格斯选集》第 3 卷,人民出版社 2012 年版,第 875 页。

④ 《马克思恩格斯选集》第 4 卷,人民出版社 2012 年版,第 261 页。

意识形态没有自己的独立性和运动规律,它就不会作为一种单独的社会现象出现和存在。恩格斯指出:"一个事物的概念和它的现实,就像两条渐近线一样,一齐向前延伸,彼此不断接近,但是永远不会相交。两者的差别正好是这样一种差别,这种差别使得概念并不无条件地直接就是现实,而现实也不直接就是它自己的概念。由于概念都有概念的基本特性,因而它并不是直接地、明显地符合于它必须从中抽象出来的现实。"①在这里,恩格斯把概念与它从中抽象出来的现实比喻为两条一齐向前延伸、不断接近但永不相交的线。概念这条线除了受现实这条线的制约外,还具有自己的特性,具有它自己发展的规律。概念尚且如此,由概念而形成的思想观念更是如此。普列汉诺夫也认为"在人类思想的发展中,或确切些,在人类的概念和表象的结合中有自己的特殊的规律"②。他作了一个很富启发性的比喻:"一个人的肠胃,只要给一定食物,它便按照肠胃消化的规律动作起来。人的智慧同样,只要把它放在一定的条件下,周围环境给它一定的印象,它便按照一定的规律结合这些印象。"③也就是说思想、感觉、信仰是按其特殊规律结合着的。

斯金纳通过把经典文本在历史语境中定位来重建历史语境和解释文本,强调历史语境对理解政治思想的重要作用,这无疑是诠释政治思想的一种有效方法。但斯金纳忽视了政治思想所具有的相对独立性,这就否定了从政治思想本身的内在结构和特点去诠释政治思想的可能性,也就否定了产生新的洞察力和新的认识的可能性。

二、历史语境主义方法忽视政治思想本身内在的一致性与连续性,过分强调政治思想的断裂与变化

斯金纳否认存在具有内在的一致性与连续性的历史,认为赋予思想以连贯性是在创造"神话"。斯金纳之所以对连续性的历史充满怀疑,一是认为思想史不存在人类必须应对的普遍问题。每位思想家都似乎是以自己特有的方式回应特定时代提出的特定问题,"经典文本关心的是他们自己的问

---

① 《马克思恩格斯文集》第 10 卷,人民出版社 2009 年版,第 593 页。
② 《普列汉诺夫哲学著作选集》第 1 卷,生活·读书·新知三联书店 1959 年版,第 737 页。
③ 《普列汉诺夫哲学著作选集》第 1 卷,生活·读书·新知三联书店 1959 年版,第 737 页。

题,而不是我们的问题,而且正如柯林武德所说的,在哲学中没有所谓的恒久问题。只有具体问题的具体答案,而且往往会出现的情形是,有多少提问者就有多少种不同的问题"①。在斯金纳看来,"思想史不应该被认为是对一系列经典问题进行回答的历史,而应该被视为在其中问题和答案都经常变化的一组片段的历史"②。二是认为思想家用以表述问题的术语(诸如"国家"、"正义"和"自然")也往往彼此距离甚远,这些概念根本不存在稳定的内涵。斯金纳根据维特根斯坦的语言游戏理论来分析概念的意涵,概念的意涵由其使用构成,在确定意涵时有必要考察使用概念时的特定语言环境,"概念是从它在整个概念组合中所处的位置获得其意涵的"③。这意味着一旦概念的使用环境改变了,那么概念的含义也就会发生变化。因此,概念根本不存在超越具体语境的抽象意涵。三是从言语行动的角度看,任何言说的发表都是在施行一种具有偶然性意图的言语行动,因而言语行动具有"无所不在的偶发性"④。它是"特定时刻特定意图的反映,它旨在回应特定的问题,是特定语境下的产物"⑤。行动者不可能跨越其所处时代和社会的特殊环境去回应普遍的争议和问题。⑥ 因而把特定言说从其形成语境中抽象出来,将其"说成是对所谓的恒久争论的'贡献'。这一方法无从考察某一著作家在发表其特殊'贡献'时的行为,从而抛弃了一个重要的意涵维度,而这一维度正是我们用以理解原作者所需要考察的"⑦。因此,脱离语境的言语行为既不存在也难以理解。

---

① 〔英〕昆廷·斯金纳:《观念史中的意涵与理解》,载丁耘、陈新主编:《思想史的元问题》,广西师范大学出版社 2005 年版,第 77~78 页。

② Michael Goodhart, Theory in Practice: Quentin Skinner's Hobbes , Reconsidered, *The Review of Politics*, Vol.62, No.3, Summer, 2000, p.557.

③ Quentin Skinner, The Idea of a Cultural Lexicon, In: *Vision of Politics*, Vol.Ⅰ, Cambridge University Press, 2002, p.164.

④ 〔芬兰〕凯瑞·帕罗内:《昆廷·斯金纳思想研究》,李宏图、胡传胜译,华东师范大学出版社 2005 年版,第 45 页。

⑤ 〔英〕昆廷·斯金纳:《观念史中的意涵与理解》,载丁耘、陈新主编:《思想史的元问题》,广西师范大学出版社 2005 年版,第 77 页。

⑥ Bhikhu Parekh and R. N. Berki, The History Political Ideas: A Critique of Q. Skinners's Methodology, *Journal of the History of Ideas*, Vol.34, No.2, Apr.-Jun., 1973, p.172.

⑦ 〔英〕昆廷·斯金纳:《观念史中的意涵与理解》,载丁耘、陈新主编:《思想史的元问题》,广西师范大学出版社 2005 年版,第 75 页。

　　在斯金纳看来,虽然西方道德、社会以及政治哲学长期使用许多关键概念和论证模式,某些表述具有连续性,但这些表述所回应的问题并不具有连续性,而且作者在使用这些表述时的意图也不一致,因此,并不存在具有连续性的观念的历史。"只要我们发现不同的著作家为之作出贡献的所谓确切的观念实际并不存在,而只是那些有着不同意图的著作家们所发表的形形色色的论断,那么我们就会发现并没有什么观念史可写,只有不同的观念运用以及运用这些观念时的不同意图的历史。"①

　　但是,政治思想的历史连续性是无可辩驳的。政治思想史的连续性建立在人类政治生活连续性的基础之上。人类自产生以来,政治生活就是人类最基本的生存处境,是伴随人类始终的生存结构。正如达尔所言,"无论一个人是否喜欢,实际上都不能完全置身于某种政治体系之外……政治是人类生存的一个无可避免的事实。每个人都在某一时期以某种方式卷入某种政治体系……我们不可能真正逃避政治,尽管我们或许会试图漠视政治"②。相应地,政治语言和政治思想就产生和发展起来,人们运用它们去回应由政治实践提出的问题。当政治生活的连续性被抽象化、理论化为政治思想时,政治生活的连续性就表现为政治思想的历史继承性。政治思想的连续性是政治思想发展的起点和动力,它使得人们能以以前的政治思考为基础累积政治智慧。虽然每一位政治思想家都是特定社会的一个成员,正是这个社会的特定关注和问题可能对他而言要比其他社会和时代的关注更为重要,构成交流媒介的词语、概念、语言习惯一般也来自他的社会,但是,人类政治生活根本处境的相似性使政治思想家"并不会受制于他所处的时代,问题往往是普遍性的,并不专属于哪一个特定的社会。那些问题都来自人性的困境,永远与人类所面临的每个处境相关"③。政治思想家讨论的是普遍问题,他把读者看作人类社会这个整体,从而超越于自己的历史特殊性、自己所处的时代可能性和生存处境之上,向呈现在他面前的普遍人性困

　　① 　[英]昆廷·斯金纳:《观念史中的意涵与理解》,载丁耘、陈新主编:《思想史的元问题》,广西师范大学出版社 2005 年版,第 74 页。

　　② 　[芬兰]罗伯特·达尔:《现代政治分析》,王沪宁、陈峰译,上海译文出版社 1987 年版,第 5 页。

　　③ 　Bhikhu Parekh and R. N. Berki, The History Political Ideas:A Critique of Q. Skinners's Methodology,*Journal of the History of Ideas*,Vol.34,No.2,Apr.-Jun.,1973,p.171.

境发言。政治思想史家必须知道"历史社会语境不是孤立的防水隔间。尽管有根本的变化和分离,但是在现在的过去余韵中,在持续不断的社会结构、制度安排和人类行为里经常存在连续性"①。

斯金纳对历史特殊性的强调,暗示了历史"原子论"的危险:每一位个体作者或一个个体文本应该与其他作者和文本分开分析和解释。② 斯金纳"把历史本身看作一系列原子化的历史单元,其延伸的范围有限,彼此之间没有跨越时间的相互联系。斯金纳的历史是插曲般的,由独立的事件和冲突构成,按编年尺度增加和连接"③。这使政治思想史成为由一系列彼此没有联系的观念事件构成的历史。但是,"如果每种历史言说和行动是独一无二的事件,那历史研究本身将变得不可能……如果事件都有其独特的基因,那我们就不能书写历史;我们仅能堆砌文献"④。实际上,"永恒智慧的属性并不是一个假定,而是一个经验的,有充分考虑的判断"⑤,政治思想史家从连续性的角度来阐释其主旨是完全合理的。而原子化的历史则至少否定了一种可能的历史探询:研究多样性中的同一性。

---

① Cary J. Nederman, Quentin Skinner's State: Historical Method and Traditions of Discourse, *Canadian Journal Political Science*, Vol.18, No.2, Jun., 1985, p.348.

② Bhikhu Parekh and R. N. Berki, The History Political Ideas: A Critique of Q. Skinners's Methodology, *Journal of the History of Ideas*, Vol.34, No.2, Apr.-Jun., 1973, p.180.

③ Cary J. Nederman, Quentin Skinner's State: Historical Method and Traditions of Discourse, *Canadian Journal Political Science*, Vol.18, No.2, Jun., 1985, p.343.

④ Cary J. Nederman, Quentin Skinner's State: Historical Method and Traditions of Discourse, *Canadian Journal Political Science*, Vol.18, No.2, Jun., 1985, p.343.

⑤ Bhikhu Parekh and R. N. Berki, The History Political Ideas: A Critique of Q. Skinners's Methodology, *Journal of the History of Ideas*, Vol.34, No.2, Apr.-Jun., 1973, p.179.

结　语

在研究对象和分析路径方面,本书把斯金纳的历史语境主义方法作为分析的核心。此种问题意识的形成,主要源于对斯金纳与施特劳斯之间关于政治思想史研究方法的分歧的思考。施特劳斯从化解现代性危机的角度出发,主张重新审视西方政治思想传统的发展进程,以便从中找到对抗现代性危机的思想资源。在施特劳斯看来,虽然导致现代性危机的因素很多,但历史主义无疑是引发现代性危机的主要思想根源。因为历史主义承认一切价值观都有相对性。这就摧毁了政治哲学的思想基础,从而引发了现代性危机。因此,施特劳斯对历史主义和历史研究方法进行了激烈的批评。与施特劳斯对待历史主义的态度完全相反,斯金纳把政治思想看成特定历史语境的产物,因而对政治思想进行非历史的研究会缔造"学说的神话",产生思想的霸权。只有历史研究方法才能真正展现思想的多元,让我们重新思考思想唯一性的可能性。为此,斯金纳把日常语言哲学的方法论引入政治思想史的研究之中,创立了历史语境主义方法,被认为是政治思想研究方法的一场"革命"①。斯金纳与施特劳斯在研究方法上的不同主张,体现了 20世纪西方政治思想史从以内在论倾向为主的观念史研究方法向重外在情境而忽略内容与传统的历史语境主义方法的根本性转变。而斯金纳与施特劳斯在历史主义及历史研究方法上针锋相对的态度是理解这种转变的关键。因此,剖析斯金纳与施特劳斯在方法论上的深刻分歧,对于理解历史语境主义在方法论上所带来的革命性变化具有特别重要的意义。

接下来的问题是如何呈现蕴藏于文本之中的历史语境主义方法及其革命性意义。本书借鉴了哲学诠释学的文本阐释方法,把阐释看成解释者与被解释者之间视界融合的过程。一方面,要尊重作者的原意,对文本进行语用学意义上的解读,以求尽可能客观地还原作者的原意。由于文本是作者的思想及其方法论的集中体现,因此,通过广泛地阅读斯金纳的原著及其相

---

① ［芬兰］凯瑞·帕罗内:《昆廷·斯金纳思想研究》,李宏图、胡传胜译,华东师范大学出版社 2005 年版,第 1 页。

关著作，从中发掘出历史语境主义方法的精髓。另一方面，也要发挥解释者的能动性，以彰显文本回应当前时代问题的创造性意义。在整体呈现历史语境主义方法全貌的同时，立足于解释者的视界，在把握斯金纳运用历史语境主义方法的主旨的基础上，展现历史语境主义方法对政治思想史研究所具有的方法论上的创新意义。

当然，要凸显历史语境主义方法的革命性意义，也离不开比较方法的运用。一方面，本书把历史语境主义方法置于西方政治思想史研究方法演进的整体脉络之中，纵向分析历史语境主义方法与背景主义、文本主义之间继承与超越的关系。另一方面，把历史语境主义方法与剑桥学派其他成员的研究方法作横向比较，以说明斯金纳与剑桥学派其他学者在方法论上继承与超越的关系。总之，通过文本阐释，可以描述历史语境主义方法的思想背景、理论渊源、一般轮廓和总体特征；使用比较研究的方法可以凸显斯金纳所发动的方法论革命的内在逻辑。

在阐述了研究对象与分析路径之后，本书进入阐释层面，进一步探询：历史语境主义是如何提出的？它在方法论上到底有何革命性意义？历史语境主义方法的局限是什么？

首先，历史语境主义的产生不是偶然的，它是 20 世纪西方人文社会学科发展成熟的产物。从 20 世纪初期到 60 年代，西方人文社会学科的发展为历史语境主义的产生作了理论上的准备。一是人文社会学科领域的"语言学转向"和修辞学的复兴为政治思想研究开辟了新的方向。20 世纪初期，现代哲学出现了"语言学转向"，哲学问题转变为语言问题，思想与语言表达之间的关系成为哲学思考的核心。相应地，语言成为哲学研究的主题与对象，这就从根本上改变了哲学的研究视域和思考方向。哲学的"语言学转向"对人文社会学科的发展产生了极其深远的影响。受哲学"语言学转向"的启发，20 世纪 50—60 年代，政治思想研究和历史学研究也出现了"语言学转向"的趋势。在语言分析的推动之下，政治思想和历史学领域的研究者开始关注思想的语言学特性，这就为新的研究范式的产生创造了条件。与此同时，20 世纪 50 年代，西方修辞学在经历了百年的衰落之后开始走向复兴，并逐渐向人文社会各学科渗透。这又为人文社会学科的研究增加了一个新的视角。二是日常语言哲学为历史语境主义的产生提供了哲学方法论。日常语言哲学强调语言的意义在于使用，而言语就是行为，因而语言的意义离不开语言使用的具体情境。这就为历史语境主义的产生提供了全新的方法论思想。三是现代语言学和语言哲学对语境的分析为历史语境主义的产生提供了分析工具。语言学和语言哲学从不同的层面对语境的定义、性质、功能、特征和分类的讨论,使语境分析方法在语言学和语言哲学的意义上日益成熟,成为分析语言意义的重要工具。这为理解政治思想的历史特性提供了新的分析方法。

其次,本书追溯历史语境主义的缘起与生成。历史语境主义根源于19世纪历史主义的成熟。历史主义强调思想的历时性,为历史语境主义确立了基本的方法论原则。20世纪30年代,在历史主义原则与政治思想研究相结合的基础上,形成了以萨拜因为代表的背景主义研究方法,这是政治思想史研究方法的最初形态。作为对背景主义方法的反动,以洛夫乔伊和施特劳斯为代表的观念史研究方法,是政治思想研究在抽象的哲学维度上的展开。这在本质上背离了历史主义原则,引发了剑桥学派思想家的重新思考,成为促进历史语境主义方法产生的一个重要因素。

再次,从历史语境主义方法的提出过程来看,拉斯莱特、波考克和邓恩在政治思想的历史研究方面已经提出了历史语境主义方法的基本要素:语言分析与语境分析。斯金纳在拉斯莱特、波考克和邓恩方法论主张的基础上,把历史分析、语境分析与修辞分析加以整合,使之系统化、理论化,创立了历史语境主义方法。历史语境主义方法包含两个基本的方法论信条:一是历史语境分析,把作者意图作为确定文本意涵的最高标准,把历史语境看作把握作者意图的必要条件;二是修辞分析,把文本的修辞特性作为理解文本意涵的独特视角,以揭示文本意义的多元性。

复次,历史语境主义从言语行动的角度研究政治思想,与传统的政治思想史研究方法相比,斯金纳改变了研究的视角,从沉思的生活转到了行动的生活,将政治思想从以前对内容的研究转移到对政治论辩的研究,从关于政治的思想转移到从政治的角度进行思考。这种转换意味着,斯金纳改变了把政治思想作为政治行动指导原则的传统观点,把政治思想看成政治活动的内在组成部分。同时,政治思想家被视为政治意识形态家,他们参与政治论辩,追求政治权力,为回应时代的政治挑战而思考。这样,斯金纳就创立了一种如何研究政治思想史的新范式,即从言语行动的视角研究各种政治理论、政治概念及其作用,把政治意识形态惯例作为理解历史语境的辅助性工具。很明显,这样一种研究视角的转换和对思想家的重新定位超越了传统的政治思想史研究方法,成为一场政治思想史研究方法的革命。除了转换研究视角之外,斯金纳还把政治概念作为政治思想史基本的分析单元,从修辞角度考察政治概念的变化,揭示政治概念的可争论性和偶然性,从而创立了一种新的研究类型:概念史。

最后,历史语境主义方法强调历史事实只是通过语言中介建构的历史,历史解释也只是渗入了历史学家主观因素的历史话语,历史研究不可能提供普遍的、绝对的真理,历史给予我们的只是各种被认同的信念的可能性。因此,历史语境主义在本质上是历史相对主义在方法论上的表现形式。从方法论的角度看,历史语境主义把政治思想语境化、修辞化,忽视政治思想的相对独立性和政治思想内在的一致性、连续性,从而否定了探询政治思想的内在同一性和永恒政治智慧的可能性。因此,历史语境主义存在着不可克服的片面性。

对历史语境主义方法的研究,可促使我们对政治思想史研究方法本身进行反思,从而认识到任何一种方法都有其作用也存在局限。正如本书的研究所表明的那样,政治思想史的研究方法不是凭空产生出来的,它是由作为研究对象的政治思想的本性和与之相适应的知识体系决定的。政治思想的研究方法必须反映政治思想的内容和本性。就政治思想而言,历史地看有一个不断深化的发展过程,逻辑地看有一个多层结构的问题。因此,政治思想的研究是一个多层面、多维度展开的过程。① 从政治思想的规范研究的角度看,哲学研究方法和历史研究方法是对政治思想展开研究的两种主要的维度。两种研究方法奉行着不同的原则,各有自己的适用范围,因而在实践中往往表现出互相排斥的现象。但哲学研究方法和历史研究方法不是绝对对立的,研究对象的同一性使两种研究方法存在着互动耦合的基础。正如保罗·法伊尔阿本德所言:哲学的"抽象论证所以必须,是因为它供给我们思想以方向。然而,至少就哲学的现状而言,历史也是必要的,这是因为它给我们的论证以力量"②。

政治思想史的研究实践已经充分证明:任何一种方法都既有其作用范围也存在局限。这使得方法对于政治思想史的探询来说必然具有两重性。

---

① 对政治思想的研究大体上是在规范的层面、经验的或实证的层面上展开。政治思想研究中的规范方法与实证方法是两种各有自己特色、无可替代的研究方法。张铭、严强主编:《政治学方法论》,苏州大学出版社 2003 年版,第 28 页。

② 〔美〕保罗·法伊尔阿本德:《反对方法》,周昌忠译,上海译文出版社 2007 年版,第137 页。

一方面,政治思想史的研究需要方法;另一方面,方法都有其局限性。① 这也就是说对政治思想史的研究而言,并不存在唯一正确和有效的研究方法,政治思想史的研究需要各种方法之间的融贯互补。每一种方法作用与局限之间的张力是方法论存在的一种常态。承认局限的存在并不否认方法本身的正当性和有效性,它反而是方法有效性得以充分发挥的一种体现。这也同时说明了其他研究方法存在的必要性。而政治思想史的研究正是在这种张力中走向成熟和深化的。

　　施特劳斯和斯金纳对于研究方法都具有高度的自觉意识,他们的研究实践是政治思想史方法论探索最为典型的例证。施特劳斯认为政治哲学与历史具有不同的任务和功能,两者不可能融合。② 政治哲学追求普遍的政治真理,而历史却关注具体事务。但施特劳斯也承认历史研究有其必要性,唯有历史知识才能防止把政治真理与具体的政治事务相混淆。可见,施特劳斯也不是绝对否认历史研究方法的正当性。不过,施特劳斯的方法论立场是清楚的,他始终坚持用哲学研究方法去探寻永恒的政治智慧,而对历史研究方法却提出了激烈的批评。在施特劳斯看来,历史主义及其研究方法最主要的弊端在于把政治哲学的问题情景化,用关于政治事务的具体问题取代关于政治哲学的基本问题,从而对政治哲学的可能性提出了质疑。施特劳斯认为这种质疑是站不住脚的,因为政治问题的解决有赖于"优先选择的普遍原则"的指导,这就导致对政治观念的"纯粹价值的思考"③。只要"在人与天使、人与野兽之间的差异不曾被消除,或者,只要还存在着政治事务"④,那么政治哲学就"不能仅仅因为与其相关的历史环境尤其是政治环境成为过去而过时"⑤。因此,历史研究难以取代政治哲学研究。

---

　　① ［美］保罗·法伊尔阿本德:《反对方法》,周昌忠译,上海译文出版社2007年版,第11页。

　　② ［美］列奥·施特劳斯:《政治哲学与历史》,载丁耘、陈新主编:《思想史的元问题》,广西师范大学出版社2005年版,第180页。

　　③ ［美］列奥·施特劳斯:《政治哲学与历史》,载丁耘、陈新主编:《思想史的元问题》,广西师范大学出版社2005年版,第190页。

　　④ ［美］列奥·施特劳斯:《政治哲学与历史》,载丁耘、陈新主编:《思想史的元问题》,广西师范大学出版社2005年版,第191页。

　　⑤ ［美］列奥·施特劳斯:《政治哲学与历史》,载丁耘、陈新主编:《思想史的元问题》,广西师范大学出版社2005年版,第186页。

与施特劳斯不同,斯金纳把自己的研究取向确定为"历史与哲学之间没有分野,但允许历史与哲学相互作用"①。但在具体的研究实践中,斯金纳却通过把历史分析与语境分析、修辞分析结合起来而彻底地走向了历史主义。在斯金纳看来,政治思想是特定的政治和知识语境的产物,离开了特定语境,政治思想既不可能产生也不可能得到理解。而纯粹哲学的研究方法的弊端就在于假定存在超历史的普遍政治真理。这实际上是在缔造关于政治学说的"神话",是一种典型的"学术帝国主义"②。只有真正的历史研究才能解构思想的霸权,展现政治思想的多元,促使我们重新思考政治思想"唯一性的可能性"③。

施特劳斯与斯金纳的方法论主张针锋相对,但不可能真正驳倒对方。他们在自己的研究领域里把一种研究维度推向了极端。不过,两人都过于坚持自己的方法论立场而忽视了其他研究维度的正当性,终究失之于片面。

这恰好给予我们极其重要的启示:研究方法只不过是在某个特定的时代里被人们采用了的一个特定视角而已,没有普遍适用的万能的方法。马克斯·韦伯就强调研究视角是多元的,没有任何一种分析可以独立于确定且片面的视角。研究同一个问题时,可能始终存在很多不同的视角。人文学科的历史就是建构、修正和消解从各种视角出发得到的解释。除了各种解释自身间的竞争之外,没有什么客观的标准来评价人文学科的研究工作。④ 与韦伯的观点相似,法伊尔阿本德也反对那种认为存在唯一正确的方法论的观点,在他看来,对不同的问题来说,方法只是工具,它不是唯一的。⑤ 因此,唯一规范的方法论并不存在。方法是历史的,应当不断加以发展;不同的方法不是绝对对立的,每种方法都有其适用范围和局限;应接纳一切具有方法论意义的因素,不断拓宽方法论视野。正是在这一意义上,我

---

① [芬兰]凯瑞·帕罗内:《昆廷·斯金纳思想研究》,李宏图、胡传胜译,华东师范大学出版社 2005 年版,第 27 页。

② [美]列奥·施特劳斯:《政治哲学与历史》,载丁耘、陈新主编:《思想史的元问题》,广西师范大学出版社 2005 年版,第 77 页。

③ [英]昆廷·斯金纳:《自由主义之前的自由》前言,李宏图译,上海三联书店 2003 年版,第 2 页。

④ [芬兰]凯瑞·帕罗内:《昆廷·斯金纳思想研究》,李宏图、胡传胜译,华东师范大学出版社 2005 年版,第 2 页。

⑤ [美]保罗·法伊尔阿本德:《反对方法》,周昌忠译,上海译文出版社 2007 年版,第 24 页。

们可以说方法的两重性是自身无法克服的。一种研究方法作为韦伯所说的"理想型",总是借由片面推向极端而达致深刻,从而才能从某一角度充分地把握研究对象,实现研究目的。在一定意义上,我们可以说方法所存在的作用与局限之间的张力不仅不是思想发展的障碍,反而有可能是推动思想不断发展的源泉与动力。

参考文献

一、昆廷·斯金纳的主要著作和论文

1.[英]昆廷·斯金纳:《近代政治思想的基础》,奚瑞森、亚方译,商务印书馆 2002 年版。

2.[英]昆廷·斯金纳:《自由主义之前的自由》,李宏图译,上海三联书店 2003 年版。

3.[英]昆廷·斯金纳:《霍布斯哲学思想中的理性和修辞》,王加丰、郑崧译,华东师范大学出版社 2005 年版。

4.[英]尼古拉斯·菲利普森、昆廷·斯金纳主编:《近代英国政治话语》,潘兴明、周保巍译,华东师范大学出版社 2005 年版。

5.[英]昆廷·斯金纳、博·斯特拉奇主编:《国家与公民:历史·理论·展望》,彭利平译,华东师范大学出版社 2005 年版。

6.[英]昆廷·斯金纳:《政治自由的悖论》,载许纪霖主编:《共和、社群与公民》,江苏人民出版社 2004 年版。

7.Quentin Skinner,*Visions of Politics*,Cambridge University Press,2002.

8.Quentin Skinner,*Thomas Hobbes and His Disciples in France and England：Comparative Studies in Society and History*,Cambridge University Press,1966.

9.Quentin Skinner,The Empirical Theorists of Democracy and Their Critics：A Plague on Both Their Houses,*Political Theory*,Sage Publications,Inc.Stable,1973.

10.Quentin Skinner,Some Problems in the Analysis of Political Thought and Action,*Political Theory*,Sage Publications,Inc.1974.

11.Quentin Skinner,Review：On Two Traditions of English Political Thought.Reviewed work(s)：Order,Empiricism and Politics by W.H.Greenleaf Source,In：*The Historical Journal*,Cambridge University Press,1966.

12.Quentin Skinner,Thomas Hobbes and the Nature of the Early Royal Society,In：*The Historical Journal*,Cambridge University Press,1969.

13.Quentin Skinner,Review：Science and Society in Restoration England.Reviewed work(s)：The Correspondence of Henry Oldenburg by A.Rupert Hall；Marie Boas Hall Source,In：*The Historical Journal*,Cambridge University Press,1967.

14.Quentin Skinner,The Ideological Context of Hobbes's Political Thought,In：*The Historical Journal*,Cambridge University Press,1966.

15.Quentin Skinner,Review：Hobbes's "Leviathan",In：*The Historical Journal*,Cambridge University Press,1964.

16.Quentin Skinner, History and Ideology in the English Revolution, In: *The Historical Journal*, Cambridge University Press, 1965.

17.Quentin Skinner, Thomas Hobbes on the Proper Signification of Liberty: The Prothero Lecture: Transactions of the Royal Historical Society, *Royal Historical Society*, 1990.

18.Quentin Skinner, Sir Geoffrey Elton and the Practice of History: Transactions of the Royal Historical Society, Sixth Series, *Royal Historical Society*, 1997.

19.Quentin Skinner, The Limits of Historical Explanations, *Philosophy*, Cambridge University Press on behalf of Royal Institute of Philosophy, 1966.

20.Martin Hollis and Quentin Skinner, Action and Context, *Proceedings of the Aristotelian Society*, Supplementary Volumes, Blackwell Publishing on behalf of The Aristotelian Society, 1978.

二、研究昆廷·斯金纳的主要著作和论文

1.[芬兰]凯瑞·帕罗内:《昆廷·斯金纳思想研究》，李宏图、胡传胜译，李宏图、胡传胜译，华东师范大学出版社 2005 年版。

2.Melvin Richter, Reconstructing the History of Political Languages: Pocock, Skinner, and the Geschichtliche Grundbegriffe, *History and Theory*, Blackwell Publishing for Wesleyan University, 1990.

3.John G.Gunnell, Interpretation and the History of Political Theory: Apology and Epistemology, *The American Political Science Review*, 1982.

4.Rafael Major, The Cambridge School and Leo Strauss: Texts and Context of American Political Science, *Political Research Quarterly*, Sage Publications, Inc. on behalf of the University of Utah, 2005.

5.Donald R.Kelly, Horizons of Intellectual History: Retrospect, Circumspect, Prospect. In: *Journal of the History of Ideas*, University of Pennsylvania Press, 1987.

6.Donald R.Kelley, What is Happening to the History of Ideas?, In: *Journal of the History of Ideas*, University of Pennsylvania Press, 1990.

7.Robert W.T.Martin, Context and Contradiction: Toward a Political Theory of Conceptual Change, *Political Research Quarterly*, Sage Publications, Inc.on behalf of the University of Utah, 1997.

8.Cary J.Nederman, Quentin Skinner's State: Historical Method and Traditions of Discourse, *Canadian Journal of Political Science/Revue canadienne de science politique*, Canadian Political Science Association and the Société québécoise de science politique, 1985.

9.Bhikhu Parekh and R. N. Berki, The History of Political Ideas: A Critique of Q. Skinner's Methodology, In: *Journal of the History of Ideas*, University of Pennsylvania Press, 1973.

10.Melvin Richter,Conceptual History（Begriffsgeschichte）and Political Theory，*Political Theory*，Sage Publications，Inc，1986.

11.Michael Goodhart,Theory in Practice:Quentin Skinner's Hobbes，Reconsidered,In: *The Review of Politics*,Cambridge University Press for the University of Notre Dame du lac on behalf of Review of Politics,2000.

12.James H.Tully,The Pen Is a Mighty Sword:Quentin Skinner's Analysis of Politics, In:*British Journal of Political Science*,Cambridge University Press,1983.

13.James Alexander，The Cambridge School，c. 1875-c. 1975，*History of Political Thought*，Vol.XXXVII,No.2,Summer 2016.

14. Martyn P，Thompson. Reception Theory and the Interpretation of Historical Meaning,*History and Theory*,Blackwell Publishing for Wesleyan University,1993.

15.Richard Ashcraft,On the Problem of Methodology and the Nature of Political Theory,*Political Theory*,Sage Publications， Inc.,1975.

16.R.N,Berki and Bhiku Parekh,On Quentin Skinner's "Some Problems in the Analysis of Political Thought and Action",*Political Theory*,Sage Publications,Inc.,1976.

17.Carole Pateman,Criticising Empirical Theorists of Democracy:A Comment on Skinner,*Political Theory*,Sage Publications,Inc.,1974.

18.Jonathan M.Wiener,Quentin Skinner's Hobbes,*Political Theory*,Sage Publications, Inc.,1974.

19.Gordon J.Schochet,Quentin Skinner's Method,*Political Theory*,Sage Publications, Inc.,1974.

20.W.R.Newell,How Original is Machiavelli? A Consideration of Skinner's Interpretation of Virtue and Fortune,*Political Theory*,Sage Publications,Inc.,1987.

21.Quentin Skinner,Hermeneutics and the Role of History,In:*New Literary History*, The Johns Hopkins University Press,1975.

22.Quentin Skinner,*More's Utopia*:*Past and Present*,Oxford University Press on behalf of The Past and Present Society,1967.

23.Quentin Skinner,On Performing and Explaining Linguistic Actions,*The Philosophical Quarterly*,Blackwell Publishing for The Philosophical Quarterly,1971.

24.Quentin Skinner,Conventions and the Understanding of Speech Acts,*The Philosophical Quarterly*,Blackwell Publishing for The Philosophical Quarterly,1970.

25.Martin Hollis and Quentin Skinner,Action and Context:*Proceedings of the Aristotelian Society*,Supplementary Volumes,Blackwell Publishing on behalf of The Aristotelian Society,1978.

26.Patrick Diggins,The Oyster and the Pearl:The Problem of Contextualism in Intellectual History，*History and Theory*,Blackwell Publishing for Wesleyan University,1984.

27. Peter L. Janssen, Political Thought as Traditionary Action: The Critical Response to Skinner and Pocock, *History and Theory*, Blackwell Publishing for Wesleyan University, 1985.

28. Mark Bevir, The Errors of Linguistic Contextualism, *History and Theory*, Blackwell Publishing for Wesleyan University, 1992.

29. Gad Prudovsky, Can we Ascribe to Past Thinkers Concepts They had no Linguistic Means to Express? *History and Theory*, Blackwell Publishing for Wesleyan University, 1997.

30. Howard Warrender, Political Theory and Historiograpy: A Reply to Professor Skinner of Hobbes, In: *The Historical Journal*, Cambridge University Press, 1979.

31. Stephen A. State, Text and Context: Skinner, Hobbes and Theistic Natural Law, In: *The Historical Journal*, Cambridge University Press, 1985.

32. Robert Alun Jones, Review: On Quentin Skinner, In: *The American Journal of Sociology*, The University of Chicago Press, 1981.

33. Philip Pettit, Keeping Republican Freedom Simple: On a Difference with Quentin Skinner, *Political Theory*, Sage Publications, Inc., 2002.

34. K. R. Minogue, *Method in Intellectual History: Quentin Skinner's Foundations*, *Philosophy*, Cambridge University Press on behalf of Royal Institute of Philosophy, 1981.

三、其他中文参考文献

1. 〔美〕A.O. 洛夫乔伊:《观念史论文集》,吴相译,江苏教育出版社 2005 年版。

2. 〔美〕海登·怀特:《形式的内容:叙事话语与历史再现》,董立河译,文津出版社 2005 年版。

3. 〔瑞士〕布克哈特:《意大利文艺复兴时期的文化》,何新译,商务印书馆 2010 年版。

4. 〔英〕柯林武德:《历史的观念》,何兆武、张文杰译,商务印书馆 1997 年版。

5. 〔意〕克罗齐:《历史学的理论和实际》,傅任敢译,商务印书馆 1982 年版。

6. 〔意〕维柯:《新科学》,朱光潜译,商务印书馆 1989 年版。

7. 〔意〕克罗齐:《作为思想和行动的历史》,田时纲译,中国社会科学出版社 2005 年版。

8. 〔荷〕F.R. 安克施密特:《历史与转义:隐喻的兴衰》,韩震译,文津出版社 2005 年版。

9. 〔美〕理查德·罗蒂:《哲学与自然之境》,李幼蒸译,商务印书馆 2003 年版。

10. 〔英〕格鲁内尔:《历史哲学》,隗仁莲译,广西师范大学出版社 2003 年版。

11. 〔英〕约翰·格雷:《自由主义》,曹海军、刘训练译,吉林人民出版社 2005 年版。

12. 〔日〕野家启一:《库恩范式》,毕小辉译,河北教育出版社 2002 年版。

13. 〔美〕理查德·罗蒂:《真理与进步》,杨玉成译,华夏出版社 2003 年版。

14. 〔英〕迈克尔·达米特:《分析哲学的起源》,王路译,上海译文出版社 2005 年版。

15. 〔美〕斯蒂芬·范埃弗拉:《政治学研究方法指南》,陈琪译,北京大学出版社 2006 年版。

16.[美]艾伦·C.艾萨克:《政治学:范围与方法》,郑永年、胡淳、唐亮译,浙江人民出版社1987年版。

17.[德]马克斯·韦伯:《社会科学方法论》,韩水法、莫茜译,中国人民大学出版社1999年版。

18.[德]阿·迈耶:《方法论导论》,王路译,生活·读书·新知三联书店1991年版。

19.[美]托马斯·库恩:《科学革命的结构》,金吾伦、胡新和译,北京大学出版社2003年版。

20.[挪威]斯坦因·U.拉尔森:《社会科学理论与方法》,任晓译,上海人民出版社2002年版。

21.[美]尼尔·J.斯梅尔塞:《社会科学的比较方法》,王宏周、张平平译,社会科学文献出版社1992年版。

22.[美]理查德·S.鲁德纳:《社会科学哲学》,曲跃厚、林金域译,生活·读书·新知三联书店1983年版。

23.[英]麦金:《维特根斯坦与〈哲学研究〉》,李国山译,广西师范大学出版社2007年版。

24.[英]汤因比等:《历史的话语——现代西方历史哲学译文集》,广西师范大学出版社2002年版。

25.[英]帕特里克·加登纳:《历史解释的性质》,江怡译,文津出版社2005年版。

26.[加拿大]S.W.斯威特:《历史哲学:一种再审视》,魏小巍、朱舫译,北京师范大学出版社2008年版。

27.[美]特雷西:《诠释学·宗教·希望》,冯川译,生活·读书·新知三联书店1998年版。

28.[美]雷克斯·马丁:《历史解释:重演和实践推断》,王晓红译,文津出版社2005年版。

29.[美]伊曼纽尔·沃勒斯坦:《否思社会科学》,刘琦岩、叶萌芽译,生活·读书·新知三联书店2008年版。

30.[英]F.H.布莱德雷:《批判历史学的前提假设》,何兆武、张丽艳译,北京大学出版社2007年版。

31.[英]杰弗里·巴勒克拉夫:《当代史学主要趋势》,杨豫译,上海译文出版社1987年版。

32.[法]保罗·利科:《解释的冲突》,莫伟民译,商务印书馆2008年版。

33.[法]米哈依尔·苏波特立克:《言语行为哲学》,吴中义译,天津人民出版社2003年版。

34.[美]约翰·G.冈内尔:《政治理论:传统与阐释》,王小山译,浙江人民出版社1988年版。

35.[美]列奥·施特劳斯:《政治哲学史》,李天然译,河北人民出版社1993年版。

36.[德]迈尔:《隐匿的对话:施米特与施特劳斯》,朱雁冰等译,华夏出版社2003年版。

37.[英]W.H.沃尔什:《历史哲学导论》,何兆武、张文杰译,北京大学出版社 2008 年版。

38.[古希腊]亚里士多德:《修辞术·亚历山大修辞学·论诗》,颜一等译,中国人民大学出版社 2003 年版。

39.[德]维特根斯坦:《逻辑哲学论》,贺绍甲译,商务印书馆 1999 年版。

40.[英]罗素:《逻辑和知识》,苑莉均译,商务印书馆 1956 年版。

41.[德]维特根斯坦:《哲学研究》,李步楼译,商务印书馆 1996 年版。

42.[德]海德格尔:《在通向语言的途中》,孙周兴译,商务印书馆 1999 年版。

43.[德]伯恩斯坦:《超越客观主义和相对主义》,郭小平等译,光明日报出版社 1992 年版。

44.[美]爱德华·萨丕尔:《语言论》,陆卓元译,商务印书馆 2000 年版。

45.[美]布龙菲尔德:《语言论》,赵家骅等译,商务印书馆 1997 年版。

46.[日]饭田隆:《维特根斯坦语言的界限》,包羽译,河北教育出版社 2001 年版。

47.[英]杰弗里·利奇:《语义学》,李瑞华等译,上海外语教育出版社 1987 年版。

48.[美]塞尔:《心灵、语言和社会——实在世界中的哲学》,李步楼译,上海译文出版社 2001 年版。

49.[日]西槙光正:《语境研究论文集》,北京语言学院出版社 1992 年版。

50.[英]L.R.帕默尔:《语言学概论》,李荣等译,商务印书馆 1983 年版。

51.[英]S.皮特·科德:《应用语言学导论》,上海外国语学院外国语言文学研究所译,上海外语教育出版社 1983 年版。

52.[美]泽诺·万德勒:《哲学中的语言学》,陈嘉映译,华夏出版社 2003 年版。

53.[美]麦克洛斯基等:《社会科学的措辞》,许宝强等编译,生活·读书·新知三联书店 2000 年版。

54.[瑞士]让·皮亚杰:《人文科学认识论》,郑文彬译,中央编译出版社 1999 年版。

55.[意]萨尔沃·马斯泰罗内:《欧洲政治思想史——从十五世纪到二十世纪》,黄华光译,社会科学文献出版社 1992 年版。

56.[美]乔姆斯基:《乔姆斯基语言哲学文选》,徐烈炯等译,商务印书馆 1992 年版。

57.[美]乔纳森·卡勒:《论解构》,陆扬译,中国社会科学出版社 1998 年版。

58.[法]笛卡儿:《谈谈方法》,王太庆译,商务印书馆 2000 年版。

59.[美]查尔斯沃斯:《哲学的还原》,田晓春译,四川人民出版社 1987 年版。

60.[德]施太格缪勒:《当代哲学主流》(下),王炳文等译,商务印书馆 1992 年版。

61.[美]A.P.马蒂尼奇:《语言哲学》,牟博等译,商务印书馆 1998 年版。

62.[英]约翰·H.阿诺德:《历史之源》,李里峰译,译林出版社 2008 年版。

63.[德]汉斯-格奥尔格·伽达默尔:《哲学解释学》,夏镇平、宋建平译,上海译文出版社 1994 年版。

64.[德]维特根斯坦:《文化和价值》,黄正东、唐少杰译,清华大学出版社 1987 年版。

65.[德]汉斯-格奥尔格·伽达默尔:《真理与方法》,洪汉鼎译,译文出版社 1999 年版。

66.[英]艾耶尔:《二十世纪哲学》,李步楼、俞宣孟、苑利均等译,上海译文出版社 1987年版。

67.[法]保罗·利科主编:《哲学主要趋向》,李幼蒸、徐奕春译,商务印书馆 1988 年版。

68.[英]奥斯汀:《感觉与可感物》,陈嘉映译,商务印书馆 2010 年版。

69.[美]斯特罗:《20 世纪分析哲学》,张学广译,中国社会科学出版社 2014 年版。

70.[英]昆廷·斯金纳:《国家与自由:斯金纳访华讲演录》,北京大学出版社 2018 年版。

71.[德]卡尔·曼海姆:《意识形态与乌托邦》,黎鸣、李书崇译,商务印书馆 2005 年版。

72.[英]大卫·麦克里兰:《意识形态》,孔兆政、蒋龙翔译,吉林人民出版社 2005 年版。

73.[英]E.H.卡尔:《历史是什么》,陈恒译,商务印书馆 2007 年版。

74.[英]肖恩·霍默:《弗雷德里克·詹姆森》,孙斌、宗成河译,上海人民出版社 2004年版。

75.[加]詹姆斯·塔利:《语境中的洛克》,梅雪芹、石楠、张炜等译,华东师范大学出版社 2005 年版。

76.[英]G.E.M.安斯康姆:《意向》,张留华译,中国人民大学出版社 2008 年版。

77.[美]萨拜因:《政治学说史》,盛葵阳、崔妙因译,商务印书馆 1986 年版。

78.[美]詹姆斯·A.古尔德、文森特·V·瑟斯比主编:《现代政治思想》,杨淮生译,商务印书馆 1985 年版。

79.[美]贝蒂·H.齐斯克:《政治学研究方法举隅》,沈明明、贺和风、杨明译,中国社会科学出版社 1985 年版。

80.[美]伊格尔斯:《欧洲史学新方向》,赵世玲、赵世瑜译,华夏出版社 1989 年版。

81.[澳]菲利普·佩迪特:《共和主义——一种关于自由与政府的理论》,刘训练译,江苏人民出版社 2006 年版。

82.[美]A.O.洛夫乔伊:《存在巨链——对一个观念的历史研究》,张传有、高秉江译,江西教育出版社 2002 年版。

83.[英]玛丽亚·露西娅·帕拉雷斯-伯克主编:《新史学:自白与对话》,彭刚译,北京大学出版社 2006 年版。

84.[英]卡尔·波普尔:《历史决定论的贫困》,林汝楫、邱仁宗译,华夏出版社 1987年版。

85.[美]海登·怀特:《后现代历史叙事学》,陈永国、张万娟译,中国社会科学出版社 2003 年版。

86.何兆武、张文杰主编:《现代西方历史哲学译文集》,上海译文出版社 1984 年版。

87.叶娟丽:《行为主义政治学方法论研究》,武汉大学出版社 2005 年版。

88.王晴佳:《西方的历史观念》,华东师范大学出版社 2002 年版。

89.孙秉莹:《欧洲近代史学史》,湖南人民出版社 1984 年版。

90.应奇:《从自由主义到后自由主义》,生活·读书·新知三联书店 2003 年版。

91.郁建兴:《自由主义批判与自由理论的重建》,学林出版社 2000 年版。

92.张国清:《无根时代的精神状况——罗蒂哲学思想研究》,生活·读书·新知三联书店1999年版。

93.丁耘、陈新主编:《思想史的元问题》,广西师范大学出版社2005年版。

94.丁耘主编:《什么是思想史》,上海人民出版社2006年版。

95.严平:《走向解释学的真理》,东方出版社1998年版。

96.洪汉鼎:《理解与解释》,东方出版社2006年版。

97.李幼蒸:《历史符号学》,广西师范大学出版社2003年版。

98.许纪霖主编:《共和、社群与公民》,江苏人民出版社2004年版。

99.成中英主编:《本体与诠释:中西比较》,上海社会科学院出版社2003年版。

100.潘得荣主编:《本体与诠释:中西比较》,上海社会科学院出版社2005年版。

101.李承贵:《通向学术真际之路》,江西人民出版社2002年版。

102.朱红文:《人文精神与人文科学》,中共中央党校出版社1994年版。

103.林聚任、刘玉安主编:《社会科学研究方法》,山东人民出版社2004年版。

104.韩震、孟鸣岐:《历史·理解·意义》,上海译文出版社2002年版。

105.周建漳:《历史及其理解和解释》,社会科学文献出版社2005年版。

106.李剑鸣:《历史学家的修养和技艺》,生活·读书·新知三联书店2007年版。

107.葛剑雄、周筱赟:《历史学是什么?》,北京大学出版社2002年版。

108.王兆成主编:《历史学家茶座》总第八辑,山东人民出版社2007年版。

109.王治河:《后现代哲学思潮研究》,北京大学出版社2006年版。

110.刘昶:《人心中的历史》,四川人民出版社1983年版。

111.冯俊:《后现代主义哲学讲演录》,商务印书馆2003年版。

112.王岳川主编:《现象学与解释学文论》,山东教育出版社1999年版。

113.杨大春:《语言 身体 他者》,生活·读书·新知三联书店2007年版。

114.任军锋主编:《共和主义:古典与现代》,上海人民出版社2006年版。

115.涂纪亮:《维特根斯坦后期哲学思想研究》,江苏人民出版社2005年版。

116.冯景源:《人类境遇与历史时空》,中国人民大学出版社2004年版。

117.韩震:《西方历史哲学导论》,北京师范大学出版社2008年版。

118.黄俊杰主编:《儒家经典诠释方法》,华东师范大学出版社2008年版。

119.黄进兴:《历史与历史理论》,台北允晨文化1992年版。

120.贺照田主编:《西方现代性的曲折与展开》,吉林人民出版社2002年版。

121.郭贵春:《语境与后现代科学的发展》,科学出版社2002年版。

122.车铭洲:《西方现代语言哲学》,南开大学出版社1989版。

123.朱永生:《语境动态研究》,北京大学出版社2005年版。

124.王冬竹:《语境与话语》,黑龙江人民出版社2004年版。

125.钱伟量:《语言与实践》,社会科学文献出版社2003年版。

126.李红:《当代分析哲学与诠释学的融合》,中国社会科学出版社2002年版。

127.张世英、赵敦华主编:《伽达默尔》,中华书局 2003 年版。

128.何兆雄:《新编语用学概要》,上海外语教育出版社 2000 年版。

129.柴生秦:《西方语言哲学》,陕西人民出版社 2000 年版。

130.陈嘉映:《哲学中的语言学》,华夏出版社 2003 年版。

131.韩宝育:《语言与人的意义世界》,中国社会科学出版社 2002 年版。

132.王晓升:《走出语言的迷宫——后期维特根斯坦哲学概述》,社会科学文献出版社 1999 年版。

133.徐友渔:《"哥白尼式"的革命——哲学中的语言转向》,上海三联书店 1994 年版。

134.杨玉成:《奥斯汀:语言现象学与哲学》,商务印书馆 2002 年版。

135.于根元:《语言哲学对话》,语文出版社 1999 年版。

136.邓晓芒:《哲学史方法论十四讲》,重庆大学出版社 2008 年版。

137.秦光涛:《意义世界》,吉林教育出版社 1998 年版。

138.陈嘉映:《语言哲学》,北京大学出版社 2003 年版。

139.王路:《走进分析哲学》,生活·读书·新知三联书店 1999 年版。

140.孙利天:《论辩证法的思维方式》,吉林大学出版社 1994 年版。

141.蔡曙山:《言语行为和语用逻辑》,中国社会科学出版社 1998 年版。

142.陈波:《分析哲学》,四川教育出版社 2000 年版。

143.徐友渔等:《语言与哲学——当代英美与德法传统比较研究》,生活·读书·新知三联书店 1996 年版。

144.涂纪亮:《分析哲学及其在美国的发展》,中国社会科学出版社 1987 年版。

145.刘小枫主编:《苏格拉底问题与现代性》,华夏出版社 2008 年版。

146.尚志英:《寻找家园——多维视野中的维特根斯坦语言哲学》,人民出版社 1992 年版。

147.何兆熊:《语用学概要》,上海外语教育出版社 1999 年版。

148.穆尼茨:《当代分析哲学》,复旦大学出版社 1986 年版。

149.盛晓明:《话语规则与知识基础——语用学维度》,学林出版社 2000 年版。

150.涂纪亮:《现代西方语言哲学比较研究》,中国社会科学出版社 1996 年版。

151.江怡主编:《现代英美分析哲学》,江苏人民出版社 2005 年版。

152.张文杰主编:《历史的话语:现代西方历史哲学译文集》,广西师范大学出版社 2002 年版。

153.冯广艺:《语境适应论》,武汉教育出版社 1999 年版。

154.史秀菊:《语境与言语得体性研究》,语文出版社 2004 年版。

155.王建平:《语言交际中的艺术:语境的逻辑功能》,中共中央党校出版社 1992 年版。

156.曹京渊:《言语交际中的语境研究》,山东文艺出版社 2008 年版。

157.许葵花:《认知语境语义阐释功能的实证研究》,中国人民大学出版社 2007 年版。

158.王占占:《语境学导论》,内蒙古大学出版社 1993 年版。

159.韩震、董立河:《历史学研究的语言学转向》,北京师范大学出版社 2008 年版。

160.张文喜:《历史唯物主义的政治哲学向度》,江苏人民出版社 2008 年版。

161.梁建新:《穿越意识形态终结的幻象》,中国社会科学出版社 2008 年版。

162.张广智:《西方史学史》,商务印书馆 1986 年版。

163.陈启能、倪为国主编:《书写历史》,生活·读书·新知三联书店 2003 年版。

164.何兆武、陈启能:《当代西方史学理论》,上海社会科学院出版社 2003 版。

165.李冬冰:《新观念 新道路:启蒙语域下的洛克观念论研究》,安徽人民出版社 2007 年版。

166.应奇、刘训练主编:《公民共和主义》,东方出版社 2006 年版。

167.应奇主编:《第三种自由》,东方出版社 2006 年版。

168.李强主编:《政治的概念》,北京大学出版社 2008 年版。

169.黄进兴:《后现代主义与史学研究》,生活·读书·新知三联书店 2008 年版。

170.温科学:《20 世纪西方修辞学理论研究》,中国社会科学出版社 2006 年版。

171.马德普:《普遍主义的贫困》,人民出版社 2005 年版。

172.袁吉富:《历史认识的客观性问题研究》,北京大学出版社 2000 年版。

173.王巍:《相对主义》,清华大学出版社 2003 年版。

174.黄进兴:《历史主义与历史理论》,陕西师范大学出版社 2002 年版。

175.张铭、严强主编:《政治学方法论》,苏州大学出版社 2003 年版。

四、其他主要英文参考文献

1.A.J.Parel,Machiavelli's Notions of Justice:Text and Analysis,*Political Theory*,Sage Publications,Inc.,1990.

2.Ian Shapiro,Gross Concepts in Political Argument,*Political Theory*,Sage Publications,Inc.,1989.

3.Robert E. Goodin, Laying Linguistic Traps, *Political Theory*, Sage Publications, Inc.,1977.

4. James Tully, Wittgenstein and Political Philosophy:Understanding Practices of Critical Reflection,*Political Theory*,Sage Publications,Inc.,1989.

5.Jeffrey C.Isaac,Situating Hannah Arendt on Action and Politics,*Political Theory*,Sage Publications,Inc.,1993.

6.Cary J.Nederman,The Politics of Mind and Word,Image and Text:Retrieval and Renewal in Medieval Political Theory,*Political Theory*,Sage Publications,Inc.,1997.

7.Maurizio Viroli, The Revolution in the Concept of Politics, *Political Theory*, Sage Publications,Inc.,1992.

8.Iain Hampsher-Monk,Political Languages in Time—The Work of J.G.A. Pocock,In:*British Journal of Political Science*,Cambridge University Press,1984.

9. Aletta J. Norval, The Things We Do with Words-Contemporary Approaches to the Analysis of Ideology, In: *British Journal of Political Science*, Cambridge University Press, 2000.

10. Robert Alun Jones and Douglas A. Kibbee. Durkheim, Language, and History: A Pragmatist Perspective, *Sociological Theory*, American Sociological Association, 1993.

11. Susan C. Jarratt, Rhetoric and Feminism: Together Again, *College English*, National Council of Teachers of English, 2000.

12. Eric Miller, Intellectual History after the Earthquakes: A Study in Discourse, *The History Teacher*, Society for the History of Education, 1997.

13. Francis Oakley, "Anxieties of Influence": Skinner, Figgis, Conciliarism and Early Modern Constitutionalism, *Past and Present*, Oxford University Press on behalf of The Past and Present Society, 1996.

14. Fritz Ringer, The Intellectual Field, Intellectual History, and the Sociology of Knowledge, In: *Theory and Society*, Springer, 1990.

15. William W. Fisher III, Texts and Contexts: The Application to American Legal History of the Methodologies of Intellectual History, *Stanford Law Review*, 1997.

16. Robert W. T. Martin, Logic and Logistics in the History of Ideas, *The Review of Politics*, Cambridge University Press for the University of Notre Dame du lac on behalf of Review of Politics, 2001.

17. Gabriel Piterberg, Speech Acts and Written Texts: A Reading of a Seventeenth-Century Ottoman Historiographic Episode, In: *Poetics Today*, Duke University Press, 1993.

18. John E. Toews, Review: Intellectual History after the Linguistic Turn: The Autonomy of Meaning and the Irreducibility of Experience, *The American Historical Review*, American Historical Association, 1987.

19. Oyce Appleby, One Good Turn Deserves Another: Moving beyond the Linguistic: A Response to David Harlan, *The American Historical Review*, American Historical Association, 1989.

20. Richard Ashcraft, Rethinking The Nature of Political Theory: A Single-handed Defense of A Dialogue, *The Journal of Politics*, Cambridge University Press on behalf of the Southern Political Science Association, 1982.

21. Keith Graham, The Recovery of Illocutionary Force, *The Philosophical Quarterly*, Blackwell Publishing for The Philosophical Quarterly, 1980.

22. David A. Hollinger, American Intellectual History: Issues for the 1980s, In: *Reviews in American History*, The Johns Hopkins University Press, 1982.

23. Adrian Wilson and T. G. Ashplant, Whig History and Present-Centred History, In: *The Historical Journal*, Cambridge University Press, 1988.

24. Siep Stuurman, The Canon of the History of Political Thought: Its Critique and a Proposed

Alternative, *History and Theory*, Blackwell Publishing for Wesleyan University, 2000.

25. Daniel J. Wilson, Lovejoy's The Great Chain of Being after Fifty Years, In: *Journal of the History of Ideas*, University of Pennsylvania Press, 1987.

26. Francis Oakley, Lovejoy's Unexplored Option, In: *Journal of the History of Ideas*, University of Pennsylvania Press, 1987.

27. George Cotkin, Review: Fathers and Sons, Texts and Contexts: Henry James, Sr., and William James, In: *American Quarterly*, The Johns Hopkins University Press, 1984.

28. Robert Alun Jones, Subjectivity, Objectivity, and Historicity: A Response to Johnson, In: *The American Journal of Sociology*, The University of Chicago Press, 1978.

29. Alan Sica, Review: The Power of Talk, In: *The American Journal of Sociology*, The University of Chicago Press, 1991.

30. James Tully, Political Philosophy as a Critical Activity, *Political Theory*, Sage Publications, Inc., 2002.

31. Nathan Tarcov, Philosophy & History: Tradition and Interpretation in the Work of Leo Strauss, *Polity*, Palgrave Macmillan Journals, 1983.

32. Nicholas Xenos, Political Theory & the Language of Politics: *Polity*, Palgrave Macmillan Journals, 1988.

33. William Adams, History, Interpretation & the Politics of Theory, *Polity*, Palgrave Macmillan Journals, 1988.

34. Peter J. Ahrensdorf, The Question of Historical Context and the Study of Plato, *Polity*, Palgrave Macmillan Journals, 1994.

35. John G. Gunnell, Why There Cannot Be a Theory of Politics, *Polity*, Palgrave Macmillan Journals, 1997.

36. Richard Macksey, The History of Ideas at 80, In: *MLN*, The Johns Hopkins University Press, 2002.

37. John P. McCormick, Machiavelli against Republicanism: On the Cambridge School's "Guicciardinian Moments", *Political Theory*, Sage Publications, Inc., 2003.

38. Lodi Nauta, Hobbes on Religion and the Church between "The Elements of Law" and "Leviathan": A Dramatic Change of Direction? In: *Journal of the History of Ideas*, University of Pennsylvania Press, 2002.

39. F. Gerald Downing, Philosophy of History and Historical Research, *Philosophy*, Cambridge University Press on behalf of Royal Institute of Philosophy, 1969.

40. Christopher Janaway and Peter Alexander, History of Philosophy: The Analytical Ideal, *Proceedings of the Aristotelian Society*, Supplementary Volumes, Blackwell Publishing on behalf of The Aristotelian Society, 1988.

41. Austin, *How to Do Things with Words*, Oxford University Press, 1962.

42.Avramides,*Meaning and Mind：An Examination of a Gricean Account of Language*,The MIT Press,1989.

43.Geis,Speech Acts and Conversational Interaction,Cambridge University Press,1995.

44. Goldstein, *Clear and Queer Thinking：Wettgenstein's Development and His Relevance to Modern Thought*,Gerald Duckworth & Co.Ltd.,1999.

45.Jacob,*Pragmatics：An Introduction*,Oxford University Press & Foreign Language Teaching and Research Press,2003.

46.Jef Verschueren,*Understanding Pragmatics*,Oxford University Press & Foreign Language Teaching and Research Press,2000.

47.Lepore,E.and Robert,*John Searle and His Critics*,Basil Blackwell,1991.

48.Lyons,*Linguistic Semantics：an Introduction*,Cambridge University Press,1995.

49.Miller,*Philosophy of Language*,UCL Press,1998.

50.Preston,*Thought and Language*,Cambridge University Press,1997.

51.Rorty, *The Linguistic Turn：essays in philosophical methods*, The University of Chicago Press & Gerald Duckworth & Co.Ltd.,1992.

52.Searle,*Speech Acts：An Essay in the Philosophy of Language*,Foreign Language Teaching and Research Press,2001.

53.Stephen K.Land,*The Philosophy of Language in Britain——Major Theories from Hobbes to Thomas Reid*,AMA Press,Inc.,1986.

54. Stroud，Meaning，Understanding and Practice：philosophical essays，Oxford University Press,2000.

55.Tsohatzidis,*Foundations of Speech Act Theory：Philosophical and Linguistic Perspectives*,Routledge,1994.

56.Vanderveken,*Meaning and Speech Acts：Vol.I Principles of Language Use*,Cambridge University Press,1990.